HEYNE FILMBIBLIOTHEK

CLINT

EASTWOOD

Seine Filme - sein Leben

von GERALD COLE / PETER WILLIAMS

Deutsche Erstveröffentlichung

WILHELM HEYNE VERLAG
MÜNCHEN

HEYNE-FILMBIBLIOTHEK
Nr. 32/92

Für Ellen Soeters

Deutsche Übersetzung: Norbert Stresau
Redaktion: Willi Winkler

2. Auflage

Umschlagfoto: Archiv Dr. Karkosch, Gilching
Rückseitenfoto: Stiftung Deutsche Kinemathek, Berlin
Innenfotos: Archiv Robert Fischer, München; Film-Bild-Archiv Goepfert, Agnuzzo; Archiv Lothar Just, München; Archiv des Übersetzers, München
Printed in Germany 1987
Umschlaggestaltung: Atelier Ingrid Schütz, München
Satz: Josef Fink GmbH, München
Druck und Verarbeitung: Ebner Ulm

ISBN 3-453-86092-6

Inhalt

1. Werdegang eines Einzelgängers 7
2. Anfänge eines Cowboys 21
Von Revenge of the Creature bis Rawhide
3. Durchbruch in Spaghetti Junction 41
Per un pugno di dollari · Per qualche dollaro in piu · Le Streghe Il buono, ilo brutto, il cattivo
4. Rückkehr eines Stars 85
Hang 'em High · Coogan's Bluff
5. Epische Eindrücke 107
Where Eagles Dare · Paint Your Wagon · Kelly's Heroes
6. Probleme mit der Liebe 125
Two Mules for Sister Sara · The Beguiled · Play Misty for Me
7. Magnum Opus 151
Dirty Harry · Magnum Force · The Enforcer
8. Wieder im Sattel 181
Joe Kidd · High Plains Drifter
9. Stillstand 195
Breezy · Thunderbolt and Lightfoot · The Eiger Sanction
10. Eine neue Reife 215
The Outlaw Josey Wales · The Gauntlet
11. Der Superheld als Mensch 245
Every Which Way But Loose · Escape from Alcatraz · Bronco Billy · Any Which Way Youn Can · Firefox · Honkytonk Man
12. Schnelldurchlauf 289
Sudden Impact · Tightrope · City Heat
13. Ein Grüner ohne Namen 301
Pale Rider

Filmographie 309
Bibliographie 326
Danksagung 327
Register 328

1. Werdegang eines Einzelgängers

Die meisten Diskussionen darüber, ob die Erbmasse oder das Milieu einen stärkeren Einfluß auf den Charakter eines Menschen hat, sind in der Regel ein fruchtloses Unterfangen. Dennoch erkannte Clint Eastwood jr. in seinen jungen Jahren schnell die Vorteile, die ein gesundes Selbstvertrauen und eine gewisse Zielstrebigkeit mit sich brachten. Das Licht der Welt erblickte er am 31. Mai 1930 in San Francisco. Clinton und Ruth, seine Eltern, gehörten der Mittelklasse an. Sein Vater hatte eine Ausbildung als Buchhalter, doch Amerika steckte tief in der Depression und man akzeptierte jeden Job, den man kriegen konnte, selbst wenn das eine Beschäftigung als Tankwart bedeutete. Die stete Suche nach einem Arbeitsplatz führte die Familie durch ganz Nordkalifornien. So war das einzige Heim, das Clinton jr. in den ersten zehn Jahren seines Lebens kannte, die Hühnerfarm seiner Großmutter in Sunol, einige hundert Meilen südöstlich von San Francisco. Seine Großmutter lebte allein – eine weitere Lektion in Sachen Unabhängigkeit für Clinton jr. Daneben brachte sie ihrem Enkel auch das Reiten bei, was sich in der Zukunft noch als recht nützlich erweisen sollte.

Wurzeln schlug man erst, als Clinton sen. einen festen Arbeitsplatz bei der Container Corporation of America erhielt und die Familie sich in Oakland, auf der anderen Seite der San Francisco Bay, niederließ. In der Oakland Technical High School ergab sich für Clinton jr. die erste Gelegenheit für dauerhafte Freundschaften. Eine schöne Zeit war es trotzdem nicht. Die langen Jahre der Unsicherheit hatten ihn auf sich selbst zurückgeworfen; er war introvertiert und schüchtern, und als ob die normalen Pubertätsängste noch nicht ausreichten, war er auch noch unangenehm groß. Mit 15 hatte er bereits seine heutige Größe von 1,93 m erreicht. »Ich war das perfekte Opfer für Komplexe aller Art«, erinnerte er sich später. »Ich war ein solcher Einzelgänger, so introvertiert, daß ich mich einfach nicht ausdrücken konnte. Ich zog einfach einen unsichtbaren Schirm um mich. Damals betete ich sehr oft, daß aus mir etwas Extrovertiertes werden würde. Für mich war das die Lösung für die meisten meiner privaten Probleme.«

Vielleicht bewegte dieser Wunsch seinen Englischlehrer dazu,

ihm die erste Rolle seines Lebens zu geben – in einer Schulaufführung. Eastwood selbst zweifelt eher daran. Die Rolle war die eines introvertierten Teenagers und roch förmlich nach Type-Casting. Was auch immer sein Motiv gewesen sein mochte, der Lehrer tat Clinton jr. damit keinen Gefallen. Die Erfahrung bescherte ihm enormes Lampenfieber und grub sich tief in sein Gedächtnis ein. Ironischerweise – und zu seiner eigenen Verblüffung – machte ihm die Zeit auf der Bühne durchaus Spaß. Der Preis für dieses Vergnügen jedoch war viel zu hoch. Er schwor sich, ab sofort nie wieder etwas mit Schauspielerei zu tun haben zu wollen. Davon, was er denn nun eigentlich werden wollte, hatte er allerdings auch keine klare Vorstellung. Seine Zeugnisse waren oberes Mittelmaß, seine sportlichen Fähigkeiten – speziell, was Basketball anging – herausragend. Viel weiter als jene zu bewundern, die sich bereits für einen Weg entschieden hatten, kam er bei der Suche nach einem eigenen Weg allerdings nicht. Selbst die Orientierung an seinem Vater half ihm da nicht weiter; auch dessen gründliche Ausbildung hatten ihm doch nur sorgenreiche, von ständiger Unsicherheit geprägte Jahre beschert. Dennoch gab Clinton sen. seinem Sohn einen Rat, den er nie vergessen sollte: »Von nichts kommt nichts.«
»Obwohl ich mich gegen vieles auflehnte«, erläuterte Eastwood später, »rebellierte ich doch nie gegen diesen einen Satz.«
Nach dem Schulabschluß im Sommer 1948 drängte es ihn danach, sich seiner Unabhängigkeit zu versichern, obwohl ihm die Familie angeboten hatte, ihn auch in Zukunft weiter zu unterstützen. Körperliche Arbeit hatte ihn seit jeher gereizt – während der Schulferien hatte er im Norden Kaliforniens unter anderem Heu geerntet und Waldbrände gelöscht – und die Schönheit und Einsamkeit der Wälder zogen ihn magisch an. Es lag nahe, diese Bekanntschaft zu erneuern und sie mit einer Arbeit an der frischen Luft zu verbinden.
Folglich nahm Eastwood den Pfad seiner Jugend wieder auf und zog nach Norden, bis er schließlich in Springfield ankam, einer kleinen Stadt im Osten von Amerikas Waldstaat Oregon. Seine Erfahrungen, was Wälder anbetraf, verhalfen ihm schnell zu einem Job im Holzfällercamp. Mit $ 1.80 die Stunde war auch die Bezahlung für die damalige Zeit relativ gut, nicht zuletzt deshalb, weil die Arbeit saisonbedingt und äußerst hart war. Ein Arbeitstag dauerte von Sonnenaufgang bis Sonnenuntergang und ließ Eastwood und seinen Kollegen meistens gerade noch soviel

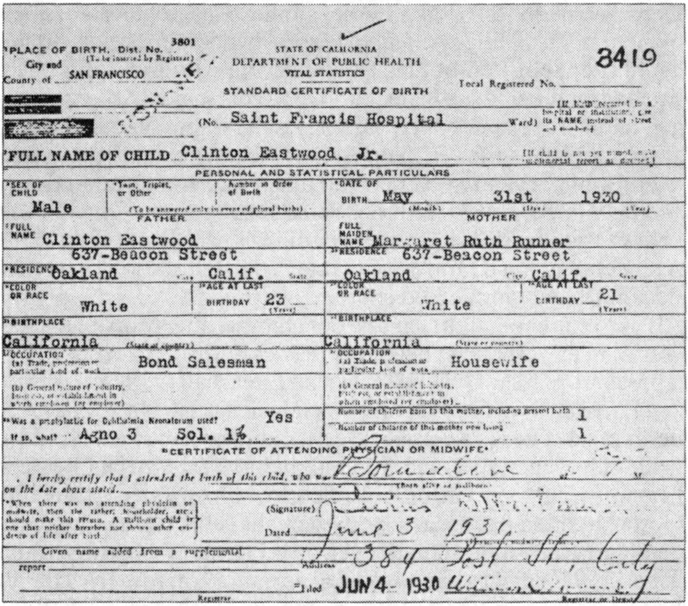

PLACE OF BIRTH. Dist. No. 3801
City and County of SAN FRANCISCO

STATE OF CALIFORNIA
DEPARTMENT OF PUBLIC HEALTH
VITAL STATISTICS
STANDARD CERTIFICATE OF BIRTH

3419
Local Registered No.

[redacted]

(No. Saint Francis Hospital Ward)

FULL NAME OF CHILD Clinton Eastwood, Jr.

PERSONAL AND STATISTICAL PARTICULARS

SEX OF CHILD	Twin, Triplet, or Other	Number in Order of Birth	DATE OF BIRTH		
Male			May (Month)	31st (Day)	1930 (Year)

FATHER		MOTHER	
FULL NAME Clinton Eastwood		FULL MAIDEN NAME Margaret Ruth Runner	
RESIDENCE 637-Beacon Street, Oakland (City), Calif. (State)		RESIDENCE 637-Beacon Street, Oakland (City), Calif. (State)	
COLOR OR RACE White	AGE AT LAST BIRTHDAY 23 (Years)	COLOR OR RACE White	AGE AT LAST BIRTHDAY 21 (Years)
BIRTHPLACE California		BIRTHPLACE California	
OCCUPATION (a) Trade, profession or particular kind of work Bond Salesman		OCCUPATION (a) Trade, profession or particular kind of work Housewife	

Was a prophylactic for Ophthalmia Neonatorum used? Yes
If so, what? Agno 3 Sol. 1%

Number of children born to this mother, including present birth 1
Number of children of this mother now living 1

CERTIFICATE OF ATTENDING PHYSICIAN OR MIDWIFE

I hereby certify that I attended the birth of this child, who was born alive at … M. on the date above stated.

(Signature)
Dated June 3 1930
Address 384 Post St., City

Given name added from a supplemental report

Filed JUN 4 - 1930

Energie, um am Abend müde ins Bett zu fallen. Samstagnacht war die einzige Ausnahme. Dann zog man gemeinsam nach Springfield oder das etwas weiter entfernte Eugene, wo es galt, sich so schnell wie möglich zu besaufen. »Ich hatte immer geglaubt, diese Filme über rauhe Holzfäller seien maßlos übertrieben«, erinnert sich Eastwood. »Vielleicht, aber nicht sehr viel. Eines Abends stand ich an einer Bar in Springfield, als mir ein anderer Holzfäller ohne Warnung einen Kinnhaken verpaßte. Und bevor ich so recht wußte, was eigentlich los war, war die größte Schlägerei im Gange, die ich je erlebt habe.«

Das Ganze hätte eine Szene aus *Every Which Way But Loose* (Der Mann von San Fernando) sein können, Eastwoods witziger Lobeshymne auf die Schlägergemeinschaft. Die frauenlose Gemeinschaft, die rauhe Umgebung und der harte, gefährliche Job wiederum waren ein beinahe exaktes Gegenstück zu der Wagentreck-Welt von *Rawhide* (Cowboys). Egal in welche Macho-Höhen sich Eastwoods Leinwandimage später auch emporschwingen würde, konnte er doch immer auf seine eigenen Erfahrungen zurückgreifen.

Damals erfüllte der Job allerdings eine zwar nebulösere, aber nicht minder wichtige Aufgabe. Für Eastwood war es eine Art jugendlicher Selbsterprobung. Obwohl er diese Prüfung körperlich bestand und keine größeren Probleme mit seinen Arbeitskollegen hatte, blieb er dennoch zurück, als das Camp für den Winter abgebrochen wurde. Er nahm einen ebenso gefährlichen und kaum weniger anstrengenden Job in der Sägemühle an und zog allein in eine kleine Holzhütte. Selbstvertrauen und innere Einkehr verbanden sich so in einem Bedürfnis nach Ruhe und Abgeschiedenheit; ein Bedürfnis, das eine Schlüsselrolle in Eastwoods Persönlichkeit einnehmen sollte.

Als der Winter hereinbrach und der Himmel über Monate hinaus von Wolken verhangen blieb, verflog der Reiz von Oregons Berglandschaft. Ein Jahr, nachdem er sein Elternhaus verlassen hatte, zog Eastwood weiter. Wegen eines neuen Arbeitsplatzes war seine Familie unterdessen nach Seattle umgezogen, wo sich Eastwood ihr wieder anschloß. Einmal mehr war die Arbeit bemerkenswert hart und gut bezahlt: den Vorteil eines ausgeprägten Geschäftssinns hatte Eastwood ebenfalls sehr früh zu schätzen gelernt. Mit 15 Jahren hatte er sich von seinen Ersparnissen für genau 15 Dollar den ersten Wagen gekauft. Von Mitternacht bis neun Uhr morgens beschickte er nun die Hochöfen der Bethlehem Steel Plant. Der eher mäßige Reiz seiner neuen Tätigkeit bestand für ihn vor allem darin, daß er den Tag über frei hatte. Viel anfangen konnte der erschöpfte Eastwood mit seinen freien Tagen allerdings nicht. Bald zog er wieder weiter.

Eine Reihe von Gelegenheitsjobs schlossen sich an: LKW-Fahrer, Bademeister am Strand von Renton, einer kleinen Stadt am Rande von Seattle, Fakturist im Ersatzteillager der ebenfalls in Renton ansässigen Boeing Aircraft Corporation. In zahlreichen Interviews ist Eastwood näher auf diese Zeit eingegangen, wobei er sich abwechselnd als Tramp, Einzelgänger oder Faulpelz bezeichnete. Dennoch zog die Rastlosigkeit dieser Jahre keineswegs ein mangelndes Verantwortungsgefühl nach sich. Mit dem auszukommen, was er hatte, war ihm so wichtig wie seine Unabhängigkeit; ein Rebell im klassischen Sinn war er nie. Privat übte er sich in Enthaltsamkeit: Er rauchte nicht, trank nur gelegentlich (und dann nur Bier) und seine Schüchternheit hielt ihm die Frauen vom Leib. Bis zu einem gewissen Grad jedenfalls. Als die harte Arbeit seine schlaksige Gestalt auszufüllen begann, fand er bald heraus, daß sein gutes Aussehen bei den Frauen mehr als

nur das übliche Maß an Aufmerksamkeit erregte. Daneben entdeckte er auch, daß es ihm nicht gerade an Charme fehlte.
Eben dieses Maßvolle in einem ansonsten ruhelosen Leben – das ihm wiederum zu einer Art geistigen Prototyp des namenlosen Helden in jenen Spaghetti-Western verhalf, die ihn dereinst berühmt machen sollten – deutete jedoch bereits darauf hin, daß ihm im Grunde nur noch ein Ziel fehlte. Entschlossenheit, Eifer, Charakterstärke, all das existierte im Keim bereits. Als sein 21. Geburtstag heranrückte, entschied sich Eastwood deshalb, die endgültige Berufswahl nicht mehr länger aufzuschieben. Sein Entschluß nahm die Zukunft auf eine unerwartete Weise voraus. Er würde an die Schule zurückkehren und sich auf die Musik konzentrieren.
Die Entscheidung schien zunächst willkürlicher, als sie es tatsächlich war. Am Klavier und auf der Trompete hatte Eastwood in der Schule bereits einiges Talent gezeigt, auch wenn ihn der Sport damals eher interessierte. Und nachdem die Zukunft ohnehin nicht gerade rosig aussah, war diese Entscheidung so gut wie jede andere. Unglücklicherweise sollte das unbeschriebene Blatt namens Zukunft sehr schnell ausgefüllt werden.
Die unerwartete Neuigkeit trudelte in Form eines Telegramms ein. »Mit den besten Grüßen«, lautete die Unterschrift, »vom Präsidenten der Vereinigten Staaten«. Es war die ausgesprochen persönliche Art der Army, die jungen Männer im Land darüber aufzuklären, daß sie drauf und dran waren, zwei Jahre ihres Lebens aufzugeben.
Man verfügte Eastwood nach Fort Ord, einer Kaserne in der Nähe von Carmel auf der Halbinsel von Monterey, nur wenige Meilen südlich seines Geburtsortes. Für ihn war die abrupte Umstellung weniger tragisch als für viele seiner Leidensgenossen. Seine gute Form half ihm dabei, die sechzehnwöchige Grundausbildung zu überleben, ohne sich allzusehr zu verausgaben. Außerdem gab es noch einen kleinen Zusatzreiz. Zwar konnten Monterey und das Carmel-Tal nicht mit den prächtigen Wäldern von Oregon aufwarten, dafür jedoch mit einem der beeindruckendsten Strände der Welt. Das und die Kleinstadt Carmel selbst, seit Anfang des Jahrhunderts eine Künstlerkolonie mit dem Charme des Gutbetuchten, zog Eastwood sofort an. Er schwor sich, daß er, falls er es jemals zu Wohlstand und Reichtum bringen würde, hier ein Haus kaufen würde. Ein Versprechen, das er dann auch hielt.

Momentan richtete sich seine Aufmerksamkeit allerdings auf eine gut 7000 Meilen entfernte, weniger freundliche Landschaft. Eastwoods Einberufung war mit dem Ausbruch des Koreakriegs zusammengefallen, und so war er fest davon überzeugt, daß man ihn bald an die Front abstellen würde. Obwohl die meisten anderen Rekruten unmittelbar nach ihrer Einberufung tatsächlich nach Übersee verfrachtet wurden, blieb er jedoch zu seiner gelinden Überraschung davon verschont. Er verlor keine Zeit und schmiedete das Eisen, solange es heiß war.

Als er hörte, daß man Schwimmlehrer suchte, verkaufte er sich dem zuständigen Captain »als Johnny Weissmüller-Typ. Ich machte ihnen weis, daß ich der beste Schwimmer überhaupt sei.« Es klappte: Die nächsten zwei Jahre gab er den neuen Rekruten Schwimmstunden, erst als Assistent, dann als Leiter, als seine Vorgesetzten nach Korea versetzt wurden. Das Arrangement kam dem Captain, einem Nichtschwimmer, sehr gelegen, zumal die Trainingsjacke bequemerweise Eastwoods niederen Rang verbarg.

Zum ersten Mal in seinem Leben fand sich Eastwood auf einem ausgesprochen gemütlichen Posten. Der Lohn bei der Armee belief sich zwar nur auf 76 Dollar die Woche, doch dafür machte ihm die nicht sehr anspruchsvolle Arbeit durchaus Spaß. Man erlaubte ihm sogar, in seiner eigenen Unterkunft am Pool zu schlafen, auch wenn diese nur aus einem kleinen Schuppen bestand. Aber die noch nie dagewesene Bequemlichkeit seines neuen Lebens nagte an Eastwood und seinen Einkünften. Er fing damit an, sein gutes Aussehen auszuspielen, und einige Nächte mit den Damen am Ort konnten durchaus ein Monatseinkommen verschlingen. Binnen kürzester Zeit verdiente er sich abends in der Spreckles-Zuckerraffinerie im nahegelegenen Salinas-Tal ein kleines Zubrot. Die Arbeit war so hart wie gutbezahlt, bestand darin, 25 Kilo schwere Zuckersäcke herumzutragen, und war natürlich gegen alle Army-Vorschriften. Es dauerte dennoch vier Monate, bis seine Vorgesetzten dahinter kamen und die Nebenbeschäftigung ein abruptes Ende nahm.

Der Rückschlag währte nicht lang. Bald stellte man ihn als Bartender im Unteroffizierskasino ein. Sein neuer Job brachte zwar weniger Geld mit sich, dafür aber auch weniger Anstrengung und, als kleinen Nebenverdienst, fünf oder sechs Gratisflaschen seiner Lieblingsmarke Olympia-Beer pro Abend. Eastwoods Army-Laufbahn fiel in ihren gemächlichen Trott zurück.

Ein Studioporträt aus jungen Jahren

Dennoch sollten ihn drei entscheidende Ereignisse vor seiner Entlassung noch einmal aus diesem Trott bringen. Zwei davon sollten den Lauf seines Lebens dramatisch beeinflussen. Das dritte und dramatischste von allen ereignete sich am Ende eines Wochenendausflugs zu seinen Eltern nach Seattle und hätte es beinahe beendet. Obwohl er in seinen Studiobiographien immer großen Wert auf das gute Verhältnis zu seiner Familie legte, schien es zur Zeit seiner Einberufung doch einige Spannungen gegeben zu haben. Bei einer derart introvertierten, um Unabhängigkeit bemühten Persönlichkeit – nach seiner Rückkehr aus Oregon zog er bald wieder von zu Hause weg – mag eine gewisse Unbeholfenheit in derlei Dingen nur zu verständlich sein. Die räumliche Trennung durch seinen Wehrdienst jedoch, vielleicht auch die geregelte Existenz, schien die Familie wieder enger verbunden zu haben. Immerhin machte sich Eastwood relativ oft auf den Weg nach Norden.

Dieses Mal blieb er freilich länger als erwünscht, zumindest was die Army anbetraf. Sein Urlaubsschein lief in wenigen Stunden aus und er hatte kaum mehr eine Möglichkeit, rechtzeitig nach Fort Ord zurückzukommen.

Seine letzte Chance bestand in einer Militärmaschine. Er versuchte sein Glück beim örtlichen Navy-Flugstützpunkt. Niemand flog nach Monterey, aber ein Bomber machte sich in wenigen Minuten nach San Francisco auf den Weg. Es war eine einsitzige Maschine und der Pilot hatte keine Lust, gegen die Vorschriften zu verstoßen und den einsneunzig großen Gefreiten zu sich ins Cockpit zu zwängen. Eastwood setzte all seine Überzeugungskraft ein, um ihn umzustimmen. Nun weigerte sich der Pilot zwar immer noch, ihn im Cockpit mitfliegen zu lassen, aber wenn er wollte, konnte er sein Glück in einem kleinen Wartungsschacht am Heck des Flugzeugs versuchen. Hätte er gewußt, wie schlecht das Glück es mit ihm meinen sollte, hätte er leichten Herzens eine Anklage wegen Überschreiten des Zapfenstreichs auf sich genommen. Wenige Minuten nach dem Start flog die Luke des Schachtes, in den Eastwood sich gequetscht hatte, auf. Während er verzweifelt gegen den Luftsog kämpfte, versuchte er, den Piloten über die Bordanlage zu erreichen. Die funktionierte aber scheinbar nur in einer Richtung: Der Pilot konnte ihn nicht hören. Verzweifelt griff er nach einem Kabelbündel, wickelte es um den Griff und zog die Luke damit zu. Der Sperrhaken war zwar kaputt, doch wenn er sich mit seinem Gewicht ans Kabel hing, blieb die Luke zu. Das war nun zwar nicht gerade angenehm, immerhin aber auch relativ sicher.

Von da ab nahm die Geschichte etwas von einem jener raffinier-

ten Suspense-Thriller an, wie ihn auf der Leinwand ironischerweise nur eine Figur wie Eastwood überlebt.
Über die Einweg-Bordanlage verkündete der Pilot, daß er nun höher gehe und es an der Zeit wäre, die Sauerstoffmaske anzulegen. Eine Sauerstoffmaske gab es in Eastwoods Schacht zwar. Als er sie jedoch anlegte, tat sich nichts. Das Flugzeug stieg nach oben, das Geräusch der Maschinen änderte sich und die Temperatur fiel. Eastwood rief noch immer über die Bordanlage um Hilfe, als er wegen Sauerstoffmangel umkippte. An dieser Stelle rettete ihn nur sein Glück: Auch der Pilot hatte Probleme mit der Sauerstoffanlage und ging deshalb zwangsweise wieder tiefer. Eastwood kam wieder zu Bewußtsein, nur um vor einem neuen, nicht minder gefährlichen Problem zu stehen.
Nebel hatte sich über das Ziel gelegt und der Pilot hatte die Orientierung verloren. Zu allem Überfluß ging auch noch der Treibstoff langsam aus. Als die Nacht hereinbrach, glitt die Maschine auf der Suche nach einem Orientierungspunkt oder auch nur einem Lichtzeichen im Tiefflug über das Meer. Der Pilot hielt immer noch Ausschau, als die Maschinen stotterten und schließlich abstarben.
Die fällige Bruchlandung verlief relativ sanft, obwohl Eastwood nur wenige Sekunden blieben, um sich aus dem engen Schacht zu befreien. Auf dem Flügel traf er den Piloten, der sich die einzige Schwimmweste im Flugzeug bereits angelegt hatte. Wo die Küste lag, wußte keiner so genau. Der schnell untergehende Bomber ließ wenig Zeit für längere Diskussionen. Gemeinsam schwamm man in die, wie man hoffte, richtige Richtung. In der Tat waren sie ungefähr drei Meilen vor Point Reyes abgestürzt, einem nicht sehr dicht bevölkerten Küstenstück zwanzig Meilen nördlich von San Francisco.
In der Dunkelheit verloren sich die beiden Männer recht schnell. Eastwood hatte keine andere Wahl, als alleine weiterzuschwimmen. Eine Stunde später belohnte ihn der schwache, kaum sichtbare Umriß einer Felsenküste. Selbst zu diesem Zeitpunkt hatte das Schicksal allerdings noch ein Wörtchen mitzureden: Ein Schwarm hochgiftiger Quallen trieb auf Eastwood zu.
»Ich dachte mir, jetzt stirbst du wahrscheinlich«, erinnert er sich. »Aber dann redete ich mir ein, daß andere das auch schon überlebt haben. Ich orientierte mich an den Lichtern am Strand und schwamm einfach weiter.« Sicher durch den Quallenschwarm zu kommen, forderte trotzdem seine letzte Kraft. Wie er den Strand

erreichte, daran erinnert er sich heute nicht mehr; erst wieder daran, wie er zwischen einigen Felsen aufwachte.
Die Küste schien verlassen. Vom Piloten gab es keine Spur, obwohl auch er, wie sich später herausstellte, kaum 500 Meter entfernt sicher am Strand landete. Eastwood orientierte sich an den kaum wahrnehmbaren Lichtern einer Radiostation und machte sich auf den Weg. »Das Schwimmen hat mir nichts ausgemacht«, witzelte er später, »aber der Acht-Kilometer-Marsch zum Highway war eine rechte Quälerei.«
Der ganze haarsträubende Zwischenfall erwies sich als die größte Herausforderung seines bisherigen Lebens. Zugleich war er der beste Beweis für das Ausmaß seines Selbstvertrauens. Sicher hatte das Glück dabei eine große Rolle gespielt. Trotzdem hätte ihn ein winziges Zögern jederzeit das Leben kosten können. Es war eine Lektion, die er nie mehr vergessen sollte.
Eine junge Studentin von der University of California in Berkeley bekam die Geschichte als erste zu hören. Maggie Johnson, so der Name des blonden, attraktiven und intelligenten Mädchens, hatte Eastwood sehr beeindruckt. Das erste Mal begegnet war er ihr über einen alten Schulfreund, Don Kincaid, den Eastwood wegen seiner Zielstrebigkeit sehr bewunderte. Kincaid hatte schon immer Zahnarzt werden wollen und solange hart gearbeitet, bis er sein Ziel erreicht hatte. Zu dieser Zeit ging er mit einem Mädchen aus Berkeley aus, deren Zimmergenossin, wie er meinte, vielleicht nach Eastwoods Geschmack sei. Eastwood sagte zwei seiner Verabredungen ab – ein deutliches Zeichen seiner wachsenden Beliebtheit beim anderen Geschlecht – und fuhr mit seinem Freund auf ein Wochenende nach Berkeley.
Sein Opfer – und Kincaids Argumente – hatte seine Berechtigung. Eastwood und Maggie verstanden sich vom ersten Augenblick an. Er schätzte ihr gutes Aussehen und ihre Körpergröße (1,70 m), die für einen Mann, der seine Freundinnen für gewöhnlich um einiges überragte, durchaus eine gewisse Rolle spielte. Beide teilten einen ähnlichen Sinn für Humor und ein Faible für das offene Land. Noch wichtiger, wie Eastwood später erwähnen sollte, schien jedoch, »daß in ihren Augen kein Falsch war.« Ins Herz der Dinge sehen zu können, das Wichtige jeder Situation zu erfassen und danach zu handeln, sollte einer der Hauptgründe für Eastwoods Erfolg werden; ihm ermöglichen, künstlerische und geschäftliche Entscheidungen zu treffen, die sich allen Binsenweisheiten zum Trotz in der Regel als richtig erweisen sollten.

Sein Bestreben, sich selbst treu zu bleiben, sich an seinen eigenen Maßstäben zu messen, ohne sich um die Meinung anderer zu kümmern, war jedenfalls bereits sehr früh zum Vorschein gekommen. Einem (außerdem recht attraktiven) Mädchen zu begegnen, die einer ähnlich scharfen Analyse der eigenen Person fähig war, war eine Art Schock für Eastwood, wenn auch ein ausgesprochen angenehmer. Seine bisherigen Beziehungen hatten sich auf einer ungleich niedrigeren Ebene bewegt. Der »Bierverzicht« und die ruhige Unterhaltung bei seiner ersten Verabredung mit Maggie waren etwas durchaus Neues.
»So etwas wie Liebe auf den ersten Blick war es nicht«, erinnert er sich, »aber wir mochten einander vom ersten Augenblick an.« Obwohl beide weiterhin mit anderen ausgingen, hatte ihre erste Begegnung doch eine neue Saite angeschlagen. Immer mehr Wochenenden verbrachte Eastwood nun in Berkeley.
Zur selben Zeit fand auch in Fort Ord eine wichtige Begegnung statt. Eine Filmcrew aus den Universal-Studios drehte auf dem Gelände der Kaserne und ein neugieriger Eastwood sah dabei zu. Während der Mittagspause stellte sich ihm ein Regieassistent vor und behauptete, daß für einen Mann mit Eastwoods Aussehen beim Film durchaus etwas drin wäre. Der Regisseur pflichtete ihm bei und riet dem jungen Wehrpflichtigen, ihn nach Abschluß seiner Dienstzeit in Hollywood aufzusuchen. Vielleicht ließe sich ja eine Probeaufnahme arrangieren.
Hätten sich Eastwoods Ansichten über die Schauspielerei seit dem traumatischen Erlebnis auf der Schulbühne nicht geändert, hätte er den Zwischenfall vermutlich als belanglos abgetan. Doch während seiner Army-Laufbahn war er zwei Profis begegnet: David Janssen, dem späteren Richard Kimble, und Martin Milner, der durch die TV-Serie *Route 66* berühmt werden sollte. Beide standen seit ihrer Kindheit auf der Bühne und überredeten Eastwood, sich noch einmal an der Sache zu versuchen. Nicht gleich überzeugt, mußte er doch eingestehen, daß es »den beiden Spaß zu machen scheint.«
Nach seiner Entlassung im Februar 1953 war er schließlich der Meinung, daß er es sich selbst schuldig war, das Angebot des Regisseurs anzunehmen. Welche Hoffnungen er bei seiner Fahrt nach Hollywood aber auch gehegt haben mochte, wurden sie doch schnell durchkreuzt – der Regisseur war nicht mehr bei Universal.
Blieb der Ehrgeiz, seine Ausbildung wiederaufzunehmen, zumal

ihm dank der »G. I. Bill« nun auch genügend Geld zur Verfügung stand. Sein Plan, Musik zu studieren, hatte die Dienstzeit indes nicht überlebt. Statt dessen schrieb er sich am Los Angeles City College für einen Kurs in Betriebswirtschaft ein. »Genau das«, erläuterte er später, »was jeder Student tut, wenn er nicht die geringste Ahnung hat, was er nach dem Abschluß machen will.« Einmal mehr reichte der Monatslohn von 110 Dollar nicht aus, und so nahm er bei einer direkt am Strand und bequemerweise auch gleich gegenüber des Arbeitsamtes gelegenen Signal Oil-Tankstelle auf dem Santa Monica Boulevard einen Teilzeitjob als Tankwart an. Um die Miete für seine kleine Wohnung in Beverly Hills zu bezahlen, arbeitete er im selben Haus als Hausmeister, betätigte sich wieder einmal als Bademeister oder hob, zusammen mit seinem Freund George Fargo, gelegentlich für die United Pool Company Schwimmbäder aus. Dabei offenbarte sich auch eine andere Seite von Eastwoods Charakter. Eines Tages fingen die beiden einen Streit mit dem Vorarbeiter an, der Fargo sofort fristlos feuerte. Ohne Umschweife legte auch Eastwood seinen Blaumann ab. Der Vorarbeiter wollte wissen, was los war. »Na ja«, antwortete Eastwood, »George ist mein Freund und irgendwer muß ihn ja nach Hause fahren.« Mit dem Job war es damit natürlich aus. Doch wenn sich Eastwood schon einmal mit jemand anfreundete, was nicht oft passierte, hielt er auch zu ihm. Viele seiner engsten Freunde stammen aus der Zeit vor seinem Erfolg, und auch als Regisseur und Produzent zieht er es vor, mit bekannten Gesichtern zu arbeiten.

Eastwoods abrupte Kündigung bei der United Pool Company beruhte allerdings nicht nur auf purer Selbstlosigkeit. Das erste Jahr in Los Angeles war hart und undankbar, der Kurs am College nur Beschwichtigung. In seinem tiefsten Inneren war er so ziellos wie zuvor. Nur noch eines schien wirklich etwas zu versprechen: Er stand noch immer in Kontakt mit Janssen und Milner, die weiter versuchten, ihn zu einer Karriere als Schauspieler zu bewegen. Doch als sich das Jahr 1953 seinem Ende zuneigte, rückte plötzlich etwas seine Hoffnungen und Träume ins rechte Licht. Am 19. Dezember heiratete er Maggie Johnson.

Nach ihrem Abschluß in Berkeley war Maggie nach Los Angeles gezogen und hatte dort einen Job als Sekretärin bei Industria Americana, einer Autoexportfirma, angenommen. Trotz Eastwoods anderen Verpflichtungen gingen sie recht häufig miteinander aus und gelangten dadurch bald an einen Punkt, wo eine

Ehe so unvermeidlich wie wünschenswert erschien. Nach einer stillen Heirat zogen sie nach Carmel in die Flitterwochen. Dennoch blieb im Grunde alles beim alten. Binnen kurzer Zeit steuerte auch Maggie ihren Teil zum Einkommen bei, indem sie gelegentlich für den Bademodenhersteller Caltex and Catalina Modell stand.

Eastwood war an einem Punkt angelangt, wo er sich trotz aller Bedenken entschied, es noch einmal mit Hollywood zu versuchen. Er sammelte einige Fotos zusammen, die der eng befreundete Fotograf Irving Lasper von ihm geschossen hatte, und kehrte in die Universal Studios zurück. Dieses Mal zahlte sich seine Hartnäckigkeit aus. Ein Hausregisseur namens Arthur Lubin, der bislang einige Abbott + Costello-Komödien gedreht hatte und vor allem mit seinem Remake von *Phantom der Oper* (1943) mit Claude Rains in der Hauptrolle bekannt geworden war, verhalf ihm zu einer etwas unüblichen Probeaufnahme, mit der man vor allem seine Ausstrahlung testen wollte. Dialoge oder irgendwelcher schauspielerischer Fähigkeiten bedurfte es dabei nicht. Eastwood sollte vor der Linse einfach nur etwas von sich selbst erzählen, damit man seine fotogenen Qualitäten – so vorhanden – besser abschätzen konnte.

Das Resultat beeindruckte Eastwood nicht besonders. »Ich hielt mich für einen absoluten Versager«, gestand er dem Playboy 1974 bei einem seiner seltenen Interviews. »Das sah zwar alles ganz ordentlich aus und war auch gut aufgenommen. Aber ich sagte mir: »Wenn das Schauspielerei sein soll, stecke ich in ziemlichen Schwierigkeiten.««

Immerhin war es jedoch ein Fortschritt, und er konnte seine Freude nicht verbergen, als er Maggie davon erzählte und auf das Ergebnis wartete. Und wartete und wartete.

Die nächsten beiden Wochen entwickelten sich für Eastwood zu einem Schnellkurs, was die ewigen Unsicherheiten und ständigen Frustrationen im Leben eines Schauspielers anging.

Universal rührte sich nicht. Schließlich versuchte Eastwood, Lubin anzurufen. Ohne Erfolg. Aus zwei Wochen wurden drei, und langsam argwöhnte er, daß seine anfänglichen Zweifel vielleicht doch nicht ganz unberechtigt gewesen waren. Dann, eines schönen Morgens, bestellte ihn ein Anruf ins Studio. Universal bot ihm einen Halbjahresvertrag für 75 Dollar die Woche: Aus Clinton Eastwood, dem ehemaligen Holzfäller, Soldat und Schwimmbadausheber, war ein Schauspieler geworden.

2. Anfänge eines Cowboys

Von *Revenge of the Creature* bis *Rawhide*

Den verständlichen Optimismus, mit dem Eastwood seine Laufbahn als Schauspieler begann, teilte Hollywood als solches ganz und gar nicht. Die goldene, von den großen Studios wie Columbia, Fox, MGM, Paramount, RKO, United Artists und Universal beherrschte Zeit der amerikanischen Filmindustrie lag zwanzig Jahre zurück. Damals, in den Dreißigern, lag die Welt des Kinos Hollywoods Filmen und seinen Stars zu Füßen. Selbst der Zweite Weltkrieg war da nichts weiter als eine kleine Unterbrechung. Der enorme Anstieg der inländischen Besucherzahlen glich den Verlust der Auslandsmärkte mehr als aus: 1946 erwies sich als gewinnträchtigstes Jahr in der Geschichte Hollywoods. Innerhalb weniger Jahre sollte sich das alles jedoch drastisch ändern.

Die Krise begann mit harten Arbeitskämpfen, die in einer 25prozentigen Lohnerhöhung für alle Studioangestellten gipfelten. Gleichzeitig sorgten (besonders gegen Paramount und MGM angewendete) Kartellgesetze dafür, daß die großen Studios Produktion und Verleih voneinander trennen mußten. Bisher hatten sie beides kontrolliert, was ihnen die völlige Macht über beinahe jeden Teilbereich des populären Films in ganz Amerika verliehen hatte. Im Oktober 1947 begann der Ausschuß für unamerikanische Umtriebe dann eine Untersuchung über die kommunistische Unterwanderung der Filmindustrie. Panisch stürzte sich Hollywood in eine Art Selbstzerfleischung, die bis 1951 andauerte und einige der größten Talente auf die Schwarze Liste brachte. Enthielt ein Film zu dieser Zeit auch nur den kleinsten gesellschaftskritischen Kommentar, denunzierte man ihn als Beispiel für die überhandnehmende Subversion. Derlei Kommunistenfurcht beeinträchtigte nicht nur Hollywoods Fähigkeit, die Hoffnungen und Träume seines Stammpublikums wiederzuspiegeln, sondern bahnte auch den Weg für weniger zimperliche Filmemacher. Ausländische Regisseure wie Andrzej Wajda, Vittorio de Sica und Roberto Rossellini drehten derart realistische und packende Filme, daß sie aus einem anderen Universum zu kommen schienen. In seinem angegriffenen Zustand bestand für das noch immer dem Erbe der Dreißiger verhaftete Hollywood keine

Chance, dem in innovativer Hinsicht etwas entgegenzusetzen. Die größte Gefahr lauerte jedoch im eigenen Land. Alles, was das Kino anzubieten hatte, offerierte das neue Medium Fernsehen wesentlich bequemer: die Zuschauer brauchten nicht einmal das Wohnzimmer zu verlassen. Zudem stand es auf finanziell wesentlich sichereren Füßen. Sämtliche Einkünfte stammten aus der im voraus bezahlten Werbung, was die Rentabilität eines jeden Programms quasi garantierte. Und sollte die Popularität einer Serie aus irgendeinem Grunde schwinden, konnte man sie über Nacht absetzen, wurden die meisten Serien damals doch noch live ausgestrahlt. Die Filmstudios dagegen hatten keinerlei Garantien außer der bisherigen Popularität eines Stars. Jeder neue Film erforderte enorme Investitionen. Es konnte Wochen dauern, bis sich ein Film als Erfolg oder Flop herausstellte. Und wenn er den Bach hinunterging, konnten die Verluste nur dadurch wieder aufgefangen werden, daß man einen neuen, ebenso teuren Film drehte. Und all das bei einer ständig steigenden Inflationsrate.

Als Eastwood zur Filmbranche stieß, sanken die Zuschauerzahlen gerade rapide ab: von 90 Millionen Zuschauern die Woche im Jahr 1948 bis auf knapp 35 Millionen 1956. Sein Glück war, daß Universal noch immer an der Praxis der Dreißiger festhielt, zahlreiche junge Schauspieler und Schauspielerinnen zu verpflichten in der Hoffnung, daß einige unter ihnen vielleicht einmal den Status der derzeitigen Kassenmagneten wie Rock Hudson, Tony Curtis oder Jeff Chandler erreichten. Als Gegenleistung für die Schauspiellektionen und die Anpassung an das gewünschte Modell erhielten die neuen Rekruten kleine und kleinste Nebenrollen. Näher kam Hollywood einer ordentlichen Filmausbildung nie, und der Erfolg beruhte ganz und gar auf jedem Einzelnen. Und einer gehörigen Portion Glück.

Zum ersten Mal in seinem Leben hatte Eastwood allerdings etwas vor Augen, auf das er seine ganzen Energien richten konnte. Er entschied sich, das Beste daraus zu machen. Während man ihm bei Universal tagsüber die Grundlagen der Schauspielerei beibrachte – was u.a. Reiten (für Western), Fechten (für Abenteuerfilme) sowie Tanzstunden und Tischmanieren (für dezentere Filme) einschloß – besuchte er abends eine Schauspielschule. Sein Fleiß zahlte sich aus. Nach Ablauf der sechs Monate verlängerte man seinen Vertrag und erhöhte seine Gage auf 100 Dollar pro Woche. Sein erster Leinwandauftritt folgte kurz darauf.

Schauspielerausbildung bei Universal: Unter dem wachsamen Blick von Jack Kosslyn (l.) spielen Clint Eastwood und Gia Scala eine Szene für ihre ›Klassenkameraden‹

Der Film hieß *Revenge of the Creature* (Die Rache des Ungeheuers) und war eine Fortsetzung eines Erfolges aus dem vorigen Jahr. Inszeniert wurde er von Jack Arnold, der sich mit *It Came from Outer Space* (Gefahr aus dem Weltall) und dem Klassiker *The Incredible Shrinking Man* (Die unglaubliche Geschichte des Mr. C) schnell einen Ruf als Meister des billigen SF-Kinos aufbauen sollte. Überdies entstand das Ganze im 3-D-Verfahren, einem von Hollywoods zahlreichen Versuchen, dem Fernsehen mit neuen technischen Methoden die Zuschauer abspenstig zu machen. Die Geschichte drehte sich um einen prähistorischen Kiemenmann (in Wirklichkeit ein Taucher in einem recht eindrucksvollen Kostüm), der in einem Nebenfluß des Amazonas

Publicityfoto zu ›Francis in the Navy‹ – Mit David Janssen, Martha Hyer, Jane Howard, Leigh Snowden und dem sprechenden Muli

entdeckt und nach Florida transportiert wird, wo er dann entkommt und ganz in der Tradition von King Kong und zahllosen anderen Filmmonstern allerlei Unheil anrichtet.
Eastwoods Auftritt dauerte nur wenige Sekunden. Als Laborassistent Jennings mußte er nach einer verschwundenen Maus suchen; eine Rolle, die nach Eastwoods eigener Einschätzung nur deshalb existierte, weil der Film sonst zu kurz geworden wäre. Immerhin führte sie jedoch zu einem etwas umfangreicheren Part in *Francis in the Navy*, einem Film aus einer ganzen Serie von Komödien mit Donald O'Connor und einem sprechenden Esel in der Hauptrolle, dem Chill Wills die Stimme lieh. Eastwood spielte einen mit O'Connor befreundeten Matrosen; die Geschichte des Films bestand darin, daß der Esel irrtümlich in die Navy eingezogen wird. Obwohl Clints Dialog dabei kaum umfangreicher war als in seinem ersten Film, fiel er doch zum ersten Mal den Kritikern auf, die ihn mit lobenden, wenn auch knappen Kom-

mentaren wie »einnehmend« und »vielversprechend« bedachten.
In den nächsten achtzehn Monaten bei Universal spielte Eastwood in insgesamt vierzehn Filmen mit, obwohl er nur in sechs davon tatsächlich zu sehen war. Zum einen war da *Tarantula* (Tarantula), ein weiterer Jack Arnold-Film, in dem der völlig unter Helm, Sauerstoffmaske und Schutzbrille verborgene Eastwood einen Jetpiloten spielte, der dem Monster des Films – einer 15 Meter großen, biochemisch herangezüchteten Spinne – den Todesstoß versetzte. Daneben trat er in *Lady Godiva* (Die nackte Geisel) zusammen mit Maureen O'Hara und George Nader un-

›Lady Godiva‹ (Die nackte Geisel) – Maureen O'Hara und der ›erste Sachse‹

ter der Regie von Arthur Lubin auf, jenem Mann, der ihm zu seiner ersten Probeaufnahme verholfen hatte. In den Stabangaben dieses eher schwachen Films, deren Titel mehr versprach, als das prüde Hollywood zu dieser Zeit zu zeigen bereit war, tauchte Eastwood als »Erster Sachse« auf. Sonderlich umwerfend war das zwar nicht, aber immerhin ein kleiner Fortschritt gegenüber seinem ersten Western *Star in the Dust* (Noch heute sollst Du hängen), wo ihn die Stabangaben überhaupt nicht erwähnten.

Leicht hatte es Eastwood allerdings ganz gewiß nicht, obwohl er beruflich eine ganze Menge dazulernte. Privat kam es zu erheblichen Problemen, als sich Maggie eine schwere Gelbsucht – »so schwer, wie man sie überhaupt nur haben konnte, ohne den Löffel endgültig abzugeben«, erinnert sich Eastwood – zuzog. Die Arztkosten und die Tatsache, daß Maggie ein ganzes Jahr nicht mehr arbeiten konnte, brachte das junge Paar in erhebliche finanzielle Schwierigkeiten. Inzwischen verdiente Eastwood zwar hundert Dollar die Woche, doch sein Vertrag garantierte ihm nur vierzig Wochen Arbeit pro Jahr.

Auch im Studio tauchten nun Probleme auf. Wie viele junge Schauspieler vor und nach ihm erkannte auch Eastwood langsam das klassische Dilemma seines Berufs. Rollen für junge Schauspieler waren relativ rar; die besseren Parts kamen erst mit dreißig oder vierzig Jahren. Für junge Schauspielerinnen wiederum galt genau das Gegenteil. Kino und Theater boten eine Fülle von Unschuldsengeln und *femme fatales*, und selbst bei eher durchschnittlichem Talent konnte ein junges Mädchen durchaus den einen oder anderen dekorativen Part finden. Resultat war, daß bis zu viermal so viele Schauspielerinnen bei Universal unter Vertrag standen wie Schauspieler. Männer standen somit unter einem erheblichen Druck, ihre Fähigkeiten möglichst schnell unter Beweis zu stellen.

Dazu, so hart wie nötig zu arbeiten, war Eastwood durchaus bereit. Was ihn ärgerte, war die ständigen Versuche seitens des Studios, ihm ein Image aufzuzwingen. Abwechselnd kritisierte man ihn wegen seiner Größe, seiner monotonen Sprechweise oder deshalb, weil er ständig gebückt herumlief. Es war nicht nur ein Angriff auf das Selbstvertrauen und die Unabhängigkeit, zu deren Aufbau er so lange gebraucht hatte; schlimmer noch: die Kritik beruhte auf falschen Voraussetzungen. Hollywood suchte seine zukünftigen Erfolgsrezepte in der Vergangenheit. Wenn ein Neuling zufällig nicht in ein bewährtes Image paßte – der »neue«

Tony Curtis vielleicht, oder Clark Gable oder Gary Cooper – war er eine unbekannte Größe und darum keine finanziellen Risiken wert.
Ebenso klar war den Studios allerdings auch, daß die größten Stars für gewöhnlich Außenseiter waren, Neulinge, die nicht in die bisherigen Schemata paßten. Der Ausweg aus dieser Zwickmühle bestand darin, den jungen Stars soviele Rollen in verschiedenen Filmen wie möglich zu geben. Vielleicht erregte ein neues Talent die Aufmerksamkeit der Studiobosse. Oder der Fans.
Bei seinen ersten Auftritten gelang Eastwood allerdings keins von beiden. Als seine zweite Halbjahresoption – und eine Lohnerhöhung um 25 Dollar pro Monat – fällig wurde, verlängerte Universal den Vertrag nur zum bisherigen Lohn.
Nach diesem Schlag gegen sein Selbstbewußtsein überlegte Eastwood eine Weile, ob er nicht einfach kündigen sollte. Damals war er noch durchaus in der Lage, seine Maske des Schweigers durch Wutausbrüche zu ramponieren. Aber während seiner Zeit bei Universal hatte er auch gelernt, wie wenig er doch eigentlich vom Filmgeschäft verstand und wie nötig er zusätzliche Erfahrungen brauchte, auch wenn sie ihn im Augenblick gerade sehr frustrierten. Man belohnte ihn mit der bis dato wichtigsten Rolle und gab ihm vier ganze Sätze. Die allerdings in einem Film mit dem derzeitigen Top-Star der Universal, Rock Hudson.
Der Film hieß *Never Say Goodbye* (Nur Du allein); ein Rührstück über zwei geschiedene Eltern, die wieder zusammenfinden, um ihrem Kind ein neues Heim zu geben. Neben seinem Army-Kollegen David Janssen fand sich Eastwood einmal mehr in einem weißen Laborkittel wieder. Immerhin bewies ein Zwischenfall während den Dreharbeiten, daß er langsam den nötigen Blick für Requisiten bekam. Regisseur Jerry Hopper verordnete ihm eine Brille, um sein jugendliches Gesicht seriöser wirken zu lassen. Eastwood suchte sich aus einem Dutzend Brillen die nach seinem Dafürhalten richtige heraus. Kaum sah ihn Rock Hudson mit dieser Brille, als auch er auf einer Brille bestand. Man wiederholte die Auswahlprozedur und Hudsons Entscheidung fiel genau auf jene Brille, die Eastwood tragen wollte.
Der kleine Triumph währte nicht sehr lang. Universal weigerte sich, seinen Vertrag ein drittes Mal zu verlängern. Die Schwimmbäder hatten ihn wieder.
Doch der Zufall hatte seine Hand im Spiel: Aus heiterem Himmel ergab sich eine neue Chance. Für RKO arbeitete Arthur Lu-

bin, der Regisseur von Eastwoods erster Probeaufnahme, gerade an einer Komödie namens *The First Traveling Saleslady.* Dabei ging es um die unwahrscheinlichen Abenteuer einer Korsettdesignerin und ihrer Sekretärin, gespielt von Ginger Rogers und Carol Channing, die versuchen, im Wilden Westen Stacheldraht zu verkaufen. Eastwood sollte darin einen jungen Armeeoffizier spielen, der sich in die Channing verliebt. Lubin versprach ihm sogar eine Nennung im Vorspann, was nach seinen Auftritten für Universal doch ein beachtlicher Schritt nach oben war.

Obwohl Eastwoods Körpergröße bei Lubins Entscheidung eine gewisse Rolle gespielt haben mochte – Carol Channing war (und ist) nicht gerade klein -, bescherte ihm der Part doch die ersten Nahaufnahmen und eine Gelegenheit, in einer romantisch-leichten Komödie aufzutreten. So wacker er sich dabei allerdings auch schlug, der Film ging an der Kinokasse trotzdem sang- und klanglos unter.

Trotzdem beeindruckte er RKO genug, daß man ihm einen zweiten Film, *Escapade in Japan* (Verschollen in Japan), anbot. Nun war die Geschichte eines japanischen Jungen, der zusammen mit seinem amerikanischen Freund in Japan auf die Suche nach seinen bei einem Flugzeugabsturz verunglückten Eltern geht, allerdings wenig mehr als ein zerdehnter Reisefilm. Unter Arthur Lubins Regie spielte Eastwood darin den unkonventionellen Piloten Dumbo, der die Jungen überhaupt erst auf die Idee bringt.

Eine Weile lang sah es so aus, als ob er mit seiner Arbeit bei RKO eine ordentliche Karriere als freiberuflicher Schauspieler machen könnte. Doch die Hoffnung war vergebens. Seit Howard Hughes 1948 die Aktienmehrheit von RKO erworben hatte, ging es im Studio drunter und drüber. *Escapade in Japan* war kaum abgedreht, als sich Hughes endlich zum Verkauf entschloß. Die Vertriebsrechte des Films erhielt ironischerweise Universal, das jedoch keine Anstalten machte, Eastwood wieder unter Vertrag zu nehmen. RKO wiederum zog sich unter seinen neuen Eigentümern von der Filmproduktion zurück.

Für Eastwood begann die schwerste Zeit in seiner ganzen Laufbahn. Hollywoods Einsparmaßnahmen ließen seinen ohnehin bereits sehr mühsamen Kampf, sich einen Namen zu machen, noch aussichtsloser erscheinen. Von 1951 bis 1959 war die Zahl der neu gedrehten Filme pro Jahr von 400 auf weniger als 200 gesunken. Im Handumdrehen verschwand der B-Film, einst eine fruchtbare Arbeitsquelle, von der Bildfläche.

An Gebieten, die ein Wachstum garantierten, gab es nur noch eines: das Fernsehen, das nun langsam als Unterhaltungsmedium Fuß zu fassen begann. In Hollywood war es freilich verpönt. Hatte man schon einmal einen Studiovertrag unterschrieben, galt ein Job beim Fernsehen als ausgesprochener Rückschritt.
Nachdem Eastwood wieder eine Zeitlang Schwimmbäder ausgehoben und Strände bewacht hatte, neigte er allerdings dazu, die Sache pragmatischer zu betrachten. »Fernsehen war so etwas wie ein kleiner Bruder, ein Bürger zweiter Klasse«, erinnert er sich. »Ich sah es dagegen mehr als logische Alternative, wenn ich meinen Beruf wirklich lernen wollte. Die meisten Fernsehleute beschäftigten sich mit den allermodernsten Sachen. Außerdem mußte man doppelt so schnell und doppelt so hart arbeiten, wollte man auch nur halb so viel erreichen.«
Er fing mit kleinen Nebenrollen in Serien wie *Navy Log*, *Man of Annapolis*, *West Point* und *Highway Patrol* an, die ihm sogar die erste Fanpost bescherten. Meistens sah man ihn dabei in irgendwelchen Actionszenen. Auf dieser schwachen Grundlage aufbauend, bot er schließlich an, seine eigenen Stunts zu spielen, wenn die Rolle es verlangte. »Gelegentlich erhielt ich sogar mal eine wichtige Nebenrolle, weil ich Motorrad fahren, aus einem oberen Stockwerk springen oder sonst irgendetwas Verrücktes machen konnte.« Langsam baute sich Eastwood so einen Ruf als Spezialist für harte Rollen auf, der ihn 1957, ein Jahr nach seinem letzten Filmauftritt, wieder zurück zu einer Karriere beim Film zu führen schien: 20th-Century Fox bot ihm eine Nebenrolle in *Ambush at Cimarron Pass* an.
In der recht konventionellen Geschichte um ehemalige Bürgerkriegsgegner, die sich gegen plündernde Apachen zusammentun, spielte Eastwood einen streitsüchtigen Ex-Konföderierten. Um den in zehn Tagen heruntergekurbelten Film wenigstens etwas aufzupolieren, drehte man ihn in einem neuen Breitwandverfahren namens Regalscope. Weder der Film noch das neue Verfahren hinterließen irgendeinen Eindruck. Später bezeichnete Eastwood den Film, der ihm immerhin seine bislang größte Rolle und ein Lob der Zeitschrift *Variety* für seine »gute Darstellung« eingebracht hatte, allerdings ohne Umschweife als »den vermutlich schlechtesten Streifen aller Zeiten«.
Als nächstes kam ein weiterer Filmauftritt, der der wichtigste in seiner ganzen Laufbahn zu werden versprach, obwohl er dabei kein einziges Wort zu sagen hatte. Der Name des Regisseurs von

Lafayette Escadrille, einem Möchtegernepos der Warner Brothers über amerikanische Freiwillige in der französischen Luftwaffe des Ersten Weltkrieges, lautete William Wellman. In Hollywood war Wellman bereits so etwas wie eine Legende. Für seinen Fliegerfilm *Wings* hatte man dem recht trinkfesten Regisseur 1927 den ersten Oscar überhaupt verliehen. Zu seinen Erfolgen zählten ferner *The Public Enemy* (Der öffentliche Feind), der James Cagney zum Star machte, und *The Ox-Bow Incident* (Ritt zum Ox-Bow), ein Western-Klassiker aus dem Jahre 1943. Da Wellman selbst ein Fliegeras war und in der Lafayette Escadrille Dienst geschoben hatte, erwartete man einiges von seinem neuem Film. Unglücklicherweise stand seinen Erfolgen aber auch eine ganze Reihe von mißglückten Langweilern gegenüber. Prompt entpuppte sich denn auch sein letzter Film als solcher.

›Ambush at Cimarron Pass‹

› Lafayette Escadrille ‹

Wie durch Zufall blieb *Lafayette Escadrille* auch Eastwoods letzter Kinoauftritt für beinahe sieben Jahre.
So schnell der B-Film gegen Ende der Fünfziger auch von der Leinwand verschwand, genoß er doch anderswo eine ausgesprochen erfolgreiche Renaissance: in den Fernsehserien.
Mit diesen Serien, in denen einer oder mehrere Helden jede Woche vor ungefähr demselben Problem standen, hatten die Fernsehanstalten einen unwiderstehlichen Publikumsmagneten entdeckt. Viele dieser Serien beruhten natürlich auf alten Hollywood-Filmen, und nichts war 1958 gerade populärer als der Western. Über 30 Serien flimmerten zu dieser Zeit über die Bildschirme Amerikas: *Wagon Train*, *Maverick*, *Wyatt Earp*, *Cheyenne*, *Bronco*, *Laramie* und so weiter.
Ganz oben stand dabei zweifellos *Rauchende Colts*, eine Serie, die mit 20 Jahren Laufzeit einen neuen Rekord aufstellen sollte.

1955 hatte Charles Marquis Warrens 30-Minuten-Serie in CBS ihr Debüt erlebt. Als sich drei Jahre später NBCs einstündige Konkurrenz *Wagon Train* zu einer ernsten Gefahr im Einschaltquotenrennen entwickelte, versuchte Warren, dem Neuankömmling mit einer ebenfalls 60 Minuten langen Serie entgegenzutreten.
Wie in *Wagon Train* sollten dabei die Führer eines Wagentrecks im Mittelpunkt stehen. Ansonsten würde sich die neue Serie jedoch um größeren Realismus bemühen und mehr Wert darauf legen, den Alltag eines Cowboys im 19. Jahrhundert zu schildern. Historisches Vorbild waren die Rindertransporte von Texas zu den Schienenköpfen im Mittelwesten, die Hintergrunddetails entnahm man Berichten aus der Zeit um 1860, vor allem George C. Duffields *Traildrover's Diary.* Als Hollywood-Vorbild wählte man Howard Hawks' Western *Red River* (Red River), die Schilderung des ersten dieser Trecks entlang des Cheshire Trails. Die Hauptrollen spielten dabei seinerzeit John Wayne als erfahrener Rinderbaron in spe und Montgomery Clift als sein jüngerer, impulsiverer Widersacher.
Als Eastwoods Agent Wind von dem Projekt bekam, rief er CBS an und schlug seinen Klienten für die Hauptrolle des Treckanführers vor (Warren schwebte zu diesem Zeitpunkt noch eine Serie mit einem einzelnen Helden vor). Eastwood gab zu bedenken, daß man ihm den knapp Vierzigjährigen, den die Rolle verlangte, wohl nicht abnehmen würde. CBS war derselben Meinung. Eastwood war nun 28, hatte vier Jahre als Schauspieler hinter sich und konnte mit einer ansehnlichen Reihe von Credits aufwarten, auch wenn er auf keinen davon sonderlich stolz war. Sein Hauptinteresse galt zwar immer noch dem Kino, doch ein Auftritt in einer erfolgreichen Fernsehserie war ein durchaus lohnendes Ziel. Die finanzielle Sicherheit und die Möglichkeit, neue Erfahrungen zu sammeln, reizten den von Natur aus vorsichtigen Eastwood ebenso wie der mögliche Ruhm.
Trotzdem machte er sich keine Gedanken über die neue Western-Serie *Rawhide* (Cowboys), als er wegen einer alten Bekannten für einen Sprung bei CBS vorbeisah. Sonia Chernus arbeitete zu dieser Zeit im Script Department und konnte mit einer ganzen Menge Insider-Informationen über die neuen Projekte des Senders, darunter auch *Rawhide*, aufwarten. Als Eastwood ihr vor der Entdeckung seines Agenten erzählte, riet sie ihm, persönlich bei Robert Sparks, dem verantwortlichen Produzenten der Serie,

Publicityfoto zu ›Rawhide‹ (Cowboys)

vorzusprechen. Zu Eastwoods gelinder Überraschung zeigte sich dieser sofort interessiert und zitierte Charles Marquis Warren herbei.

Es stellte sich heraus, daß der Sender inzwischen zwei Hauptdarsteller für die neue Serie suchte, rühmten sich doch die meisten erfolgreichen Western zweier Helden: *Wagon Train* bot den Treckanführer Ward Bond und seinen Scout Robert Horton, *Rauchende Colts* Marshall James Arness und seinen Deputy Dennis Weaver, *Maverick* den Spieler James Garner und dessen fiesen Bruder Jack Kelly. Warren kam dem Modell von *Red River*

immer näher. Nachdem er die Rolle des Anführers bereits besetzt hatte, suchte er nun nach einem geeigneten Partner.
Eastwood betete seine bisherigen Rollen herunter, wobei »ich sie immer doppelt so wichtig machte, wie sie eigentlich waren, und darauf hoffte, daß sie nicht gerade *Ambush at Cimarron Pass* sehen wollten. Genau darauf bestanden sie dann natürlich.« Entmutigt von der seiner Meinung nach absehbaren Reaktion der Produzenten auf den »schlechtesten Film aller Zeiten«, fuhr er nach Hause, nur um am selben Nachmittag angerufen zu werden. Trotz Eastwoods Bedenken zeigten sie sich beeindruckt und boten ihm eine Probeaufnahme an.
Es war der Beginn einer Berg-und-Tal-Fahrt der Gefühle – als ob das Pech ein letztes Mal zuschlagen wollte, bevor endgültig rosige Zeiten anbrachen.
Die Probeaufnahme verlief nicht sehr gut. Eastwood hatte Probleme mit seinem Dialog und improvisierte stellenweise, was insofern kein besonders geschickter Schachzug war, als sich herausstellte, daß er aus der Feder des Regisseurs stammte. Daß CBS in der nächsten Woche keinen Mucks von sich gab, überzeugte ihn bald, daß er seine Chance ein für allemal vergeben hatte. Wieder ermutigte ihn ein Telefongespräch. Er hatte die zweite Hauptrolle, die des Ladearbeiters Rowdy Yates, in der Tasche. Ein jubelnder Eastwood unterzeichnete einen Vertrag, nur um kurz darauf zu erfahren, daß man bei CBS noch überlegte, ob man lieber mit einem Pilotfilm die Reaktionen der Zuschauer testen – die heute übliche Praxis – oder gleich dreizehn Episoden in Auftrag geben sollte. Zu Eastwoods großer Erleichterung entschied man sich für letzteres. Wenig später befand er sich für die zwei Monate dauernden Außendreharbeiten auf dem Weg nach Arizona. Die ersten zehn Episoden waren bereits abgedreht, als die Berg-und-Tal-Fahrt wieder nach unten ging. CBS machte sich Sorgen wegen dem derzeitigen Überangebot an Fernseh-Western. Noch eine neue Serie mehr hielt man plötzlich für ein zu großes Risiko und beschloß daher, die Arbeit an *Rawhide* abzubrechen. Für Eastwood war es der Tiefpunkt in seiner Schauspielerlaufbahn, obwohl er etwas Trost in der Tatsache fand, daß er sein Bestes gegeben hatte. Außer ihm sollte das jedoch kein Mensch erfahren: Als sich Eastwood für eine Rolle in einem Kinofilm bewarb, weigerte sich CBS, dem Produzenten das *Rawhide*-Material zu zeigen. »Da lag meine Karriere nun. Irgendwo im Keller von CBS«, erzählt er. »Ich war der Star, den keiner zu sehen bekam. Ich war

nicht einmal der Schauspieler auf dem Fußboden des Schneideraums, nur der im Keller von CBS.« Inzwischen stand der Heiligabend 1958 vor der Tür. Clint und Maggie fuhren mit dem Zug zu Eastwoods Eltern, die mittlerweile von Oakland zurück nach Seattle gezogen waren. Fast unmittelbar darauf traf ein Telegramm von seinem Agenten ein. Die Achterbahnfahrt war zu Ende. Anscheinend hatte eine andere Serie in den Einschaltquoten versagt und sollte im Januar deshalb gegen *Rawhide* ausgetauscht werden. »Mag und ich kauften uns ein paar Flaschen Champagner und brüllten hemmungslos herum«, erinnert sich Eastwood. »Ich streckte den Kopf zum Fenster raus und schrie einige wüste Sachen in die Nacht hinaus.« Wenn es jemand verdient hatte dann er.

Die erste Episode von *Rawhide* wurde am Freitag, dem 9. Januar 1959 um 8 Uhr abends ausgestrahlt. Eric Flemings wortkarger Anführer Gil Favor richtete sich im Sattel auf, befahl durch scheinbar ständig knirschende Zähne »Head 'em up, move 'em out«, und Staubwolken, Hufe und Hörner füllten den Schirm. Während der Vorspann vorbeizog, schmetterte Frankie Laine die berühmte Titelmelodie der Serie: »Rollin', rollin', rollin', keep them dogies rollin' – Rawhide . . .«

Bei den Dreharbeiten war die erste Episode – *Incident of the Tumbleweed Wagon* (jede Episode behandelte irgendeinen »Zwischenfall«, ein weiterer Verweis auf authentische Trail-Tagebücher aus dem 19. Jahrhundert) – eigentlich die Nummer Neun gewesen. Charles Marquis Warrens Bemühungen um größeren Realismus wurde die Episode durchaus gerecht, war sie doch fast ganz vor Ort entstanden. Eastwood und Fleming dagegen traten nicht besonders in Erscheinung. »Ein durchschnittlicher Zuschauer ohne Stabangaben könnte mit Recht fragen, wer in dieser Serie eigentlich die Hauptrolle spielt«, kommentierte Hank Grant im *Hollywood Reporter*, obwohl für ihn die Serie einiges versprach.

Warrens Wahl hätte durchaus auf die übliche Fernsehpraxis zurückgehen können, die besten Episoden – quasi als Garant für eine Verlängerung – erst am Ende der Saison zu zeigen. Ebenso gut hätte sie aber auch eine Sicherheitsmaßnahme wegen seiner beiden Hauptdarsteller sein können. Eastwood und Fleming kannte praktisch niemand; ihre Existenz verdankte die Serie im Grunde nur dem Ruf Warrens als Urvater aller Fernsehwestern. Alle Sorgen entpuppten sich jedoch als überflüssig. Trotz des

flauen Debüts nahm *Rawhides* Beliebtheit stetig zu, bis die Serie in ihrem zweiten Jahr zu den zehn populärsten in ganz Amerika zählte. Und obwohl es von da an wieder bergab ging, brachte es *Rawhide* mit 217 Episoden in sieben Jahren doch auf den vierten Platz, was langlebige Western-Serien betraf. Länger im Program blieben nur *Die Leute von der Shiloh-Ranch*, *Bonanza* und *Rauchende Colts*, nämlich acht, vierzehn, bzw. volle zwanzig Jahre lang.
Trotz ihrer ausschließlich männlichen Besetzung orientierte sich die Serie dabei doch an den Familienunterhaltungsformeln eines *Wagon Train* oder *Bonanza.* Gil Favor, der erfahrene, ehrenhafte, kurzangebundene und autoritäre Kriegsveteran, repräsentierte die Vaterfigur; Eastwoods Rowdy Yates seinen hitzigeren, naiverer »Sohn«, dessen gelegentliches Bedürfnis, selbst die Zügel in die Hand zu nehmen, von einem unerschütterlichen Vertrauen in seinen Boß wieder abgemildert wurde.
Für Häuslichkeit, Humor und die ältere Generation sorgten dann Paul Brinegar als in Ehren ergrauter, rechthaberischer Koch Wishbone und James Murdock als sein begriffsstutziger Gehilfe Mushy – ein *running gag* zwischen ihm und Yates beruhte auf seinen miserablen Kochkünsten. Andere Nebenfiguren waren der Scout Pete Nolan (Sheb Wooley) und der Mexikaner Hey Soos (Robert Cabal). Zwar kam der Wagentreck auf seiner langen Reise von San Antonio/Texas nach Sedalia/Missouri nie am Ziel an. Dennoch versorgten diverse Gaststars, die Launen der Natur und Rowdys Hang, sich selbst in Schwierigkeiten zu bringen, die Drehbuchautoren mit genügend Wasser für ihre Mühlen. Ansonsten war die Serie ein ausgesprochenes Kind ihrer Zeit. Die Pioniere, denen sie auf ihrer Reise begegneten, bescherten dem ungezähmten Westen die unbestrittenen Vorzüge der Zivilisation. Gelegentlich diskutierte man über Moral, ohne dabei das Gut-Böse-Schema ernsthaft anzuzweifeln. Bösewichte erkannte man sehr schnell an ihrer Kleidung und der Tatsache, daß sie immer zuerst zogen. Wenn geschossen wurde, floß kaum oder überhaupt kein Blut. Frauen sorgten für Romantik, nicht für Sex; und so sehr sie auch in einen der Hauptdarsteller verliebt waren, ereilte diese Liebe im Laufe der nächsten fünfzig Minuten doch ein bedauerliches, aber unvermeidliches Schicksal. Das in der Regel umso tragischer ausfiel, je inniger die Zuneigung war.
Weit von einer wirklich originellen Figur entfernt, war Rowdy Yates doch eine Schlüsselrolle, die Eastwoods damaligen Wün-

schen voll und ganz entsprach. Er konnte sich in die Figur einfühlen, genügend Action gab es auch, und außerdem drehte man zum überwiegenden Teil an der frischen Luft. Zudem schätzte er Warrens Intentionen. »Wir erzählen recht authentische Geschichten«, meinte er. »Gelegentlich erfinden wir aus dramaturgischen Gründen sicher etwas dazu, aber im Großen und Ganzen tun wir eigentlich genau das, was die Viehtreiber damals auch gemacht haben.« Und darüberhinaus war er nun auch noch ein Star. Langsam häufte sich die Fanpost bei CBS, der Publicity-Apparat kam in Gang und die Presse riß sich um Interviews. Obwohl dieser plötzliche Ruhm wohl jedem jungen Schauspieler zu Kopf gestiegen wäre, verlor Eastwood dank seiner angeborenen Vorsicht doch nie das rechte Maß aus den Augen. Es dauerte ein ganzes Jahr, bevor er und Maggie aus ihrer kleinen Wohnung in eine kleine Ranch im exklusiveren Sherman Oaks umzogen. In den Interviews sprach er zwar von seinem ruhigen Privatleben, enthüllte davon ansonsten aber bezeichnenderweise nur sehr wenig. Daneben betonte er stets seine positive Einstellung zu seiner Arbeit und dem Leben im allgemeinen, wobei er besonderen Wert auf körperliches Wohlbefinden legte.

»Versuchen Sie's mit Optimismus«, riet er den Lesern des TV Guide, der auch heute noch meistgelesensten Fernsehzeitschrift Amerikas. »Ein sonniges Gemüt hilft in jedem Fall. Mutlosigkeit ist ein körperliches Hindernis ... Essen Sie viel Obst und frisches Gemüse ... Die schlimmsten Leibesübungen sind die mit Messer und Gabel ... Vermeiden Sie zuviel Alkohol. Viele Schauspieler bringen sich nicht genügend in Form für längere körperliche Schwerarbeit«, fügte er hinzu. »Gegen Abend zeigt sich das dann auch in ihrem Spiel.«

Solche Moralpredigten hatten einiges vom parodistischen Unterton jener kleinen Ratschläge, die Bronco Billy später seinen »kleinen Freunden« geben sollte – wenn auch unbeabsichtigt, wie man wohl annehmen darf. Was Eastwood sagte, meinte er auch. Wenn die CBS-Pressemitteilungen dazu neigten, seine Zeit als Tramp zu beschönigen und ihm von Kindheit an eine besonderes Faible für die Schauspielerei unterstellten, war das ein Kompromiß, mit dem er leben konnte. Auf dem *Rawhide*-Set hielt man wegen seiner Verläßlichkeit und seines Professionalismus bald große Stücke auf ihn. Ihm war klar, wieviel Glück er gehabt hatte, und die Jahre bei der Army hatten ihm beigebracht, einem geschenkten Gaul nicht ins Maul zu sehen. Doch das bedeutete keineswegs, daß er es sich leisten konnte, günstige Gelegenheiten auszuschlagen. Eastwoods Faszination fürs Kino erweiterte sich nun auf alle Aspekte einer Filmproduktion. »Sobald gewisse Leute in einer erfolgreichen Serie mitspielen, wollen sie am liebsten gleich wieder aussteigen«, sagte er später. »Irgendwie stellen sie sich vor, daß man ihnen nun Wichtigeres und Besseres anbieten wird. Manchmal klappt das. Aber ich wollte soviel wie möglich über Film lernen. Und wenn man sieben oder acht Jahre lang in ein paar hundert Fernsehepisoden mitmacht, lernt man eine ganze Menge.«

Stand er nicht vor der Kamera, verbrachte er nun immer mehr Zeit mit den Technikern. Er sah ihnen bei der Arbeit zu und lernte dabei sämtliche Vor- und Nachteile kennen. Besonders aufmerksam studierte er die zahlreichen Regisseure, darunter Jack Arnold, mit dem er bereits *Revenge of the Creature* und *Tarantula* gedreht hatte. Einige unter ihnen, wie Ted Post, der später Eastwoods Kassenschlager *Hang' em High* und *Magnum Force* inszenieren sollte, beeindruckten ihn durch ihre Effizienz und ihr feines Gespür. Andere, weniger systematische Regisseure kamen nur mit Hilfe von Stab und Besetzung über die Runden.

Mehr als alles andere überzeugte das Eastwood, daß er sich eines Tages selbst gern inszenieren würde. Als er eingedenk seiner frühen Fernsehtage anfragte, ob er seine Stunts in Zukunft selber spielen könne, mußte er zu seiner eigenen Überraschung indes erfahren, daß er für derlei Risiken nun zu wertvoll war. Gelegentlich schlug er auch die eine oder andere Szene vor, um das Geschehen etwas zu beleben. Einmal bot er an, mit der Kamera im Sattel durch eine Herde wilder Rinder zu reiten, was ihm dann aber unter Berufung auf die Gewerkschaftsvorschriften verboten wurde, obwohl sich in ihnen kein entsprechender Passus fand. Nach einer Absprache mit Eric Fleming fragte er schließlich beim Produzenten an, ob er nicht selbst eine Episode inszenieren dürfte. Die Antwort war ja – falls er sich in der nächsten Saison zunächst an einigen Trailern versuchte.

Voller Enthusiasmus und ohne dafür irgendeine Gage zu verlangen, legte Eastwood los. Als die Zeit für die erste ganze Episode jedoch gekommen war, sagte CBS ab; offenbar hatte man mit dem Hauptdarsteller einer anderen Serie in dieser Hinsicht Schwierigkeiten gehabt.

Während die Serie in ihr zweites und drittes Jahr ging, nahmen Eastwoods Frustrationen auch in schauspielerischer Hinsicht zu.

Sicher bot Rowdy Yates trotz aller Einschränkungen noch immer eine Herausforderung: »In einer Serie weiß man mit Sicherheit, daß man jede Woche Arbeit hat«, erläuterte er. »Und wenn man in irgendeiner Woche mal etwas Neues versucht und das nicht funktioniert, spielt es keine Rolle, weil sie dich nicht gut entlassen können. Man kann alles ausprobieren, was einem Spaß macht, die guten Ideen im Kopf behalten und die schlechten schnell wieder vergessen. Das Ganze ist ein erstklassiger Trainingsplatz.«
Dennoch hatte er seine Spielfilmabsichten nicht aufgegeben. *Maverick*-Held James Garner war bereits auf dem Sprung; Steve McQueen, der Held von *Josh*, sollte mit *The Great Escape* (Gesprengte Ketten) in kurzer Zeit zum Superstar der Leinwand werden. Und während der Produzent von Rawhide nur zu gerne sicherstellte, daß Eastwood von seinem Serienpartner Fleming nicht in den Schatten gestellt wurde, hielt ihn CBS in punkto Nebenbeschäftigungen doch fest an der Kandare.
Im Juli 1961 spitzte sich die Situation schließlich zu, als er in einem ungewöhnlichen Wutausbruch Hank Grant vom *Hollywood Reporter* erzählte daß man ihm »seit Beginn der Serie nicht erlaubt hatte, in irgendeinem Spielfilm oder als Gast in einer anderen Fernsehserie aufzutreten. Vielleicht halten sie mich ja tatsächlich für den schüchternen *nice guy*, den ich in der Serie spiele. Aber auch ein Wurm krümmt sich irgendwann. Ich bluffe jetzt nicht, glauben Sie mir: Ich bin durchaus bereit, ihnen den ganzen Krempel hinzuschmeißen, wenn es nötig sein sollte. Hier finde ich dann natürlich keine Arbeit mehr. Aber ich habe Angebote aus London und Rom, die mir in einem Jahr mehr Geld bringen würden als die Serie in drei.«
Obwohl die Drohung nicht sehr stichhaltig war, merkte CBS doch auf. Man willigte ein, ihn in den Sommerpausen eine unabhängige Laufbahn verfolgen zu lassen. Zwei Jahre sollten verstreichen, bevor das erste Filmangebot eintrudelte – seltsamerweise aus Rom. Es sollte sein Leben dramatisch verändern.

3. Durchbruch in Spaghetti Junction

*Per un pugno di dollari * Per qualche dollaro in piu * Le Streghe * Il buono, il brutto, il cattivo*

Im Frühjahr 1964 hatte der dicke, bebrillte, neben Spaghettis zufällig auch noch vom Wilden Westen begeisterte Regisseur ein kleines Problem. Das ganze letzte Jahr hatte er damit zugebracht, drei europäischen Produktionsfirmen – Jolly Film in Rom, Ocean Film in Madrid und der Münchner Constantin – 200.000 Dollar abzuschwatzen, um in Spanien einen Western drehen zu können. Ein Remake des japanischen Klassikers *Yojimbo* (Yojimbo – Der Leibwächter) sollte es werden, gedreht von einer italienischen Crew, besetzt mit italienischen, deutschen und spanischen Schauspielern. Was fehlte, war nur noch ein Hauptdarsteller, der aus kommerziellen Gründen allerdings ein Amerikaner sein mußte.
Für Italiens tolldreiste Filmindustrie war ein derart wildes Potpourri nichts Ungewöhnliches; erst recht nicht für ihren Mustersprößling Sergio Leone. Begonnen hatte der Nachkomme eines italienischen Filmpioniers seine Karriere unter den Auspizien der führenden Regisseure des Landes, unter ihnen Vittorio de Sica, dessen neorealistische Filme das Nachkriegs-Hollywood so sehr beeindruckt hatten. In den Fünfzigern arbeitete er dann als Regieassistent für zahlreiche Hollywood-Regisseure, die aus Steuergründen in die römischen Cinecitta-Studios ausgewandert waren, um dort eine ganze Reihe von spektakulären Sandalenfilmen – insbesondere *Quo Vadis?* (Quo Vadis?), *Helen of Troy* (Die schöne Helena), *Ben Hur* (Ben Hur) und *Sodoma e Gomorra* (Sodom und Gomorrha) – zu drehen. Leone, ein eifriger Student des amerikanischen Kinos, arbeitete an allen vieren mit.
Neben der Werbung und dem Bargeld bescherten diese Hollywood-Epen den Cinecitta-Studios aber auch eine erstaunliche Flut von Billigproduktionen für den einheimischen Gebrauch. In Amerika mochte der B-Film seinen Platz im Fernsehen gefunden haben, in Italien freilich füllte er nach wie vor die Kinos.
Für weniger als 200.000 Dollar in fünf bis sechs Wochen abgedreht und oft mit demselben Archivmaterial gestreckt, plünderten diese Filme unbarmherzig die Asservatenkiste der Kinokul-

tur. Auf der verzweifelten Suche nach neuen Zuschauerattraktionen reklamierte man eine ganze Anzahl bekannter Genres, die dann auf typisch römische Art und Weise aufgearbeitet wurden, nur um sofort wieder in der Versenkung zu verschwinden, wenn sich eine neue Welle abzeichnete. Schnulzen wichen Muskelmann-Streifen wie *Le Fatiche di Ercole* (Die unglaublichen Abenteuer des Herkules), *Ercole e la regina di lidia* (Herkules und die Königin der Amazonen) oder *Ercole sfida Sansone* (Herkules, Samson und Odysseus), die ihrerseits – bedingt durch den Erfolg von Filmen wie Gualtiero Jacopettis *Mondo Cane* (Mondo Cane) – grellen, halbdokumentarischen Zurschaustellungen der bizarren und erregenden Seiten dieser Welt Platz machten, welche dann wiederum von unzähligen James Bond-Plagiaten abgelöst wurden. Wie der Boulevardjournalismus waren sie alle auf Sensationen, Augenfang und schnelles Vergessen angelegt. Das hieß freilich nicht, daß sie nicht gelegentlich Raum für verblüffende Innovationen boten. Leone lernte sein Regiehandwerk bei zwei Sandalenfilmen – *Gli ultimi giorni di Pompeji* (Die letzten Tage von Pompeji), wo er die Regie übernahm, als der eigentliche Regisseur Mario Bonnard erkrankte, sowie *Il colosso di Rodi* (Der Koloß von Rhodos). Obwohl er mit beiden Filmen kommerzielle Erfolge feiern konnte, gehörte sein Herz jedoch dem Western. Seine Chance kam 1962, als die Sandalenepen blitzschnell von der Bildfläche verschwanden. An ihre Stelle trat eine unerwartet erfolgreiche Serie von deutschen Western mit dem ehemaligen Tarzan Lex Barker als teutonischem Pionier im Wilden Westen. Als Co-Produzent dieser zum großen Teil in Jugoslawien gedrehten Filme fungierte dabei die Constantin.

Leones Entscheidung, einen japanischen Stoff als Vorlage für seinen Film zu nehmen, war weniger ungewöhnlich, als es zunächst den Anschein hatte. 1960 hatte sich *The Magnificent Seven* (Die glorreichen Sieben), John Sturges' Western-Version von Akira Kurosawas *Shichi-nin no Samurai* (Die sieben Samurai), als Kassenschlager entpuppt. Kurosawas *Yojimbo* kam ein Jahr später in die Kinos, und man kann Leone wohl verzeihen, wenn er darauf spekulierte, daß der Blitz vielleicht zweimal an derselben Stelle einschlagen würde.

Für die Hauptrolle brauchte er freilich trotzdem einen amerikanischen Schauspieler. Diese Praxis hatte Tradition in Cinecitta, sah das italienische Publikum den amerikanischen Namen doch als (wenn auch kleines) Anzeichen von HollywoodQualität. Um diese Nachfrage auszunützen, war bereits eine ganze Anzahl hochbezahlter Schauspieler nach Rom ausgewandert. Überdies bestand auch noch die Möglichkeit, daß die Zuschauer das italienische Produkt für ein Original aus Hollywood hielten. Beide kamen für gewöhnlich in einer synchronisierten Fassung in die Kinos, sodaß man den Unterschied nicht immer auf den ersten Blick erkennen konnte. Normalerweise wurden die Quickies aus Cinecitta immer nachsynchronisiert, um Geld und Zeit bei der Herstellung der ausländischen Fassungen zu sparen.

Diesmal allerdings strebte Leone der Sinn nach Höherem: Henry Fonda sollte den Helden spielen. Als der HollywoodStar dann erwartungsgemäß doch ein wenig außerhalb Leones finanzieller Reichweite lag, sah sich der Regisseur unter den römischen Exilanten um. Wieder waren die bekanntesten Stars – wie Steve Reeves, den Leone noch aus *Gli ultimi giorni* kannte – entweder zu teuer und anderweitig beschäftigt. Einer allerdings, ein Sandalenheld namens Richard Harrison, schlug ihm Clint Eastwood vor. Von *Rawhide*, das zu dieser Zeit in aller Welt lief, hatte Leone jedoch noch keine einzige Episode gesehen. Statt dessen wandte er sich an James Coburn, einen der glorreichen Sieben. Coburn zeigte sich interessiert, verlangte aber 25000 Dollar – viel zu viel für Leones mageres Budget. Langsam entwickelte sich Eastwood – ein Name, den Leone noch nie zuvor gehört hatte – zu einer verlockenden Aussicht.

Schließlich sah sich der Regisseur eine *Rawhide*-Episode, *Incident of the Black Sheep*, an. »Clint Eastwood«, erinnerte er sich später, »sagte kaum ein Wort, aber er konnte mit Pferden umgehen und sein Gang strahlte Müdigkeit und Resignation aus.« Obwohl er viel jünger als die Figur war, die ihm vorschwebte, entschied sich Leone, daß Eastwood doch einen ausbaufähigen Rahmen abgab – nicht zuletzt deshalb, weil der aufstrebende Fernsehstar mit der Gage von 15000 Dollar zufrieden war. Das ganze schien ein Risiko wert zu sein. Es sollte sich als die folgenschwerste und lohnendste Entscheidung im Leben beider Männer herausstellen.

Als Eastwood zum ersten Mal über seinen Agenten von diesem Angebot erfahren hatte, hatte die Sache freilich noch ganz anders ausgesehen. »Er wollte wissen, ob ich gerne nach Europa fahren würde, um in Spanien ein italienisch-deutsch-spanisches Remake eines japanischen Films zu drehen, und ich antwortete »Nicht unbedingt«.«

Er war nun vierunddreißig und hatte inzwischen sechs Jahre lang

an *Rawhide* gearbeitet, dessen Reiz sowohl in persönlicher Hinsicht als auch hinsichtlich der Einschaltquoten langsam nachzulassen begann. Doch Cinecitta lag achttausend Meilen und filmisch eine ganze Welt entfernt. Wenn Hollywood schon aufs Fernsehen herabsah, war der Auftritt in einem italienischen B-Film erst recht ein Witz. Nichtsdestotrotz erklärte er sich bereit, das Skript zu lesen.
Leone hatte es mit Hilfe zweier Mitarbeiter innerhalb von drei Wochen heruntergeschrieben. Das Ganze war langatmig, und die Versuche, den authentischen Western-Slang zu reproduzieren, hatten wegen Leones rudimentären Englischkenntnissen etwas regelrecht Bizarres an sich. Überdies bemerkte Eastwood die Parallelen zu *Yojimbo*, den er selbst im Kino gesehen hatte. In Kurosawas Film spielt Toshiro Mifune einen namenlosen Samurai, der in eine einsame, von zwei verfeindeten Familien terrorisierte Stadt kommt. Abwechselnd bietet er beiden Familien seine Dienste als Yojimbo bzw. Leibwächter an, spielt sie dabei gegeneinander aus und beobachtet das tödliche Resultat mit zynischer Gelassenheit. Des Spiels müde, provoziert er schließlich ein Blutbad, das in seinem Duell mit dem gefährlichsten aller Schurken den Höhepunkt erreicht. Am Ende zieht er wieder weiter. Geprägt sind seine Motive dabei von Langeweile und tiefer Verachtung für die Gegner, von denen keiner die Begegnung mit seinem scheinbar nachlässig, aber blitzschnell geführten Schwert überlebt. Eastwood war sich des Erfolgs der vorhergegangenen »Verwestlichung« von Kurosawas *Shichi-nin no Samurai* durchaus bewußt (wenn nicht, hätte ihn Leones Arbeitstitel *Der glorreiche Fremde* sofort mit der Nase drauf gestoßen). Daneben war ihm aufgefallen, daß vieles an *Yojimbo* an den Western erinnerte, obwohl er den Film für »zu stilisiert« hielt, um ihn ohne weiteres anpassen zu können – »zumindest an die alten Genremuster«. Nichts lag Leone freilich ferner als die »alten Genremuster«. Eben dieser Aspekt reizte den Schauspieler, der das traditionell heroische Bild des Westens inzwischen mehr als satt hatte. In späteren Interviews erinnerte sich Eastwood daran, wie ihn das Spiel des Drehbuchs mit den Zuschauererwartungen fasziniert hatte. »Ein typischer Western verlief zu diesem Zeitpunkt ungefähr so: Held reitet in Stadt. Sieht Lehrerin auf Schulbank und Mann, der Pferd auspeitscht. Mischt sich ein. Verprügelt Mann, der Pferd auspeitscht. Lehrerin sieht zu. Man weiß, daß zwei Figuren zusammenfinden werden und daß es nicht der Held und das Pferd

›Per un pugno di dollari‹ (Für eine Handvoll Dollar) – Jose Calvo erklärt dem Fremden die Situation in San Miguel

sein wird. In diesem Film dagegen läuft das so: Sehr schäbig aussehender Mann reitet auf einer alten Mähre in die Stadt. Sieht Mann, der ein Kind verprügelt. Und verzweifelte Frau, die dabei zusieht. Offenbar irgendeine Gefangene. Dann reitet er wieder fort ... Und sofort sagen sie sich: Das kann unmöglich der Held sein. Er trägt keinen weißen Stetson und tut auch nicht das Übliche ... Man kann das Ende des Films nicht vorhersagen.«
Gefallen am Drehbuch zu finden und Leones Angebot anzunehmen, waren indes zwei völlig verschiedene Dinge. Eastwoods Agent und sein Geschäftsmanager – inzwischen war er erfahren genug, beide für sich arbeiten zu lassen – rieten ihm ab; Maggie, auf dessen Meinung er großen Wert legte, gefiel das Ganze. So beruhte die endgültige Entscheidung sowohl auf privaten wie be-

ruflichen Gründen. Trotz der geringen Gage würde man Maggie und ihm doch einen Gratistrip nach Europa finanzieren, wo beide ohnehin seit langem hinwollten. Und wenn sich der Film als Katastrophe herausstellen sollte, was nur allzu wahrscheinlich schien, tat das seinem Ruf in Amerika auch keinen Abbruch, da der Film gar nicht erst nach Übersee kommen würde. Außerdem hatte er während der Sommerpause von *Rawhide* sowieso nichts zu tun.

Im Vergleich zu Leone trug Eastwood natürlich das wesentlich geringere Risiko. Vorsichtig wie immer bestand er jedoch darauf, gegebenenfalls seine Dialoge ändern zu dürfen, bevor er endgültig zusagte. Außerdem begann er mit der Arbeit an seiner Figur: Leones »Mann ohne Namen« war so mysteriös und rücksichtslos wie Kurosawas Held, und mindestens so erfahren im tödlichen Umgang mit seiner Waffe, dem Colt. Sogar über die Kleidung seiner Figur machte sich Eastwood Gedanken. In einem Western-Shop auf dem Santa Monica Boulevard kaufte er sich eine schwarze Lewis, einen Cowboyhut, eine Schaffelljacke und einen Poncho. Die Stiefel und der Revolvergurt waren eine unfreiwillige Leihgabe aus der *Rawhide*-Requisite. In einem Laden in Beverley Hills besorgte er sich schließlich einige dünne schwarze Zigarillos.

Später schwor Leone Stein und Bein, daß er, und nicht Eastwood, jenes Image geschaffen hatte, das den Schauspieler zu einem internationalen Star machte. Ursprünglich hielt ihn Leone für »etwas zu intellektuell, zu locker. Ich wollte etwas Virileres, Härteres aus ihm machen, etwas Älteres – deshalb der Bart, die Zigarillos und der Poncho, der ihn irgendwie massiver scheinen ließ. Als ich ihn aufsuchte, um ihm die Rolle anzubieten, hatte er in seinem ganzen Leben noch nie geraucht. Für ihn war das ein Problem; ständig einen Zigarillo im Mund zu haben, wo er überhaupt nicht wußte, wie man raucht . . .«

Was das Problem mit den Zigarillos betraf, die zum Markenzeichen des Mannes ohne Namen werden sollten, stimmt Eastwood völlig mit ihm überein. »Eigentlich konnte ich sie nicht ausstehen«, erwähnt er, »aber sie sorgten für die rechte Laune. Wie ein Nebel. Die Zigarillos hielten mich in mieser Stimmung.« Ungeachtet der exakten Details war der Mann ohne Namen doch ein Gemeinschaftsprodukt von Star und Regisseur, wenn auch ein recht bizarres. Verstanden beide bei ihrer ersten Begegnung doch nur einige Worte von den Sätzen ihres Gegenübers.

Leones Bilder beruhten sowohl auf seiner aufrichtigen Verehrung des traditionellen Western als auch auf seinem Drang zur Genreparodie. Er war der Motor, die treibende Kraft, obwohl seine organisatorischen Fähigkeiten den methodischen Eastwood des öfteren erschauern ließen. Als er das erste Mal am Drehort ankam, fehlte die komplette Crew: Da seit zwei Wochen kein Lohn mehr ausbezahlt worden war, war man kurzerhand in Streik getreten. Eastwood machte sich sofort daran, das Drehbuch zu verbessern. Mit dem unerfahrenen TV-Schauspieler aus dem Jahr 1958 hatte er nichts mehr gemein. Umgerechnet hatte er in seinen sechs Jahren *Rawhide* die Erfahrung von über hundert verschiedenen Kinofilmen gesammelt. Leones Dialoge mußten gewaltig gekürzt werden, sowohl um seine Englischqualitäten zu verbergen wie um das Tempo zu beschleunigen – ein Prozeß, der sich über die ganzen Dreharbeiten hinwegzog. Der Sinn war, den Helden geheimnisvoller und lakonischer zu machen, was wiederum als Kontrapunkt für den makabren Humor der Story diente, der Eastwood von Anfang an gefallen hatte.
Die ökonomischen Dialoge fanden ihre Entsprechung in Eastwoods ökonomischem Spiel. Trotz seiner Absicht, sich so weit wie möglich von seinem Rowdy Yates-Image als liebenswerter hitzköpfiger *all-american boy* zu entfernen, stand Eastwood mit seinem *Rawhide*-Co-Star Eric Fleming doch ein naheliegendes Vorbild für eine markige, gelassene, vielleicht gefährliche Figur zur Verfügung. Sicher, Gil Favor war ein traditioneller Westernheld, aufrecht und nobel. Dennoch zweifelte man nie an seinem totalen Professionalismus – oder der damit verbundenen Rücksichtslosigkeit. Und er erzielte diesen Effekt mit einem Minimum an zur Schau gestellten Gefühlen.
Ein Glücksritter, der sich ganz dem Erwerb von harten Dollars widmete, war ein idealer Ausgangspunkt für Eastwood. Ein anderer war das flamboyante Spiel seiner Schauspielerkollegen. »Italienische Schauspieler«, bemerkte er später, »tendieren samt und sonders zum Bombast. Um die gewünschte Wirkung zu erzielen, blieb ich daher völlig ruhig. Ich schätze, sie dachten alle, daß ich überhaupt nicht schauspiele. Alle, außer Leone, der genau wußte, was ich vorhatte.«
Leone fiel diese Ökonomie auch in Eastwoods eigenem Charakter auf: »Im wirklichen Leben ist Clint ebenso ruhig und beherrscht, fast wie eine Katze. Während der Dreharbeiten tut er, was man von ihm verlangt. Dann setzt er sich in eine Ecke und

schläft sofort ein. Bis man ihn wieder braucht. Das am ersten Tag mitzuerleben, half mir sehr bei der Gestaltung der Figur.«
Mit der seltsamen Unvermeidlichkeit, die so oft den Erfolg kennzeichnet, vereinigte der Mann ohne Namen in sich all die scheinbar zufälligen Charakterzüge Eastwoods – sein Selbstvertrauen; die über alles geschätzte Unabhängigkeit; der Widerwille, sich in etwas einzulassen, es sei denn nach seinen eigenen, wohlüberlegten und bedachten Regeln; das Streben nach Erfolg, egal, um was es gerade ging; selbst die Entwurzeltheit seiner jungen Jahre fand ihre Entsprechung in der rätselhaften, coolen, selbstsicheren Gestalt auf der Leinwand.
Die siebenwöchigen Dreharbeiten begannen im Mai. Die Innenaufnahmen drehte man in Cinecitta, die Außenaufnahmen in einer kleinen Stadt namens Colmenar außerhalb von Madrid. Vor Jahren hatte man dort einen Western-Set aufgebaut, der nun langsam zerfiel und wie eine Geisterstadt wirkte – exakt der Effekt, den Leone erreichen wollte. Ebenso wichtig war die trostlose Umgebung von Almeria, deren Felsenhügel und verarmte Dörfer als europäisches Äquivalent des alten Westens, genauer eines Orts an der mexikanischen Grenze, herhalten mußte. Dies, um die grelle Sonne und den dunklen Teint der Schauspieler zu erklären. Obwohl erst der phänomenale Erfolg von *Per un pugno di dollari* (Für eine Handvoll Dollar) – so der endgültige Titel von Leones Film – diese spanische Landschaft weltberühmt machen, und, wegen der unverdorbenen Szenerie und den billigen einheimischen Arbeitern, in den Sechzigern in so etwas wie ein Film-Mekka verwandeln sollte, hatte man dort durchaus schon Erfahrungen mit den Italo-Western gesammelt. Vor Leones Film waren bereits ganze 25 Italo-Western entstanden, obwohl keiner von ihnen eine regelrechte Welle nach Art der Sandalenfilme ausgelöst hatte. Zur selben Zeit drehten Leones Produzenten an genau demselben Ort den ungleich teureren Film *Las Pistoles no Discuten* (Die letzten Zwei vom Rio Bravo). Die Hauptrolle spielte ein anderer Exil-Amerikaner, Rod Cameron, und im Grunde versprach man sich von diesem Film erheblich mehr. Wie Eastwood spielte auch Leone eher so etwas wie die zweite Geige, was insofern ein Vorteil war, als er relativ ungestört arbeiten konnte. Trotz der Verständigungsschwierigkeiten und den lockeren Methoden seines Regisseurs genoß Eastwood die Arbeit. Er konnte weit mehr Einfluß auf die Dreharbeiten nehmen als bei *Rawhide* und spürte auch nichts von jenem Druck, der große Hollywood-

Produktionen im allgemeinen kennzeichnete – zumindest, was seine zukünftige Karriere anging. Und er wußte, daß er und Leone an etwas völlig Neuartigem arbeiteten. Wenn die Produktion mitunter auch Züge einer Western-Oper annahm (auf dem Set trug Leone einen Cowboyanzug komplett mit Spielzeugpistole und spielte vor Drehbeginn jeden einzelnen Part sehr flamboyant vor), war sie doch das Experiment wert.
Gegen Ende der Dreharbeiten hatten Star und Regisseur gehörigen Respekt voreinander. Als das Projekt in der italienischen Fachpresse das erste Mal angekündigt wurde, führte man Eastwood sowohl als Hauptdarsteller wie als »Western-Berater« auf. Später bezeichnete Eastwood Leone als eines der einflußreichsten Vorbilder für seine eigene Karriere als Regisseur. Als sich Eastwood von ihm verabschiedete und in die Staaten zurückflog, rechnete er freilich nicht damit, den rundlichen Western-Enthusiasten jemals wiederzusehen.
Erste Nachrichten zu Leones Film lieferte ihm ein *Variety*-Bericht über eine plötzliche Italowestern-Welle, ausgelöst von einem umwerfenden Erfolg mit dem Titel *Per un pugno di dollari.* Vorläufig sagte ihm das gar nichts. Sein Film hatte *Il Magnifico Straniero* geheißen, jedenfalls bei seiner Abreise.
Zwei Tage später las er von den überragenden Einspielergebnissen, die *Per un pugno di dollari* »mit Clint Eastwood in der Hauptrolle« in Rom erzielte.
»Dann bekam ich einen Brief vom Produzenten, der sich nach meiner Abreise überhaupt nicht mehr gerührt hatte, weder um sich zu bedanken noch um mir die Pest an den Hals zu wünschen. Nun fragte er auf einmal an, wie es denn mit einem neuen Film aussähe.« Solche Zurückhaltung war nur zu verständlich; seine Geldgeber hatten Eastwoods lakonisches Spiel als Beweis für seine totale Talentlosigkeit gesehen und keinen Hehl daraus gemacht. Der plumpe Meinungsumschwung amüsierte Eastwood. Sein ohnehin durch die Ansichten Hollywoods gebremstes Vergnügen sollte sich jedoch in grenzenlosen Staunen verwandeln, als er für die Pariser Premiere nach Europa zurückkehrte, wo man ihm einen fast schon hysterischen Empfang bereitete. Was Hollywood auch von ihm halten mochte, in Europa war Clint Eastwood jedenfalls ein Superstar.

Inszeniert von einem gewissen »Bob Robertson« (die Macher hatten gehofft, die wahre Abstammung des Films durch amerikanische Pseudonyme für Stab und Besetzung zu kaschieren), hatte sich *Per un pugno di dollari* beinahe über Nacht als Erfolg entpuppt. Nach einigen Testvorführungen in Rom und Neapel, wo Kinobesitzer und Kritiker den Film für vollkommen wertlos erklärten, war er im August 1964 in einem Florenzer Hinterhofkino angelaufen. Trotz minimaler Werbung war das Kino bald jede Nacht gerammelt voll. Nach einer Woche standen die Leute Schlange. Im November hatte der Film in Rom Premiere. Am Ende des Jahres war *Per un pugno di dollari* der erfolgreichste italienische Film aller Zeiten: ein beinahe perfektes Beispiel für einen sogenannten »Schläfer« – jenes seltsame Phänomen, das die Filmindustrie gleichermaßen ärgert wie erfreut; ein häßliches, für ein Butterbrot produziertes Entlein, das sich auf wundersame Weise in einen sehr profitablen Schwan verwandelte und sechs teure Rivalen von der Leinwand fegte, die bis dahin als todsichere Erfolge gegolten hatten.

Bleibt jedoch die Frage, warum sich *Per un pugno di dollari* so schnell zu einem regelrechten Kult entwickelte. Die Geschichte war nicht gerade neu, hielt sich im Gegenteil fast exakt an die von *Yojimbo*; einem Film, der nur in den Programmkinos einigermaßen gegangen war.

Der Unterschied lag in Leones Extrapolation der Themen Kurosawas in den Kontext eines Western und Eastwoods charismatischer Verkörperung dieser neuartigen Vision.

Wie so viele traditionelle Hollywood-Western beginnt der Film damit, daß ein Fremder in eine Stadt reitet. Doch hinter ihm liegen keine üppigen Weiden oder gar die desolate Pracht von John Fords Monument Valley mit seinen hoch aufragenden Felsen und riesigen Kakteen. Die Landschaft ist flach und trostlos, wie blankpoliert unter dem Licht einer gnadenlosen Sonne.

Die Stadt, in die der Fremde kommt – San Miguel -, ist kaum besser. Von Wind und Fliegen heimgesucht, scheint sie sich nur mühsam am Leben zu erhalten. Am Ast eines verdorrten Baumes, an dem der Fremde vorbeireitet, hängt eine Galgenschlinge als Ortsschild. San Miguel hat weder etwas vom geschäftigen Optimismus eines neu gegründeten Grenzerstädtchens noch etwas von dessen Gegenstück, der Geisterstadt, liegt irgendwo dazwischen – eine Stadt, wo die Geister noch irgendwie am Leben hängen. Der Fremde selbst ist eine nicht minder eigentümliche Mischung. Sein hageres, gutes Aussehen gleicht dem eines Western-Helden, doch seine Gesichtszüge sind verdeckt von einem

› Per un pugno di dollari ‹

verwilderten Dreitagebart. Seine Kleidung ist so staubig wie schäbig und paßt eher zu einem konventionellen Westernschurken; sein Poncho ist von einer Art, die normalerweise mexikanischen Statisten vorbehalten bleibt. Und dann ist da noch sein Pferd – eigentlich kein Pferd, sondern ein geduldig dahinstapfendes Maultier. Soll das Ganze ein Witz sein?

Tatsächlich hat all dieses Zubehör eines gemein: für eine Landschaft wie diese ist es eminent zweckmäßig. Jemand, der im letzten Viertel des 19. Jahrhunderts durch den amerikanischen Südwesten zog, könnte sich durchaus so angezogen haben. Unversehens gerät Leones versteckter Realismus damit zu einer cleveren Kritik an den Landschafts- und Heldenbildern des traditionellen Western. Doch seine eigentlichen Absichten zielen nicht darauf ab, ein falsches soziohistorisches Bild zu korrigieren. Irgendwas stimmt ganz und gar nicht in San Miguel.

Der Bedrohlichkeit der harten, gefährlichen Landschaft mehr als nur ebenbürtig ist die Bedrohung durch die, sie bevölkernden Menschen. Schwarzgekleidete Witwen huschen durch die drekkigen Straßen. Eine hübsche, offenbar verzweifelte Frau taucht an einem Fenster auf, wirft dem Neuankömmling einen flehenden Blick zu und wird wieder ins Haus gezogen, während ihr kleines Kind gerade verprügelt wird. Ein Toter, den man aufrecht in den Sattel gebunden hat, reitet vorbei. Auf seinem Rücken klebt ein Zettel mit den daraufgekritzelten Worten »Adios Amigo«. Die zusammengekniffenen Augen des Fremden registrieren alles. Er ist wachsam und zurückhaltend, mischt sich nicht ein. Nur die leicht ironische Art, mit der er für den Toten an seinen Hut tippt, deutet darauf hin, daß diese Moralvorstellungen nicht die seinen sind. Diejenigen eines konventionellen Helden sind es allerdings auch nicht. Frauen in Not oder boshafte Maulhelden lassen ihn kalt. Als er an einer Gruppe grölender Schläger vorbeikommt, feuern diese einige Schüsse ab, die sein Maultier scheu machen. Der Fremde ist gezwungen, sich an einen Holzbalken vor dem Saloon zu klammern, um nicht in den Staub geworfen zu werden. Doch die typischen Heldenaufgabe, den Angebern Manieren beizubringen, reizt ihn nicht. Ihm geht es um etwas völlig anderes, wie wir im Saloon erfahren.

San Miguel, erfährt er dort, werde von zwei verfeindeten Banden beherrscht: den Baxters unter der Führung des Sheriffs und den Rojos unter Führung von Don Miguel Rojo. Ihre Feindschaft sei sehr ausgeprägt und Don Miguel suche derzeit nach Revolverhelden. Der Fremde geht die Straße zu Rojos Hauptquartier hinunter und teilt dem Don mit, »daß ich gerade frei bin«. »Nur was den Preis betrifft«, fügt er hinzu, dabei lässig einen Tabakkrümel von seinem halbgerauchten Zigarillo ausspuckend, »müßten wir uns mal unterhalten. Ich bin nicht ganz billig.«*

Ohne auf eine Antwort zu warten, dreht er sich um und geht langsam auf die Revolverhelden zu. Inzwischen hat er die Aufmerksamkeit einiger Stadtbewohner auf sich gezogen, darunter auch die eines Totengräbers, der auf der Straße gerade an einem Sarg herumhobelt. »Mach' mal drei von deinen Kommoden einstiegbereit«, rät er ihm im Vorbeigehen.

Die Schläger begrüßen ihn mit den ominösen Worten »Adios Amigo« und raten ihm, möglichst bald aus der Stadt zu verschwinden. In unheimlich vernünftigem Ton erklärt der Fremde

* Dialogzitate sind den deutschen Synchronfassungen entnommen. (A. d. Ü.)

ihnen, daß er den Witz mit dem Muli wohl verstanden hätte, das Tier selbst jedoch anderer Meinung sei. »Ich hab' versucht, auf Alfons einzureden. Ich hab' ihm gesagt, daß das ein Scherz war. Aber er haßt solche Scherze. Er verlangt, daß sich die Frösche bei ihm entschuldigen, hat er gesagt.«
Seine Augen, die sich langsam auf die Männer richten, verleihen den nüchternen Sätzen allerdings eine völlig andere Bedeutung. Überdies enthüllt seine unpassend komische Einstellung zu etwas, was nach allen Regeln nur in einem Duell enden kann, auch seine überlegene Intelligenz. »Häh?«, grunzt einer der Schläger. Wie jeder Held ist auch der Fremde seinen Gegnern geistig überlegen.
Dann demonstriert er jene Fähigkeit, ohne die kein Western-Held auskommen kann, der sein Geld wert ist – den geschickten, beinahe übermenschlich quicken Umgang mit dem Colt. Bevor seine Gegner überhaupt die Waffe aus dem Holster bringen,

›Per un pugno di dollari‹

zieht und schießt er fünf Mal. Alle vier stürzen in den Staub. Tot. Ihr Chef, Sheriff Baxter, taucht auf und droht mit allerlei Vergeltungsmaßnahmen. Zum ersten Mal zeigt sich ein Gefühl im Gesicht des Fremden – ein verächtliches, abschreckendes Zucken. Sofort entmutigt, sucht der Sheriff nach seinem Stern. »Wenn Sie der Sheriff sind«, stößt der Fremde unbeeindruckt hervor, »dann sorgen Sie dafür, daß der Schotter da unter die Erde kommt.« Und geht. Ungeachtet seiner Moralvorstellungen, die, wie bis zu diesem Zeitpunkt klargeworden ist, anscheinend vor allem von seiner Bezahlung abhängen, zeigt er nun doch die älteste aller heldenhaften Tugenden: rücksichtslose Unnachgiebigkeit. Wenn er es nicht so will, wird ihm niemand in die Quere kommen.

Die Szene endet damit, daß der Fremde erneut am Totengräber vorbeigeht. Der starrt ihn mit offenen Mund an. »Gratuliere zum guten Geschäft«, bemerkt der Fremde trocken. »Wir brauchen vier.«

Es gibt kein Anzeichen von Gewissensbissen, kein Zögern, nur den lakonischen Witz des Profis nach getaner Arbeit – ein Überlebenskünstler in einer bösartigen, anarchistischen Welt.

Wie sein schäbiges Gewand und die dreckige Umgebung, durch die er sich bewegt, Kennzeichen eines gnadenlosen Realismus sind, ist auch der Fremde selbst bedingungsloser Realist. Das heimelige Ethos des Hollywood-Western würde hier sofort eine Kugel ernten – wahrscheinlich in den Rücken: eine Lektion, die der Fremde gelernt hat, noch bevor der Film begann.

Doch der brutale Realismus des Helden ist nur ein Element in Leones Vivisektion des Westerns. Die Dialoge – die von Eastwood, der ihren satirischen Unterton von Anfang an erkannt hatte, eigens zusammengestrichen worden waren – sind eine Parodie auf die harten Sprüche traditioneller Western. Die Inszenierung wiederum – abwechselnd träge und stakkatohaft, mit schnellen Schnitten und extremen Nahaufnahmen, besonders in dramatischen Momenten wie dem obigen Duell – veralbert Hollywoods unaufdringlichen Stil: Leones Inszenierung verweist ständig auf sich selbst, belästigt, verblüfft, überrascht, reißt gerade durch das Tempo und die Brutalität der Revolverduelle den Zuschauer mitunter auch aus seinem Sitz. Kein Westernheld zog schneller als Eastwood (eine Dreiviertelsekunde für Ziehen, Spannen und Abdrücken), bis Gene Wilders Kitekat in Mel Brooks' *Blazing Saddles* (Der wilde wilde Westen) so schnell zog, schoß und den Colt wieder zurücksteckte, daß – so wollte uns Regisseur Brooks zumindest glauben machen – überhaupt keine Bewegung zu sehen war. Daneben spielte auch der Ton eine große Rolle; die verstärkten Revolverschüsse ebenso wie der Soundtrack im allgemeinen, der mit natürlichen Geräuschen die Spannung steigerte und gelegentlich auch einen ironischen Kommentar zur Handlung einbrachte (in *Il buono, il brutto, il cattivo*, dem letzten und reichhaltigsten von Eastwoods Italo-Western, kräht ein Hahn, als eine der Figuren verraten wird). Nirgends war der Ton jedoch so wichtig wie in der Filmmusik von Ennio Morricone.

Vor *Per un pugno di dollari* hatte sich die Musik im Western für gewöhnlich auf traditionelle Balladen im Reitrhythmus oder eine relativ anonyme, der jeweiligen Stimmung angepaßte Klangtapete beschränkt. Symphonische Klänge, wie sie Jerome Moross in *The Big Country* (Weites Land) oder Elmer Bernstein in *The Magnificent Seven* verwendet hatten, waren eher eine Seltenheit.

Im Rahmen einer ungewöhnlichen Zusammenarbeit mit Sergio Leone machte sich Morricone dagegen an etwas völlig Neues. Ähnlich wie bei Leones und Eastwoods Konzept des geheimnisvollen Antihelden lag auch sein Ausgangspunkt in der Realität; nicht in den traditionellen Rhythmen, die den Hufschlag eines Pferdes oder das Rütteln der Zügel nachahmten, sondern in den tatsächlichen Geräuschen des Western-Milieus: dem Knallen einer Peitsche, dem vibrierenden Klingen einer Maultrommel, den Pistolenschüssen, den Kirchenglocken und dem ganzen Spektrum menschlicher und tierischer Schreie: Pfeif-, Grunz- und Stöhnlauten, mitunter auch einem himmlischer Chor. Elektronisch verzerrt und mit einem wuchtigen, auf der E-Gitarre gespielten Leitthema unterlegt, parodierten sie jede gängige Western-Musik und definierten sie gleichzeitig neu. »Es klang«, beschrieb es der Kritiker Chris Frayling sehr anschaulich, »als ob Rodrigo auf einer überfüllten Via Veneto mit Duane Eddy zusammengestoßen wäre.«

In Intensität und Wirkung hatte Morricones Musik für *Per un pugno di dollari* und seine beiden Fortsetzungen etwas Opernhaftes. Ihre Dissonanzen und unerwarteten Akkorde spiegelten die triste, unvorhersehbare und grausame Welt der Filme; unterstrichen, ja definierten die Emotionen der Figuren: In *Per un pugno di dollari* signalisiert ein Ton auf der Maultrommel oder ein schneller Triller – beispielsweise in dem ersten Duell mit Baxters Schlägern -, daß es der Fremde durchaus ernst meint, obwohl es mitunter gar nicht so aussieht. In einer Szene ist er anscheinend besoffen – der Soundtrack bestätigt uns das Gegenteil. In den späteren Filmen hatten die Figuren ihre eigenen musikalischen Effekte, sodaß ihre Präsenz oder kurz bevorstehende Ankunft in einer Szene durch eine Wiederholung dieser Motive angekündigt werden konnte.

So revolutionär Morricones Musik für den Western aber auch war, hätte sie dem mit Opern durchaus vertrauten italienischem Publikum doch nichts Neues geboten, wenn sie nicht so einprägsam gewesen wäre. Die schwirrenden Gitarren, flammenden Trompeten und bizarren, undeutlichen Grunzer, Schreie und Pfiffe auf Morricones Soundtrack gaben Leones Western eine unverkennbare, musikalische Handschrift und waren zum großen Teil für ihren Erfolg verantwortlich.

Die Hauptattraktion war freilich »El Cigarillo«, wie man Eastwood getauft hatte. Für das südländische Publikum – und *Per un pugno di dollari* feierte auch bald in Südamerika Erfolge – verkörperte der Mann ohne Namen das letzte Wort in Punkto *machismo*: cool, selbstsicher, absolut männlich und doch Frauen gegenüber scheinbar gleichgültig. (Das einzige Mal kommt er in *Per un pugno di dollari* mit der traditionellen Dame in Not in Kontakt, als er – für ihn reichlich uncharakteristisch – sie und ihr Kind aus der Gefangenschaft befreit und sie aus der Stadt entkommen läßt.)

Der Gefahr, hölzern zu wirken, entging er jedoch durch seinen trockenen Humor und seine Verschlagenheit. Wann immer sich der Streit zwischen den Baxters und den Rojos abzukühlen droht, facht ihn der Fremde wieder an. Beim letzten Duell mit dem sadistischen Erzschurken Ramon Rojo (gespielt von »John Wells«, d.i. Gian Maria Volonte, damals ein erfolgreicher italienischer Theaterschauspieler) beweist er seine scheinbare Unverwundbarkeit dadurch, daß er ganz offen auf seinen besser bewaffneten Gegner zugeht und ihn zu einer ganzen Salve von Gewehrschüssen herausfordert – »ins Herz, Ramon . . . wenn du mich da nicht triffst, wirst du mich auch nicht umlegen können«. Erst als er in Revolverschußweite kommt, schlägt er seinen Poncho zurück und enthüllt einen Eisenpanzer. Der natürlich das letzte ist, was Ramon in seinem Leben zu sehen bekommt.

Zusammen mit der scheinbaren Unbesiegbarkeit des mysteriösen Fremden verliehen die übernatürlichen Anspielungen in die-

Uncharakteristische Posen – Der Mann ohne Namen und die Frau in Not (Marianne Koch)

ser, wenn auch hinterher real erklärten Szene der Figur in Leones Augen eine allegorische Dimension; speziell die »des Erzengels Gabriel, in seiner Eigenschaft als Todesengel«. Solche Ansprüche sind nun sicher anfechtbar, unterstreichen aber Eastwoods Leistung in der Rolle. Wie bei Morricones Musik hätte auch in

› Per un pugno di dollari ‹ – Der Erzengel im letzten Gefecht mit Gian Maria Volonté

seinem Fall das Spiel mit dem Genre ohne ein hohes Maß an Talent nur sehr wenig gebracht. In seiner ersten Hauptrolle zeigte Eastwood unbestreitbares Charisma, die »Ansehnlichkeit« eines jungen Gary Cooper, mit dem ihn Vittorio de Sica schnell verglich. Sein besonders Glück war es jedoch, daß die Figur, in er diese Qualitäten das erste Mal beweisen konnte, in so starkem Maße dem Zeitgeist entgegenkam.

Wie die meisten erfolgreichen Filmstars spielte auch Eastwood nicht einfach nur eine Rolle im normalen Sinne, sondern schuf einen Mythos, mit dem sich das Publikum auf der ganzen Welt identifizieren konnte. Eastwood selbst war sich dessen wohl bewußt: »Jeder Filmschauspieler braucht irgendetwas Besonderes. Erst das macht ihn zum Star, während eine ganze Menge verdammt guter Schauspieler regelmäßig übersehen wird. Das Publikum schätzt ihre Fähigkeiten, aber sie stellen sich wegen ihm nicht an der Kinokasse an. Das tun sie nur für einen Star.« In gesellschaftlicher Hinsicht war das Jahrzehnt, in dem die ersten von Leones Spaghetti-Western, wie man sie abfällig bezeichnete, das Licht der Welt erblickten, von Umwälzung und deren Gegenstück, der Ernüchterung, gekennzeichnet. Nach dem zwanghaften Klima der Fünfziger, als die zahlreichen Engpässe der Nachkriegszeit und die Angst vor der Atombombe einen gewissen tristen Konformismus heraufbeschworen hatten, kam es nun zu einer regelrechten Explosion der Phantasie. Damals hatten alle Bestrebungen dem Wiederaufbau einer vom Krieg zerstörten Welt gegolten In den Sechzigern war die Arbeit freilich abgeschlossen; nun kam das Vergnügen.

Traditionelle Werte wankten unter einer Flut von Experimenten – mit Lebensweisen, mit den guten Sitten, mit allen Formen der Kunst, ja, selbst mit der menschlichen Wahrnehmung, die man durch bewußtseinserweiternde Drogen veränderte. Vom Wohlstand und dem steten Wirtschaftswachstum angetrieben, schien die Welt plötzlich auf den Kopf gestellt. Und dennoch hatte dieser Ausbruch von Selbstverwirklichung auch eine Kehrseite. Rapide Fortschritte auf wissenschaftlichem und technischem Gebiet – symbolisiert durch den ersten bemannten Raumflug zu Anfang und die erste Mondlandung am Ende des Jahrzehnts – führten zu einer Entmenschlichung des Individuums, reduzierten es auf eine Anzahl von Punkten auf einer Computerlochkarte, auf ein kleines Zahnrad in der großen Konzernmaschinerie. Und nicht jeder hielt ein derartiges Übermaß an Selbstverwirklichung für erstrebenswert, besonders wenn es auf Gewalt und Umsturz hinauslief. Daneben hatte auch nicht jedermann das rechte Alter, um an einem Jahrzehnt Gefallen zu finden, für das die Jugend das neue Ideal darstellte. Welche neuen Freiheiten man sich zu dieser Zeit auch erkämpfte, wurden diese durch ein tiefes Gefühl der Verwirrung und Unsicherheit dennoch wieder aufgewogen.

Für alle diese unterschiedlichen Gruppen hatte Eastwoods Joe einen eigenen Reiz. Die fleißig mit Drogen experimentierende Jugend fand in seinen Italowestern die Kraft und den Humor eines Comic-Strips; ihre Widersinnigkeit, die ikonoklastischen Attitüden und der selbstzweckhafte Stil waren charakteristische Kennzeichen für die Popkultur der Sechziger. Für die Unsicheren, die den festgefügten Werten aus vergangener Zeit nachtrauerten, repräsentierte seine Figur die absolute Sicherheit. Für die Unterdrückten war er ein Mann, dem nichts und niemand in die Quere kam. Die Einsamen und Gehemmten schließlich sahen in seiner absoluten, offenbar durch nichts beeinträchtigten Autarkie eine Rechtfertigung ihrer eigenen Isolation. Mit *Per un pugno di dollari* hatte Leone Eastwood so eine beinahe perfekte Verkörperung seiner pubertären Wunschträume von unantastbarer Selbstsicherheit ermöglicht.

Copyright-Probleme mit *Yojimbo* und eine gewisse Verachtung seitens der amerikanischen Verleiher sorgten dafür, daß *Per un pugno di dollari* erst 1967 in den Staaten anlief. Vorerst war Eastwood nur ein Star in einer Western-Serie, mit der es langsam zu Ende ging. Doch langsam begann er, sein enthusiastisches Publikum in Europa zu schätzen, besonders, als es ihm gelang, für den Auftritt in einer Fortsetzung 50.000 Dollar und einige andere Vergünstigungen, darunter einen neuen Ferrari, herauszuschlagen.

Auch Leone sah die finanziellen Einschränkungen schwinden. Das Budget für *Per qualche dollaro in piu* (Für ein paar Dollar mehr), so der durchaus passende Titel des neuen Films, kletterte auf 600.000 Dollar. Und diesmal ging er Copyright-Problemen dadurch aus dem Weg, daß er zusammen mit Luciano Vincenzoni ein Original-Drehbuch verfaßte.

Der Hauptdarsteller der neuen Geschichte war eine fast originalgetreue Replik des Mannes ohne Namen, außer, daß er nun einen regulären Beruf, den eines Kopfgeldjägers, ausübte. Auch seine

Welt war so skrupellos, anarchisch und brutal wie zuvor, vielleicht sogar noch etwas mehr. Dieses Mal ist er allerdings gezwungen, seine Unabhängigkeit durch eine dubiose Allianz mit einem Berufskollegen, Colonel Douglas Mortimer, zu kompromittieren. Beide machen sich auf die Jagd nach El Indio, einem rücksichtslosen Banditen, dessen sadistische Mordlust hart am Rande der Psychose liegt – nur die sedierende Wirkung von Marihuana rettet ihn anscheinend noch vor dem völligen Wahnsinn. Der eben aus dem Gefängnis geflohene El Indio, so vermuten die beiden Kopfgeldjäger, wird versuchen, sein verlorenes Prestige durch einen Überfall auf die Bank von El Paso wiederzuerlangen, die gemeinhin als die sicherste der ganzen Umgebung gilt. In der Tat beobachten sie kurz darauf Indios Männer beim Auskundschaften der Bank. Sie beschließen, sich zu trennen und die Bande von innen und außen anzugreifen. Der Fremde schmuggelt sich in die Bande ein, indem er einen von El Indios Männern aus dem Gefängnis befreit. Als der Raubüberfall kurz bevorsteht, schickt Indio den Fremden und drei andere Männer zu einem Ablenkungsmanöver in eine nahegelegene Stadt. Unterwegs entledigt er sich seiner drei Gefährten, trifft jedoch zu spät in El Paso ein, um den Überfall zu vereiteln. Mortimer schlägt vor, Indio einzureden, das noch immer im verschlossenen Safe befindliche Geld an einen Ort zu transportieren, wo ihm der Colonel eine Falle stellen kann. Der Fremde willigt ein, schlägt Indio dann aber prompt die entgegengesetzte Richtung vor. Indio freilich entscheidet sich für eine eigene Zuflucht – die kleine Stadt Agua Caliente. Als Resultat einer etwas merkwürdigen Kette von Schlußfolgerungen erwartet sie Mortimer dort bereits.
Er redet Indio ein, daß nur er wisse, wie man den Safe öffnen könne, ohne den Inhalt zu beschädigen. Nachdem er sich mit Bohrer und Schwefelsäure an die Arbeit gemacht hat, wird das Geld in einer verschlossenen Truhe deponiert. In derselben Nacht versuchen Mortimer und der Fremde, das Geld zu stehlen, werden dabei jedoch entdeckt und brutal zusammengeschlagen. Zuvor gelingt es ihnen allerdings, das Geld zu verstecken.
Indio verhilft ihnen zur Flucht und hetzt seine Männer hinter ihnen her. Während sie sich gegenseitig erledigen, will er die Gelegenheit nutzen und mit dem Geld entkommen. Zu spät findet er heraus, daß in der Truhe nur noch sein eigener Steckbrief liegt. Unterdessen haben Mortimer und der Fremde den Rest der Bande erledigt und sind zurückgekehrt, um mit Indio abzurechnen.

› Per qualche dollaro in piu ‹ (Für ein paar Dollar mehr) – Der Kopfgeldjäger und sein älteres Spiegelbild (Lee von Cleef)

Mortimer macht den ersten Zug und enthüllt sein Motiv: Rache. Indio hat die Schwester des Colonels vergewaltigt, ihren jungen Ehemann umgebracht und das Mädchen anschließend in den Selbstmord getrieben. Als es Indio gelingt, Mortimer zu entwaffnen, greift der Fremde ein und gleicht die Chancen für das finale Duell wieder aus. Der Colonel gewinnt.

Nachdem Mortimer seinen Rachedurst gestillt hat, schenkt er dem Fremden seinen Anteil an der Belohnung. Der Fremde stapelt die Leichen der Banditen auf eine Kutsche und fährt davon, sich dabei schon den gewaltigen Profit ausrechnend.

Im Vergleich zu seinem Vorläufer war *Per qualche dollaro in piu* in beinahe jeder Hinsicht eine entscheidende Verbesserung. Trotz seiner revolutionären Machart hatte *Per un pugno di dollari* sein mageres Budget doch nicht ganz verbergen können; selbst für eine Geisterstadt war San Miguel erstaunlich unterbevölkert und die Ausstattung ausgesprochen karg; technisch wies der Film sehr viele Ecken und Kanten auf. Im Rückblick wirkte er so fast wie eine Blaupause für zukünftige Projekte.

Nun erlaubte das größere Budget Leone jedoch, seine Flügel als Regisseur auszubreiten. Der neue Film war nicht nur um ein Drittel länger und mit einem zweiten Importamerikaner (die Rolle des Mortimers spielte Lee van Cleef, ein Hollywood-Spezialist für Schurkenrollen) sowie einer Fülle von Spezialeffekten ausgestattet, die die Brutalität und den Einfallsreichtum der Handlung unterstrichen, sondern baute auch das Thema und den Stil von *Per un pugno di dollari* weiter aus.

So festgeformt waren Charaktere und Situationen in den meisten Hollywood-Western, daß man sie oft verächtlich als Pferdeopern bezeichnet hatte. Kein anderer Regisseur vor ihm war der Opernhaftigkeit des Genres bislang jedoch so nahe gekommen wie Leone mit *Per qualche dollaro in piu.*

Bereits die erste Einstellung etablierte die Stimmung für das, was da noch kommen sollte. Ein einsamer Reiter galoppiert durch eine trostlose Umgebung. Die Distanz der Totale und die Unermeßlichkeit der Landschaft um ihn herum lassen ihn anonym erscheinen, fast wie ein Insekt, unwichtig in diesem großen Rahmen; ein Gedanke, den ein Schuß aus einem unsichtbaren Gewehr sehr schnell bekräftigt. Der Reiter stürzt zu Boden und der Vorspann beginnt. Die nächsten zwanzig Minuten des Films gehören drei getrennten, in sich abgeschlossenen Episoden, in denen ohne jeden Bezug zum eigentlichen Plot jeweils eine Hauptfigur vorgestellt wird. In dramaturgischer Hinsicht sicher überflüssig, gestatten sie den einzelnen Figuren aber dennoch, ihren sehr individuellen Stil zu demonstrieren. Und Stil ist in einem Leone-Western mindestens ebenso wichtig wie die Handlung selbst.

Ebenso angezogen wie in *Per un pugno di dollari*, bringt der Fremde mit seiner Frage nach dem Verbleib eines gesuchten Verbrechers einmal mehr einen Sheriff aus der Fassung. In einer nahegelegenen Stadt findet er den Mann schließlich, unterbricht sein Pokerspiel und teilt ihm neue Karten aus. Das Blatt des Fremden gewinnt. Etwas spät will der Verlierer wissen, worum man eigentlich gespielt habe. »Um deine nackte Haut«, antwortet der Fremde. Eine Schlägerei entwickelt sich zu einem Pistolenduell, als seine drei Kumpane dem Gesuchten zu Hilfe kommen. Mit typischer Ökonomie befördert der Fremde alle vier ins Jenseits.

Dann holt er sich beim örtlichen Sheriff die Belohnung ab und wieder verweist der Film dabei auf die seltsame Moral des Fremden; offensichtlich hat der Vertreter des Gesetzes keinen Versuch unternommen, den Verbrecher selbst zu verhaften. »Ein Sheriff sollte sein Geld wert sein«, klärt ihn der Fremde auf. »Er sollte Mut haben und Ehre.« Als sein Gegenüber eine Antwort stottert, reißt er ihm den Blechstern vom Hemd und wirft ihn draußen in den Staub. »Besorgt euch mal 'n neuen Sheriff«, empfiehlt er einigen Zuschauern.

Aus einem ähnlichen Grund ist Colonel Mortimer gerade mit dem Zug unterwegs nach Tucumcari. Die Bibel, die der hakennasige Mann mit den harten Augen dabei in der Hand hält, verleitet einen geschwätzigen Mitreisenden dazu, ihn mit »Reverend« anzusprechen – eine Meinung, die sich sehr rasch ändert, als er den großkalibrigen Colt des Colonels bemerkt. Darüber aufgeklärt, daß der Zug in Tucumcari gar nicht hält, zieht Mortimer kurzerhand die Notbremse. Sein scharfer Blick und der bemerkenswerte Colt überzeugen den wütenden Schaffner schnell, daß er das entsprechende Verbot in diesem Fall vielleicht übersehen sollte.

An der Bahnstation reißt Mortimer einen Steckbrief von der Wand, reitet in die Stadt, zwingt einen Barkeeper dazu, ihm den Aufenthaltsort des Gesuchten zu verraten und macht sich an die Arbeit. Seine Methoden dabei sind nicht minder ökonomisch als die des Fremden, vielleicht sogar noch eine Spur überlegter.

Seine Anwesenheit kündigt er dadurch an, daß er einen Steckbrief unter der Tür seines Opfers durchschiebt und dann schnell zur Seite tritt. Prompt bestätigt ihn ein Kugelhagel in seiner Vorsicht. Als er kurz darauf die Tür auftritt, sieht er gerade noch, wie der Mann auf die Straße flüchtet.

Ohne Hast, sich sogar die Zeit nehmend, sich bei der inzwischen hysterischen Freundin des Verbrechers zu entschuldigen, geht er wieder die Treppe hinunter.

Draußen packt er etwas aus, was zunächst wie ein an den Sattel gebundener Schlafsack aussieht. Säuberlich sortiert findet sich darin eine ganze Reihe von Gewehren, angefangen von einer Büffeltöter bis hin zu einer Schrotflinte. Er trifft seine Wahl und schießt dem davongaloppierenden Mann hinterher. Dessen Pferd bricht zusammen. Ein zweiter Schuß verwundet den Reiter. Mortimer steckt das Gewehr zurück, während der wütende Verbrecher mit einem Colt das Feuer eröffnet. Doch er ist zu weit entfernt, seine Schüsse peitschen mehrere Meter entfernt in den Staub. Als der Mann sich langsam näher schleppt, zieht Mortimer seinen Revolver und befestigt in aller Ruhe einen Gewehrkolben an dessen Griff. Während die Kugeln des Verbrechers bereits den Staub zwischen seinen Stiefeln aufwirbeln, feuert er ein einziges Mal. In der Stirn seines Opfers taucht ein hübsches kleines Loch auf.

Nach allen einschlägigen Hollywood-Regeln wäre Mortimer damit unbedingt ein Schurke, wenn auch einer mit sehr viel Sinn für Stil. Doch seine Unbarmherzigkeit schwindet zur Bedeutungslosigkeit, als uns der echte Schurke des Films, El Indio, wiederum gespielt von Gian Maria Volonte, begegnet. Der schmort gerade in einer Zelle, als seine Bande einen Überraschungsangriff inszeniert, um ihn zu befreien. Als erstes verlangt er nach seinem Colt, wünscht daraufhin seinem älteren Zellenkollegen ein knappes »Adios amigo« – eine Art Markenzeichen für Leones Bösewichte – und schießt ihn aus nächster Nähe brutal über den Haufen. Nach einem Massaker an den Gefängniswächtern reitet die Bande zum Haus jenes Mannes, der Indio verraten hatte. Während dessen Frau und ihr achtzehn Monate altes Baby fortgezerrt und (außerhalb des Bildes) erschossen werden, genießt der Bandit das Gnadengewinsel des Mannes. Dann gibt er seinem Opfer die Gelegenheit, sich bei einem, nach der Musik seiner Taschenuhr choreographierten Duell zu rächen. Als das Uhrwerk abläuft, greifen beide nach ihren Colts. Indio gewinnt ohne große Mühe. Nach diesem Höhepunkt der regelrechten Tötungsorgie beginnt der bereits halb wahnsinnige Bandit unkontrolliert zu zittern. Einer seiner Männer reicht ihm einen Joint, worauf sich Indio in seine Träume zurückzieht.

Die musikalische Untermalung dieses Duells stellte einen neuen Höhepunkt in Leones Zusammenarbeit mit Morricone dar. Lange Nahaufnahmen begleiten die klingende Melodie der Uhr bis zu ihrem Ende und pressen der Szene auch noch das letzte Quentchen Spannung ab. Im abschließenden Duell – eine geschickte Situationsumkehr: nun ist Indio der Leidtragende – bestimmt die identische Uhr Mortimers das Tempo der Szene. Während die Spannung immer weiter wächst, schwillt dieselbe Melodie zu einem symphonischen Arrangement. Obwohl Leones Kamera dabei jeden Blick, jeden Schweißtropfen, auch die

› Per qualche dollaro in piu ‹ – Indio (Gian Maria Volonté)

kleinste Bewegung der Abzugsfinger genießt, haben die Uhren doch auch eine inhaltliche Bedeutung. Indios Uhr – ein Gegenstück zu Mortimers – war das Hochzeitsgeschenk des Colonels für seine Schwester; ihre Melodie ist Indios Todeslied.

Vorbereitung für den letzten Ritus – Clint Eastwood und Lee van Cleef in ›Per qualche dollaro in piu‹

Leones gesteigertes Selbstvertrauen spiegelte sich in Eastwood wider. Indem er seine Beziehung zu Van Cleef als eine Art grotesker Parodie des Verhältnisses zwischen Rowdy Yates und Gil Favor gestaltete, gab er der rätselhaften Figur des Fremden eine zusätzliche Dimension.
Ausdrücklich beschreibt sich Mortimer als dessen älteres Ebenbild: »Sie waren doch sicher auch mal jung«, fragt ihn der Fremde. »Oh ja«, antwortet der Colonel, »und auch so leichtsinnig wie Sie. Aber eines Tages passierte dann etwas, was einen anderen Menschen aus mir gemacht hat.«
Dieses Etwas ist natürlich Indios Vernichtung seiner Schwester. Und der grausamen Welt angemessen, ist das einzige Gefühl, das

sich ein Mensch in ihr erlauben kann, ein sehr brutales: der Wunsch nach Rache.

Dennoch gereicht die Beziehung zwischen beiden Eastwood nicht nur zu seinem Vorteil. Es ist Mortimer, der sich eine etwas bequemere Lebensart zu eigen gemacht hat, bei der Verbrechersuche nicht in Schlägereien verwickelt wird; Mortimer, der die

› Per qualche dollaro in piu ‹

besseren Waffen besitzt und mit Ideen aufwartet, wie man Indios habhaft werden könnte, obwohl sich der Fremde einen Spaß draus macht, sich nicht an sie zu halten. Dem in *Per un pugno di dollari* gegebenen Versprechen wird Eastwood eher gerecht, wenn er allein arbeitet – etwa, als er sich dadurch in Indios Bande einschleicht, daß er ganz einfach die schlichte Wahrheit sagt (nämlich, daß es für einen Kopfjäger am einfachsten wäre, sich den Gesuchten anzuschließen und sie bei der ersten sich bietenden Gelegenheit auszuschalten) und cool nach einem Streichholz fragt, als ihm ein Mitglied der Bande daraufhin das Zigarillo aus dem Mund schießt. Oder als er Indios Mann dadurch aus dem Gefängnis befreit, daß er völlig unangemeldet an seinem Zellenfenster auftaucht, Dynamit an das Gitter bindet, die Lunte mit seinem Zigarillo ansteckt und mit einem breiten Grinsen wieder verschwindet, bevor die Explosion die Gefängniswand in tausend Teile zerfetzt.

Die Kritiker David Downing und Gary Herman wiesen darauf hin, daß »sich in diesem Grinsen eine ganze Lebenseinstellung zeigt. Es ist jenes Grinsen, das auch Newman und McQueen perfektioniert haben; ein Grinsen, das von Selbstbewußtsein und der damit verbundenen Eigenständigkeit zeugt.«

Die führenden Stars der Sechziger und Siebziger sollten dieses coole Selbstbewußtsein mit einer atemberaubenden Waghalsigkeit verbinden – der Waghalsigkeit eines Sean Connery, der als James Bond seine Gegner im Dutzend erledigte, oder jener eines Steve McQueen, der in *The Great Escape* auf einem gestohlenen Motorrad wie wild durch die Landschaft bretterte. Kein anderer Schauspieler aber sollte diese Züge reiner, kraftvoller und nachhallender verkörpern als Clint Eastwood, obwohl der Kontext dabei eine alles entscheidende Rolle spielte. Das hatte er bereits erkannt, als er das Skript zu *Per un pugno di dollari* zum ersten Mal gelesen hatte.

»Der Held war ein Enigma und funktionierte als solches im Rahmen dieses Films. In anderen wäre er dagegen einfach nur lächerlich. Man kann keinen Cartoon ins Zentrum eines Renoir stellen.«

Dennoch klingt auch in *Per qualche dollaro in piu* ein solches Mißverhältnis an, als der Fremde das Land im Norden erwähnt, das er sich von der Belohnung kaufen will. Es klingt ganz einfach falsch. Und Mortimer, der Fremde der vorigen Generation, ist der lebende Beweis dafür.

› Le Streghe ‹ (Hexen von heute) – Mit Silvana Mangano

Wie sein Vorläufer entstand auch *Per qualche dollaro in piu* in Almeria und Cinecitta. Während den dreimonatigen Dreharbeiten bekamen Clint und Maggie das ganze Ausmaß der Verehrung, das man ihm in Italien entgegenbrachte, zu spüren. Fans verfolgten sie überallhin, *papparazzis* hielten jeden seiner Auftritte in der Öffentlichkeit fest. Eine solche Atmosphäre mußte selbst einem Mann von Eastwoods Schlag früher oder später zu Kopf steigen. Noch ungewöhnlicher wurde das Ganze, als ihn Vittorio de Sica bat, in seinem neuen Film mitzuspielen.

Seinen Ruf verdankte de Sica seinem Film *Ladri di biciclette* (Fahrraddiebe), einem Klassiker des italienischen Neorealismus der späten Vierziger, für den er auch mit einen Oscar für den besten ausländischen Film ausgezeichnet worden war. In den Fünfzigern, als seine Karriere als Regisseur langsam zu Ende ging, hatte er sich mit großem Erfolg der Schauspielerei verschrieben. Mit zwei erfolgreichen Komödien, *Matrimonio all' italiana* (Hochzeit auf italienisch) und *Ieri, oggi, domani* (Gestern, heute und morgen), hatte er in den Sechzigern allerdings wieder zu seiner Form zurückgefunden. Als Clint Eastwood nach Italien kam, galt de Sica als erfolgreichster und angesehenster Filmemacher seines Landes.
Sein neuer Film *Le Streghe* (Hexen von heute) war eine fünfteilige Anthologie, wobei jede Episode von einem anderen Regisseur inszeniert werden sollte. Gedacht war er als ein Vehikel für die italienische Schauspielerin Silvana Mangano, deren Karriere sich mittlerweile auf dem absteigenden Ast befand. Dino de Laurentiis, seines Zeichens Produzent des Films und Ehemann der Mangano, hoffte, daß sich damit das Blatt für seine Ehefrau wieder wenden würde. De Sica inszenierte dabei die letzte Episode »Eine Nacht wie jede andere«, ein modernes Märchen mit Eastwood als konservativem Ehemann der Mangano.
Trotz eines kleinen Zwischenspiels, in dem er als schwarzgekleideter Cowboy auftauchte, hinterließ Eastwood allerdings keinen besonderen Eindruck. Dem Film selbst ging es nicht besser. In Amerika brachte ihn United Artists einige Jahre später in die Programmkinos, bevor er schließlich in die Archive wanderte; eine Entscheidung, an der Eastwood offenbar nichts auszusetzen hatte. »Das Ganze war ziemlich konstruiert, halb Wirklichkeit, halb Traum«, erzählte er einem Interviewer. »Mal aus den Cowboystiefeln zu kommen, war aber trotzdem nicht schlecht.« Schärfer formulierte es eine Kritik in *Variety*, die den Film mit dem Wort »witzlos« bedachte.
Eastwoods Ego überstand den Schaden ohne Schwierigkeiten. Vor seinem Abflug aus Rom unterschrieb er einen Vertrag für einen dritten Western, der in der nächsten Sommerpause von *Rawhide* gedreht werden sollte. Seine Gage betrug 250.000 Dollar plus zehn Prozent aller Nettoeinkünfte in der gesamten westlichen Welt. Dagegen war die TV-Serie, mit der es ohnehin langsam den Bach hinunterging, nur noch ein kleiner Fisch.
Als Eastwood wieder in Hollywood eintraf, machte er aus seinen

italienischen Filmen keinen Hehl mehr. »Vermutlich bin ich der bestbezahlteste amerikanische Schauspieler, der je in einer italienischen Produktion mitgespielt hat«, erzählte er der Kolumnistin Sheilah Graham. »Noch mehr bekommt in Italien nur Mastroianni. Ich habe nicht vor, alle meine Western in Spanien und Italien zu drehen, aber in Europa bin ich in einer besseren Position. Dort kann ich mir die Filme aussuchen und mit Leuten wie de Sica arbeiten ... Zum ersten Mal in meinem Leben bin ich in der Lage, mir meine Rollen auszusuchen.«

Selbst mit seiner *Rawhide*-Karriere ging es nun für kurze Zeit bergauf. Eric Flemings Probleme mit CBS hatten schließlich in seiner ersten großen Filmrolle an der Seite von Doris Day in *The Glass Bottom Boat* (Spion in Spitzenhöschen) gegipfelt. Daraufhin hatte ihm der Sender fristlos gekündigt. Da die Einschaltquoten ohnehin drastisch sanken, hatte James Aubrey, der Präsident von CBS, während Eastwoods Abwesenheit die Serie kurzerhand gekippt. Daraufhin wurde Aubrey seinerseits entlassen, die Serie wieder ins Programm genommen und Rowdy Yates zum Anführer des Trecks befördert.

Yates erwies sich als recht liberaler Boß und heuerte sogar den ersten farbigen Cowboy der Serie an. Inzwischen war das Publikum des Ganzen allerdings ebenso müde wie Eastwood: Die Serie endete, wie sie begonnen hatte – in der Mitte der Saison. Da nur 29 statt der vorgesehenen 39 Episoden gedreht worden waren, erhielt Eastwood am 8. Februar 1966 von CBS eine Abfindung in Höhe von 119.000 Dollar. Das vorzeitige Ende der Serie gestattete es Leone, den Drehbeginn seines neuen Western vorzuverlegen. Nach einer kurzen Erholungspause zog Eastwood im Mai 1966 wieder mehr nach Spanien.

Der neue Film trug den Arbeitstitel *Die glorreichen Halunken* und wies ein Budget von 1200000 Dollar auf – sechsmal soviel wie *Per un pugno di dollari.* Mit einer Länge von 180 Minuten (159 Minuten in der deutschen Kinofassung* sollte er doppelt so lang wie der erste Dollar-Film und Leones längster Western überhaupt werden. Wie *Per qualche dollaro in piu* stellte er gegenüber sei-

* Geschnitten wurden u.a. eine Szene, in denen Sentenza von einigen Konföderierten den Aufenthaltsort Bill Carsons erfahren will, sowie eine Szene in der Wüste, als Tuco ein Fußbad in einem Bottich nimmt und vor den Augen des verdurstenden Blonden den Bottich ausleert. Eine ausführliche Inhaltsangabe der ungeschnittenen Fassung gibt Oreste de Fornari: Sergio Leone. München 1984. (A.d.Ü.)

nem Vorläufer eine erhebliche Weiterentwicklung dar. Eastwoods Mann ohne Namen hieß nun »der Blonde«, aus Lee van Cleef wurde der Bösewicht, und daneben verleibte man der Story auch noch einen dritten Amerikaner, Eli Wallach, ein.
Wallach, ein führender »Method«-Schauspieler im amerikanischen Theater der Fünfziger Jahre, war bald darauf zum Film übergewechselt, wo er nun, ähnlich wie Van Cleef, hauptsächlich Schurkenrollen spielte.
Aufgefallen war er Leone durch seinen Auftritt als mexikanischer Bandit in *The Magnificent Seven.*
Die Story, verfaßt von Leone, Vincenzoni und Age-Scarpelli, ähnelte der von *Per qualche dollaro in piu* – drei unterschiedlich böse Figuren auf der Jagd nach einem gestohlenen Schatz. Im Gegensatz zu seinen Vorläufern stand das Geschehen jedoch in einem spezifischen historischen Rahmen, dem amerikanischen Bürgerkrieg, was Leone wiederum gestattete, seinen Drang zu möglichst großer Authentizität nachzugehen. Viele Sequenzen beruhen auf zeitgenössischen Aufnahmen und die Schlachtenszenen sind vollgepackt mit Feldgerät aus der damaligen Zeit, das man sich aus dem Madrider Armeemuseum geliehen hatte.
Obwohl Leone immer wieder stolz darauf hinwies, daß seine Western authentischer seien als die Hollywoods, sah er darin, wie bei *Per un pugno di dollari*, doch in erster Linie ein Stilmittel. Historische Genauigkeit interessierte ihn dabei nur am Rand. Das zeigen schon die zahlreichen, eklatanten Anachronismen, so etwa eine Szene, in der sich der Blonde eines Gewehrs mit Zielfernrohr bedient.
Wichtiger war, daß sich Leone anhand des Bürgerkrieges mehr Möglichkeiten zur Kritik boten. Selbst seine Figuren, denen der Krieg persönlich nichts bedeutet, zeigen sich entsetzt von den blutigen Methoden moderner Kriegsführung. »So ein Blödsinn! Die krepieren alle. Und für was?« fragt sich der Blonde nach einem Großangriff. Im Vergleich dazu wirkt Leones Westen und die Menschen, die ihn bevölkern, beinahe harmlos. Kein Wunder, daß der endgültige Originaltitel *Il buono, il brutto, il cattivo* (Zwei glorreiche Halunken) auch eine Umschreibung der zahlreichen Ereignisse im Film sein könnte.
Speziell bezieht er sich allerdings auf die drei Hauptfiguren. »Il buono«, der Gute, ist »der Blonde«, noch immer Kopfgeldjäger von Beruf; »Il brutto«, der Böse, ist Sentenza (Van Cleef), ein sadistischer Killer; »Il cattivo«, der Brutale, schließlich ist Tuco

›Il buono, il brutto, il cattivo‹ (Zwei glorreiche Halunken)

(Wallach), ein geschwätziger, übermütiger und völlig unzuverlässiger mexikanischer Bandit.
Zu Anfang des Films stehen der Blonde und Tuco in einer bizar-

ren Symbiose. Der Blonde liefert den Banditen regelmäßig bei den örtlichen Vertretern des Gesetzes ab, kassiert das Kopfgeld und rettet dann seinem Partner in letzter Sekunde das Leben, indem er den Strick um seinen Hals durchschießt. Als Tuco schließlich zu dem Schluß kommt, daß er das größere Risiko auf sich nehme und darum einen größeren Anteil verdiene, läßt ihn der Blonde mitten in der Wüste im Stich, ohne Pferd, die Hände vom letzten »Erhängen« noch immer gefesselt.
Unterdessen teilt Sentenza das Mahl mit seinem nächsten Opfer und erfährt dabei, daß ein Mann, der sich jetzt Bill Carson nennt, die Kriegskasse der Konföderierten – Inhalt: 200.000 Dollar in Gold – gestohlen habe. Sich seines Schicksals nur zu bewußt, bietet das Opfer Sentenza eine erkleckliche Summe, wenn er statt ihm seinen Auftraggeber erledige. Der Revolverheld nimmt an, erschießt sein Opfer (und dessen älteren Sohn, der sich unklugerweise einmischt), kehrt danach zu seinem Auftraggeber zurück und bringt auch ihn um.
Inzwischen hat Tuco einen langen Marsch quer durch die Wüste überlebt und, zusammen mit drei anderen Banditen, den Blonden in einem Hotel nahe der Front eingeholt. Als die drei durch die Tür stürzen, befördert der Blonde sie ins Jenseits, nur um Tuco in die Falle zu gehen, der klugerweise das Fenster benützt. Hämisch zwingt Tuco seinen früheren Partner, sich auf einen Stuhl zu stellen und den Kopf in eine vom Dachbalken hängende Schlinge zu stecken. Es scheint, als ob das letzte Stündlein des Blonden geschlagen hat, als plötzlich eine Granate im Hotel einschlägt. Als sich der Rauch verzieht, ist der Blonde weg.
Einige Zeit später praktiziert der Blonde den Galgentrick gerade mit einem neuen Partner, als ihm Tuco seinen Colt an die Schläfe setzt. »Tut mir leid, Shorty«, murmelt der Blonde, während Tucos Nachfolger eines unerwarteten Todes stirbt. Dann setzt Tuco den Blonden den selbst erlittenen Qualen in der Wüste aus.
Der Blonde ist bereits halbtot, als eine führerlose Postkutsche der Konföderierten auftaucht. Tuco hält den mit toten und verwundeten Soldaten besetzten Wagen an. Einer der Verwundeten – Bill Carson – erzählt ihm von dem geraubten Gold, das er auf dem Friedhof von Sad Hill vergraben habe. Um auch noch den Namen auf dem Grabstein zu verraten, ist sein Hals jedoch zu ausgetrocknet. Während Tuco die Feldflasche holt, kriecht der Blonde zu Carson. Kurz bevor er stirbt, verrät er ihm den Namen auf dem Grabstein.

Da nun beide je eine Hälfte des Geheimnisses kennen, werden sie wieder Partner. Tuco bringt den Blonden in das Kloster seines Bruders, wo man den Kopfgeldjäger wieder hochpäppelt. Er und Tuco legen die Uniform der Konföderierten an und machen sich auf den Weg. Prompt werden sie von Unionstruppen gefangengenommen und ins Gefangenenlager von Betterville abtransportiert. Kaum hat sich Tuco dort als »Bill Carson« ausgegeben, als er und der Blonde die Aufmerksamkeit Sentenzas erregen, der inzwischen bei den Yankees angeheuert hat und die Aufsicht über das Lager hat. Er preßt den Namen Sad Hill aus Tuco heraus, läßt ihn der Belohnung wegen ins nächste Gefängnis transportieren und bietet dem Blonden eine Partnerschaft an, die dieser ohne Zögern akzeptiert. Mit vier von Sentenzas Kumpanen machen sie sich auf den Weg nach Sad Hill.
Unterdessen entkommt Tuco seinen Wächtern und eilt gleichfalls nach Sad Hill. Beinahe gleichzeitig kommen die Sieben in einer vom Krieg zerstörten Stadt an. Gemeinsam erschießen Tuco und der Blonde Sentenzas Männer, Sentenza selbst entkommt jedoch. Beide machen sich wieder auf den Weg nach Sad Hill. Unterwegs geraten sie in die Schlacht um eine heiß umkämpfte Brücke. Kurzerhand jagen sie diese in die Luft.
Als sie auf dem Friedhof ankommen, erwartet sie Sentenza bereits. Ein Duell zu dritt entbrennt. Der Blonde und Tuco zielen beide auf Sentenza. Nach dessen Tod merkt Tuco, daß der Blonde vorsichtshalber seinen Colt entladen hat. Der Blonde zwingt Tuco dazu, das Gold auszugraben, sich anschließend auf ein wackliges Holzkreuz zu stellen und seinen Kopf durch eine Schlinge zu stecken.
Nachdem er das Gold aufgeteilt hat, lädt der Kopfgeldjäger seinen Anteil auf sein Pferd und reitet davon. Tuco flucht ihm wütend nach. Der Blonde verschwindet, taucht kurz danach wieder auf, hebt sein Gewehr, schießt und durchtrennt die Schlinge um Tucos Hals ein letztes Mal.
Technisch, inhaltlich und von seinem puren Unterhaltungswert ist *Il buono, il brutto, il cattivo* der vollkommenste unter Eastwoods Italo-Western: ein verwirrendes Kaleidoskop aus verblüffenden Effekten, abrupter Umschwünge, beißend zynischem Humor und Leones großartigsten Bildern, unterstützt von Morricones bis dato einfallsreichster und reichhaltigster Musik. So extrem es nur geht, werden hier sämtliche Western und Kinokonventionen humorvoll auf den Arm genommen.

In der ersten Szene schnellt die Totale der gewohnt tristen Landschaft plötzlich in eine extreme Nahaufnahme, als in der Mitte des Bildes, fast wie ein zurückschwingender Punchingball, abrupt ein Gesicht auftaucht, nicht minder ausgedörrt und pockennarbig wie die Landschaft. Und kaum hat sich das Publikum an diese ebenso bizarre wie originelle Einstellung gewöhnt, als auch schon ein scheinbar klassisches Westernduell beginnt. Gelassen steht der Pockennarbige am Rand einer verlassenen Stadt und sieht zu, wie zwei ebenso finster dreinblickende Individuen am anderen Ende von ihren Pferden absteigen. Mit starrem Blick, die Hände am Abzug, gehen sie aufeinander zu. Nur das Pfeifen des Windes, das Flattern einer Plane auf einem verlassenen Karren, das Heulen eines Hundes und das Knirschen ihrer Stiefel zerreißen die unheimliche Stille. Näher und näher kommen sie sich, bis sie, nur noch wenige Fußbreit voneinander entfernt, vor dem Eingang eines schäbigen Saloons stehen. Im allerletzten Augenblick wenden sie sich ab und stürzen gemeinsam durch die Schwingtür des Saloons. Schüsse fallen und ein zähnefletschender Tuco, Colt in der einen Hand, angenagte Hühnerkeule in der anderen, fliegt durchs Fenster des Saloons. Mitten im Sprung friert das Bild ein und in schartigen roten Buchstaben peitschen die Worte »Il Cattivo« über die Leinwand.
Wie in *Per qualche dollaro in piu* stellen drei einleitende Episoden* jede der Hauptfiguren vor, wobei der Formalismus durch das Einfrierbild und die dazugehörigen Titel dieses Mal indes noch stilisierter wirkt. Der Blonde verdient den seinen, als er Tuco in der Wüste zurückläßt. Während der Bandit ihm wütend nachflucht, dreht sich der Blonde um und grinst ironisch. »Wie undankbar«, murmelt er, »nachdem ich dir so oft das Leben gerettet hab'«. Wenn der Blonde in dieser Welt »Il buono« sein soll, muß der Böse wahrhaft furchtbar sein, und natürlich braucht Sentenza nicht sehr lange, um das zu beweisen.
Vor allem sind es jedoch einzelne Sequenzen, die man in Erinnerung behält. Die Qualen des Blonden in der Wüste, als sich sein Gesicht in der gnadenlosen Hitze schält und Blasen wirft, wäh-

* In der gegenüber der deutschen Kinofassung noch um weitere 15 Minuten gekürzten ZDF-Fassung des Films fehlen u. a. die Tuco-Episode und die Einfrierbilder. Daneben schnitt man unverfroren einige »zu lange« Szenen zusammen, so z. B. jene mit Tuco auf dem Friedhof, und zerstörte damit ihren internen Rhythmus: Eine Praxis, die nur noch als infame Schlächterei bezeichnet werden kann. (A. d. Ü.)

rend Tuco unter seinem bunten Sonnenschirm dabei zusieht; der Augenblick in Betterville, als ein brutaler Wächter das Gefangenenorchester zum Spielen zwingt, um die Schreie eines gefolterten Mithäftlings zu überdecken (die Melodie ist Morricones einprägsames und elegisches Thema, das alle Bürgerkriegsszenen begleitet); der Moment, in dem Tuco und der Blonde von einem gespenstischen Kavallerietrupp der »Konföderierten« gefangengenommen werden – bei denen es sich in Wahrheit um Unionssoldaten handelt, deren Gesichter und Uniformen vom Staub grau geworden sind, obwohl der »Gute« und der »Brutale« das erst merken, als es schon zu spät ist; Tucos verzweifelte Suche nach dem richtigen Grab, während die Kamera eine immer größere Anzahl von Kreuzen enthüllt; das finale Dreierduell – zweifellos der ultimate Western-Showdown – in einer kieselsteinübersäten, sonnenverbrannten Arena im Zentrum des Friedhofs, während Morricones aufbrandende Musik und Leones immer wiederkehrende Großaufnahmen für außergewöhnliche Spannung sorgen.

Obwohl so sardonisch wie immer, bewegt sich auch der Humor auf einer neuen, subtileren Ebene. In *Per qualche dollaro in piu* neigte er noch des Öfteren zum Klamauk: So holt sich der Fremde die Informationen über Mortimer vom »Propheten«, einem alten Mann, dem die Eisenbahngesellschaft einen Schienenstrang direkt vor die Haustür gelegt hat; mit dem Ergebnis, daß ihre Unterhaltung immer wieder vom Donnern der vorbeifahrenden Züge unterbrochen wird. An anderen Stellen wiederum war der Humor zu subtil: Als Indio mit dem gestohlenen Safe entkommen will, landet er natürlich in Agua Caliente, frei übersetzt in Teufels Küche.

In einer Szene von *Il buono, il brutto, il cattivo* kommt Tuco aus der Wüste in den Laden eines Büchsenmachers. Drinnen untersucht er die Auslagen und baut sich dann mit sehr viel Liebe seinen eigenen maßgeschneiderten Colt zusammen. Nachdem er ihn geladen und auf einem provisorischen Schießstand hinter dem Laden ausprobiert hat, fragt er den Büchsenmacher: »Wieviel?« »Fünfundzwanzig Dollar«, antwortet der Mann und stockt. »Fünfzig Dollar.« Dann mit einem Seufzer der Verzweiflung: »Zweihundert Dollar – das ist alles, was ich habe«. Erst in diesem Moment merkt das Publikum und der unglückliche Büchsenmacher, daß der bettelarme Tuco nicht nach dem Preis der Waffe fragt, sondern den Laden ausrauben will.

Ein ähnlich raffiniertes Spiel mit den Erwartungen des Zuschauers ergibt sich, als Tuco auf seinem Weg nach Sad Hill in einem verlassenen Saloon eine Badewanne entdeckt. Ein wenig aus der Rolle fallend, entschließt er sich zu einem Schaumbad. Während er munter vor sich hin plätschert, stiehlt sich ein Mann herein; der Pockennarbige vom Anfang des Films. Mit ausgestrecktem Colt geht er auf Tuco zu und triumphiert: »Seit damals ist viel Zeit vergangen ... jetzt habe ich dich endlich so erwischt, daß ich mit dir abrechnen kann«. In diesem Augenblick schießen Flammen unter den Seifenblasen hervor und Tuco steigt mit einem rauchenden Revolver aus der Badewanne. »Wenn du schießen willst, schieß«, rät er etwas verspätet, »red' nicht lang' herum.«

In einer anderen Szene dagegen geht der Spaß auf Tucos Kosten: Nachdem sie Sentenzas Kumpane erledigt haben, entdecken Tuco und der Blonde, daß Sentenza selbst inzwischen ausgerückt ist und nur einen Zettel zurückgelassen hat. »Wir seh'n uns wieder, Idio ...«, müht sich der Analphabet Tuco ab. »Idiot«, hilft ihm der Blonde aus. »Das ist an dich gerichtet.«

Nicht nur, daß die Witze besser sind, sie sind auch besser in die Story integriert und tragen dazu bei, die einzelnen Charaktere klarer zu umreißen. Delikat balanciert die Sparringsbeziehung zwischen Tuco und dem Blonden zwischen hartem Pragmatismus und einer beinahe unfreiwilligen gegenseitigen Zuneigung, wobei – in dieser brutalen Umgebung kein Wunder – der Pragmatismus stets die Oberhand behält. Falls nötig, sind beide gewissenlose Killer; allerdings nur, um nicht selbst draufzugehen: wie Tuco seinen Bruder im Kloster erinnert, war in »unserem lieben Vaterland« der einzige Ausweg vor dem Verhungern entweder das Banditendasein oder alternativ die Priesterweihe. Tuco bekreuzigt sich sogar nach jedem begangenen Mord, wenn auch eher nachlässig.

Auch der Blonde zeigt nun eine menschlichere Seite. Abgesehen von seiner Abscheu vor dem Verschleiß des Krieges nimmt er sich auch die Zeit, einen jungen sterbenden Soldaten ein letztes Mal an seinem halbgerauchten Zigarillo ziehen zu lassen. Als der Mann stirbt, stiehlt der Blonde freilich sofort seinen Poncho; etwas anderes würde man von diesem totalen Realisten auch gar nicht erwarten. Dennoch: Die Geste des Mitgefühls war da. Und als Tuco und der Blonde eine Brücke in die Luft jagen, um die die Truppen der Union und der Konföderation seit langem mit ho-

Die einen haben einen Revolver, die anderen buddeln – Clint Eastwood und Eli Wallach auf dem Friedhof von Sad Hill

hen Verlusten kämpfen, tun sie das nicht nur, um ein weiteres Hindernis auf dem Weg nach Sad Hill aus dem Weg zu räumen, sondern auch einem ständig betrunkenen, desillusionierten Captain zuliebe, der wie sie über die hohen Verluste entsetzt ist, jedoch keinen Weg sieht, sie zu verhindern.

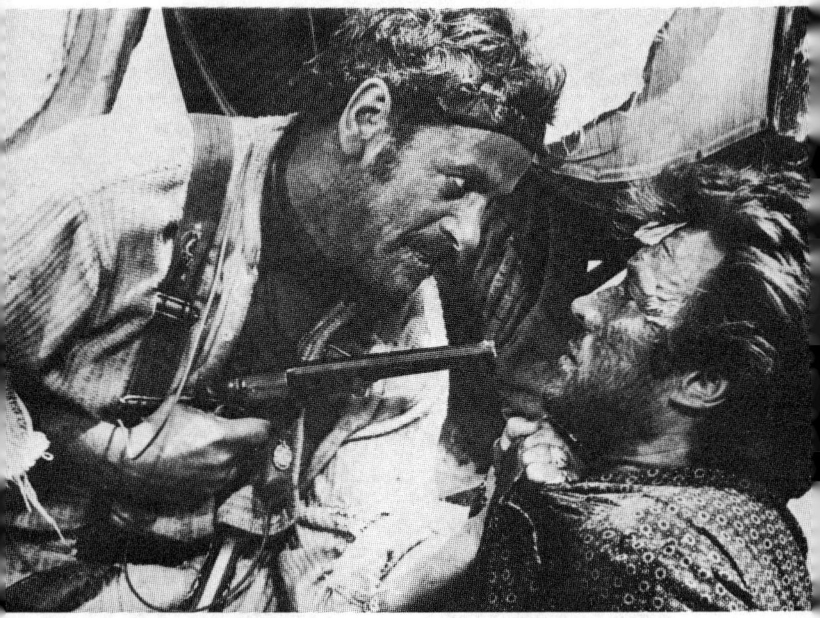

›Il buono, il brutto, il cattivo‹ – *Mit Eli Wallach*

Komischer Kern des Films und eines seiner Hauptvergnügen ist jedoch der raffinierte und verräterische Fandango, den Tuco und der Blonde umeinander tanzen. Im Gegensatz zu *Per qualche dollaro in piu* beläßt er dem Mann ohne Namen jedoch sein rätselhaftes, alles beherrschendes Selbst. Er ist es, der sich den Galgentrick ausdenkt und das letzte Duell in Sad Hill zu seinem Vorteil manipuliert. Als sich Tuco das erste Mal für den Verrat in der Wüste zu rächen versucht, verschwindet der Blonde – wie der Held in einem viktorianischen Melodrama – einfach aus der Klemme, inklusive passender Rauchwolke. Und als Tuco seine Rache schließlich doch gewährt wird und er den Blonden durch die Wüste schleifen darf, geschieht das, wie man wohl annehmen darf, vor allem deshalb, damit diese doch sehr liebenswerte Figur dem Zuschauer nicht zu sympathisch wird.

Eli Wallachs hektisches Chargieren – sein maßlos überdrehtes Spiel hat etwas Zwingendes – ist das perfekte Gegenstück zu

Eastwoods trockenem Understatement. Dessen dritter und letzter Auftritt als Mann ohne Namen war zugleich sein überzeugendster und natürlichster; ausgestattet mit einem sorgsam ausgewogenen Anflug von Selbstparodie, die Leones Intentionen exakt entsprach.
Die Partnerschaft, die aus Eastwood einen Star gemacht hatte, sollte auf ihrem Höhepunkt ein Ende finden.

4. Rückkehr eines Stars

*Hang 'em High * Coogan's Bluff*

Der amerikanische Start von *Per un pugno di dollari* hatte etwas von jenem Unerwarteten, Widersinnigen an sich, das zu einem Markenzeichen von Eastwoods Karriere werden sollte. Der Film lief am 2. Februar 1967 in achtzig New Yorker Kinos an – mitten in einem dichten Schneesturm.

Von wenigen Ausnahmen abgesehen, zerrissen ihn die Kritiker. In der *New York World Journal Tribune* tat ihn Judith Crist als »Billigproduktion« ab, die »weder richtig schlecht noch mittelmäßig ist. Das Ganze ist viel zu konstruiert ... ein Ersatz-Western, der beweisen will, daß man Menschen durch Abstechen, Verbrennen, Zertrampeln und Zerfetzen umbringen kann.« »Aufgeblasene Cowboy-Parodie«, Vergewaltigung des Mythos vom »guten alten Westen« oder »kaltschnäuzige, sterile Nachahmung« lauteten andere Kommentare.

Erwartungsgemäß bekam auch das niedrige Budget sein Fett ab: »... der Film leidet unter der entsetzlich mechanisch klingenden Synchronisation und der ermüdenden »Allgemeingültigkeit« der mexikanischen Sets«, beschwerte sich der einflußreiche Andrew Sarris in der *Village Voice.* Allen diesen Kritiken gemein war indes eine gewisse Pikiertheit, wenn nicht sogar Wut darüber, daß die Italiener es gewagt hatten, das amerikanischste aller Kinogenres zu usurpieren. Wäre *Per un pugno di dollari* auf eher intellektuelle Art innovativ gewesen wie *Yojimbo* oder die neorealistischen Filme aus dem Italien der Vierziger, der Applaus der Kritiker und der Erfolg beim begrenzten Programmkino-Publikum wäre ihm beinahe sicher gewesen.

Damit hatten Leones Western nun allerdings rein gar nichts zu tun. Statt dessen boten sie populäres Unterhaltungskino, das Hollywood mit seinen eigenen Waffen zu Leibe rückte und offenbar – was jedermann besonders wurmte – durchaus in der Lage war, es dabei zu schlagen. Einen Moment lang sah es allerdings so aus, als ob der Geschmack der Publikums die negative Haltung von Kritik und Filmindustrie wiederspiegeln würde. Wie in Italien sorgte die Mundpropaganda jedoch dafür, daß der Film immer beliebter wurde. Bald entdeckte United Artists, daß sie einen ihrer erfolgreichsten Filme seit Jahren an der Angel hatten. *Per qualche dollaro in piu* lief im Mai 1967 an, *Il buono, il brutto, il cattivo* zu Anfang des nächsten Jahres. Jeder überholte seinen Vorgänger an der Kasse um ein gewaltiges Stück.

Die Kritik blieb in den meisten Fällen bei ihrer ablehnenden Haltung – für gewöhnlich wegen der Brutalität und Amoral der Trilogie. Doch langsam änderten sich die Meinungen. Mehr und mehr Kritiker entdeckten Leones sardonischen Humor und die damit verbundene Tatsache, daß die Grausamkeiten auf der Leinwand nicht immer völlig ernst gemeint waren. Hatte Andrew Sarris *Per un pugno di dollari* noch gnadenlos zerrissen und den »der ganzen restlichen Welt überlegenen, guten Geschmack Amerikas gelobt«, fiel er nun ins andere Extrem und pries die religiöse Symbolik, die in den drei Filmen immer wieder auftauchte. Als sich Tuco in *Il buono, il brutto, il cattivo* an dem Blonden in der Wüste rächt, »werden das Leid so überdeutlich und die Bilder so bewußt poetisch«, bemerkte Sarris, »daß sich das Publikum einer Art Kakteen-Golgatha gegenübersieht . . . die schiere Länge seines Leidens macht Eastwood zu einem sehr glaubhaften Held der Arbeiterklasse, dessen physische Erlösung das moderne Gegenstück zu der spirituellen Erlösung Christi darstellt.«

Pauline Kael, Amerikas angesehenste Filmkritikerin, machte einen genau entgegengesetzten Prozeß durch. Sie schätzte die Filme zunächst wegen ihrer Überlebensgröße. Als sich Eastwoods Image in Filmen wie *Dirty Harry* und *Magnum Force* jedoch weiterzuentwickeln begann, bewertete sie die »Spaghetti-Western«, wie sie die amerikanischen Kritiker getauft hatten, neu und entdeckte dabei einige beunruhigende Züge. Leones Western, schrieb sie im *New Yorker*, »eliminierten zunächst die Dimension der Moralität und reduzierten den Western auf traumähnliche Brutalität. Was diese italienischen Western so populär werden ließ, war neben ihren ästhetischen Qualitäten (von denen sie durchaus welche aufzuweisen hatten) vor allem die Tatsache, daß sie das Genre seiner moralischen Last beraubten. Dessen Höflichkeit gaben sie ebenso auf wie dessen Scheinheiligkeit. In gewissem Sinn befreiten sie das Genre: das, wofür der Held im Western stand, wurde weggelassen; das, was er verkörperte (Stärke und die Macht des Gewehrs), behielt man bei . . . Mit jener romantischen Welt, in der der Held zum Glück auch noch der beste Schütze ist, hat das Ganze nichts mehr zu tun. Statt dessen wird hier der beste Schütze zum Helden. Und das könnte jenes Etwas

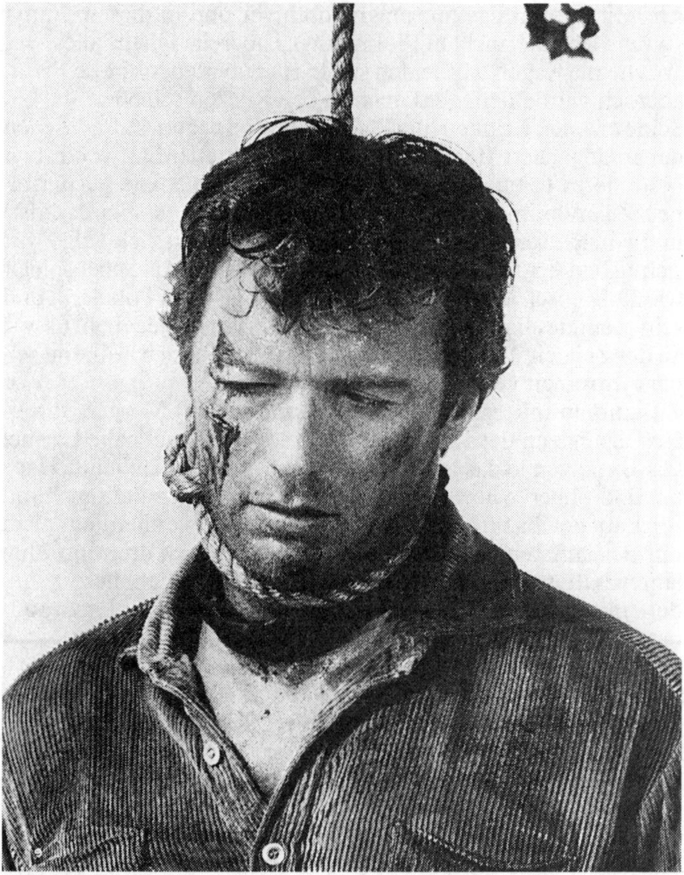

Makabrer Thrill des Gehängt-Werdens – ›Hang 'em High‹ (Hängt ihn höher)

sein, auf das das hiesige Action-Publikum, das den ständigen Triumph des Guten nur noch als den reinen Hohn betrachtet, gewartet hat. Eastwoods Gewehr macht ihn zum Helden einer völlig nihilistischen Phantasiewelt.«

Eastwood selbst neigte dazu dem zuzustimmen. »Die Menschen glauben nicht an Helden«, sagte er. »Keiner würde auf der Straße stehen und den Schurken zuerst ziehen lassen. Entweder er oder

ich. Mir kommt das nur pragmatisch vor und in diesem Punkt stimme ich auch nicht mit John Wayne überein. Ich tue alles, was Wayne nie wagen würde. Ich spiele eine überlebensgroße Figur, aber ich würde dem Kerl auch in den Rücken schießen.«
Seine eigenen Kritiken für die drei Filme bewegten sich zwischen der anfänglichen Meinung seiner Produzenten (»Eastwood zeigt besonderes Talent dafür, die Augen zusammenzukneifen und einen Zigarillo im Mundwinkel hängen zu lassen«; Judith Crist) und vorsichtigem Lob (»Als Held sollte er noch viele Jahre vor sich haben«; Archer Winsten, *New York Post*). Als Schauspieler wie als Mensch jedoch hatte ihm sein Erfolg beim Publikum und sein gesundes Bankkonto neues Selbstvertrauen gegeben. Es war an der Zeit, ein Versprechen einzulösen, das er sich während seiner Army-Zeit gegeben hatte.
Zusammen mit Maggie suchte er sich ein 200 Morgen großes Grundstück an der Küste der Monterey-Halbinsel nahe Carmel aus. Sie zogen in das bereits auf dem Grundstück stehende Haus ein und fingen sofort damit an, Pläne für eine große Ranch mit Blick auf den Pazifik zu entwerfen. Groß sollte sie allerdings nicht nur des äußeren Eindrucks halber werden. Nach dreizehn Ehejahren hatten sie sich endlich entschlossen, eine Familie zu gründen: mit Sicherheit das bislang extremste Beispiel für Eastwoods natürliche Vorsicht.
Im Augenblick hatte er jedenfalls genügend Freizeit. Zwar absolvierte er einige Promotion-Tourneen für die *Dollar*-Filme, doch Hollywood riß sich keineswegs um ihm. Trotz der aufblühenden Karriere von Steve McQueen verhielt sich die Filmbranche Fernsehschauspielern gegenüber noch immer sehr zurückhaltend. Außerdem hätte Eastwoods Erfolg in Italien ja nur eine Eintagsfliege sein können. Erst als Hollywoods europäische Tochtergesellschaften nach einem neuen Film des Stars verlangten, kam die Sache wieder in Schwung.
United Artists verpflichtete Eastwood für *Hang 'em High* (Hängt ihn höher), einem neuen Western, der nur zu deutlich als amerikanische Antwort auf die Spaghetti-Western gedacht war. Das Budget belief sich auf 1.600.000 Dollar (recht wenig für Leones momentane Verhältnisse), doch Eastwood handelte sich eine Gage von 400.000 Dollar und 25% der Nettoeinnahmen aus. Was Hollywood auch privat von ihm halten mochte, allein daran zeigte sich doch schon Eastwoods neuer Status.
Sein Einfluß beschränkte sich nicht nur aufs Finanzielle. So setz-

te er daneben auch Ted Post als Regisseur durch, einen *Rawhide*-Veteranen, der noch nie zuvor einen Spielfilm inszeniert hatte. Posts Stil und Arbeitsmethoden hatten Eastwood seinerzeit tief beeindruckt; später sollten die Wahl eines vertrauten, erprobten Mannes und der Entschluß, einem Neuling die erste Chance zu bieten, zu einem typischen Merkmal seiner Karriere werden. Die Produzenten wiederum unterstützten Eastwood und Post durch einige von Hollywoods bekanntesten und verläßlichsten Nebendarstellern, darunter Inger Stevens, Ed Begley, Ben Johnson, Pat Hingle, James MacArthur, Bruce Dern und Dennis Hopper, der Hollywood in Kürze mit einem der erfolgreichsten »Schläfer« aller Zeiten, Easy Rider, verblüffen sollte.
Das Risiko, wenn es denn überhaupt eines gab, war nicht besonders groß. Zehn Wochen nach seiner Premiere im August 1968 hatte der Film seine gesamten Produktionskosten wieder eingespielt – das allein war schon Studiorekord – und brachte im folgenden noch einen hübschen Profit. Die Kritiker wiederum sprangen zwar etwas höflicher mit ihm um als mit Leones Western, änderten ihre Meinung über Eastwood ansonsten aber kaum. »Ein besonderer Schauspieler ist der mürrisch-aufrechte Eastwood nicht«, schrieb Howard Thompson in der *New York Times*. Was er in dieser Rolle – neben seiner zunehmenden Beliebtheit in Amerika – allerdings bewies, war, daß er eine große Hollywood-Produktion allein zusammenhalten konnte, gab es doch ansonsten kaum etwas, das in diesem langatmigen, konfusen Stück Kino dafür sorgen würde. Der Film greift das beliebte Rachethema Leones auf und fügt dessen Gewalttätigkeit historische Authentizität hinzu, ersetzt den trockenen Humor, den visuellen Erfindungsreichtum und die Subversivität seines italienischen Vorbilds jedoch durch einen prätentiösen Gerechtigkeitsfimmel.
Zum ersten Mal spielte Eastwood eine Hauptrolle, die tatsächlich einen Namen hatte: Jedediah Cooper, einen ehemaligen Hilfssheriff aus St. Louis. Fast wirkt es wie ein Rückfall in die Zeiten eines Rowdy Yates, als wir ihm zu Anfang des Films begegnen, wie er gerade eine Herde eben erst gekaufter Rinder durch den Rio Grande treibt. Angeführt von einem gewissen Captain Wilson (Ed Begley) kommen ihm neun Reiter entgegen. Der Rancher beschuldigt Cooper, die Rinder seines Nachbarn gestohlen und diesen dann ermordet zu haben. Obwohl er einen Kaufvertrag vorweist und den Verkäufer beschreibt, wird Cooper gelyncht und scheinbar tot zurückgelassen.

Wenige Augenblicke später kommt der herumziehende Marshall Bliss (Ben Johnson) vorbei, schneidet ihn los, wirft ihn auf seinen Henkerkarren (das Western-Äquivalent einer Grünen Minna) und fährt mit ihm nach Fort Grant.
Dort regiert der »Galgenrichter« Fenton (Pat Hingle), dessen besonderes Markenzeichen ein öffentlicher Mehrfachgalgen ist, mit dem sich bis zu sechs Verbrecher auf einmal abfertigen lassen. Fenton ist der einzige, rechtmäßige Vertreter des Gesetzes im Umkreis von 70.000 Quadratmeilen und ganz versessen darauf, sein Gebiet zum neuen Bundesstaat zu machen.
Nach einer Nacht im überfüllten, stinkenden Gefängnis von Fort Grant wird Cooper am nächsten Morgen Fenton vorgeführt; gerade rechtzeitig, um die Hinrichtung jenes Mannes mitzuerleben, der die Verbrechen in Wirklichkeit begangen hat, für die man Cooper gelyncht hat. Als er nach seiner Freilassung schwört, sich an den Vigilanten zu rächen, die ihn aufgeknüpft haben, warnt ihn Fenton zunächst vor dieser Mißachtung des Gesetzes und bietet ihm dann einen Posten als Marshall an. Cooper nimmt an. Sein erster Auftrag besteht darin, einen Gefangenen aus der nahegelegenen Stadt abzuholen. Dort erkennt er seinen Sattel wieder, der ihm bei seiner »Hinrichtung« gestohlen wurde, und geht im Saloon auf einen der Vigilanten zu. Der Mann weigert sich, sich zu ergeben, und stirbt im Duell.
In Fort Grant stellt sich ein anderes Mitglied des Lynchkommandos freiwillig und identifiziert den Rest der Männer als Bewohner der Stadt Red Creek. Sofort macht sich Cooper auf den Weg und verhaftet den ersten Vigilanten, dem er begegnet – der Dorfschmied. Auf dem Weg zu Captain Wilsons Ranch trifft er einen jungen Rancher, der ihm erzählt, daß man sein Vieh gestohlen und seinen Vater und seine Brüder ermordet habe. Widerwillig gibt Cooper seine private Rache auf und schließt sich der Posse an. Als man die Mörder gestellt hat, entpuppt sich einer von ihnen als ein anderer Vigilant. Die Posse will die Verbrecher lynchen, doch Cooper besteht darauf, sie allein zurück nach Fort Grant zu bringen.
Ein erfreuter Fenton belohnt ihn mit einem Besuch im Bordell, wo sich Cooper von der Nutte Jessica (Arlene Golonka) verwöhnen läßt. Obwohl er darauf versessen ist, wieder nach Red Creek zurückzukehren, besteht Fenton darauf, daß er sich die Verurteilung der Mörder und die folgende Massenhinrichtung ansieht. Unterdessen hat sich Captain Wilsons Bande getrennt. Einige

› Hang 'em High ‹

ziehen die Flucht vor, der Rest macht sich unter Führung Wilsons an die Abrechnung mit Cooper. Während der Hinrichtungen stellen sie Cooper eine Falle und verwunden ihn schwer. Rachel, eine Witwe, die aus einem rätselhaftem Grund immer wieder das Gefängnis besucht, pflegt ihn wieder gesund. Während eines Genesungspicknicks vertraut sie Cooper an, daß sie die beiden Männer sucht, die sie vergewaltigt und ihren Mann ermordet haben. Die beiden verlieben sich ineinander.

Kaum wiederhergestellt kehrt Cooper nach Red Creek zurück, wo sich Wilson und der Rest seiner Bande in der Ranch des Captains verbarrikadiert haben. Einen nach dem anderen befördert er die Gang ins Jenseits. Als er schließlich in das Haus eindringt, entdeckt er allerdings, daß der schreckerfüllte Wilson Selbstmord begangen, sich an einem Dachbalken aufgehängt hat.
Mittlerweile angewidert von seiner Vendetta, versucht Cooper, sein Amt niederzulegen. Fenton überzeugt ihn jedoch, daß Gerechtigkeit, so unvollkommen sie auch sein mag, ein gerechtes Ziel ist. Cooper macht sich an die Verfolgung der geflüchteten Bandenmitglieder.
Hatten die Spaghetti-Western das Genre seiner Moral beraubt, versuchte *Hang 'em High* sie erneut zu etablieren. Allerdings auf eine höchst konfuse Art. Fast von Anfang an schränken die Zwänge des Gesetzes Coopers Rachedurst ein. Dennoch zeichnet der Film die Methoden des Gesetzes nicht minder drastisch als die der Lynchmeute: Vergeblich bittet Cooper um das Leben zweier junger, leicht beeinflußbarer Mitglieder der Diebesbande, die er nach Fort Grant zurückgebracht hat, um sich dann aus Protest zu weigern, ihrer Hinrichtung beizuwohnen.
Auch in dramaturgischer Hinsicht setzt der Film Justiz und Lynchjustiz gleich. Dem abrupten und brutalen Lynchen Coopers entspricht die bizarre, karnevalsähnliche Atmosphäre von Fentons Massenhinrichtungen mit ihren Hymnengesängen, Bierverkäufern und pathetischen, an die versammelten Massen gerichteten Reden unter dem Galgen.
Kaum einer ist sich seiner Sache sicher, angefangen von Bliss – der Marshall, der Cooper das Leben rettet und hernach, teils aus Notwendigkeit, teils vermutlich auch, weil ihn die Insassen seines Henkerkarrens dazu auffordern, einen flüchtenden Wahnsinnigen (Dennis Hopper) erschießt – bis hin zu Rachel, die ihre Rachegelüste bis zu ihrer Begegnung mit Cooper scheinbar nie so recht durchdacht hat. Selbst Richter Fenton ringt mit seinem Gewissen. Und auch die Wilson-Bande, in erster Linie ehrenwerte Bürger, die impulsiv aber in gutem Glauben handelten, als sie Cooper lynchten, verfolgen ihn erst dann, als ihnen die Unerbittlichkeit des Gesetzes und Coopers eigener Rachedurst klar wird.
All das hätte keine so große Rolle gespielt, wäre Cooper, wie der Mann ohne Namen, eine Figur jenseits aller moralischen Zweifel. Cooper jedoch ist ebenso ratlos wie alle anderen. Er sieht vielleicht wie der Mann ohne Namen aus und schießt auch so wie er,

das Flair gleichgültiger Autorität und der trockene Humor aber sind verschwunden. Cooper ist ein Mann, der mit attraktiven Witwen auf lyrisch fotografierte Picknicks geht und sie dabei um einen zweiten Kuß bittet. Dem Leone-Erbe am nächsten kommt er vielleicht noch, als er den ersten der Vigilanten aufspürt. »Ihr habt zwei Fehler gemacht«, sagt er. »Ihr habt den falschen aufgehängt und nur halbe Arbeit geleistet.«

Im Henkerskarren – › Hang 'em High ‹

Trotz seines bleiernen Tempos hatte der Film aber auch seine guten Seiten. Die grotesken Szenen der Massenhinrichtungen, die auf jenen beruhen, die der echte »Galgenrichter« Parker in Fort Smith inszenierte, wirken auf originelle Weise authentisch. Auch die Erhängung Coopers wirkt sehr packend, was nicht zuletzt darauf zurückzuführen ist, daß Eastwood verlangte, alle seine Stunts selbst zu spielen, selbst jene Sequenz, in der mit dem Lasso durch den Rio Grande gezerrt wird. Und was die Schauspieler angeht, verlieh Inger Stevens' ruhige Überzeugungskraft der Geschichte eine emotionelle Tiefe, für die das Drehbuch allein nicht hätte sorgen können.
So verworren das Ganze in künstlerischer Hinsicht aber auch war, zielte es doch in erster Linie darauf ab, Eastwoods Image als Mann ohne Namen dem amerikanischen Publikum schmackhafter zu machen, was ihm auch glänzend gelang. *Hang 'em High* bewies nicht nur die kommerziellen Fähigkeiten des aufstrebenden Stars, sondern sorgte auch gleichzeitig für eine Eintrittskarte in den Hollywood-Western. Doch Eastwoods Ambitionen gingen weit über eine erfolgreiche Synthese von Rowdy Yates und dem Mann ohne Namen hinaus. Er wollte soviel von Hollywoods Möglichkeiten wie nur irgend möglich ausnützen, und das bedeutete nicht nur den Wilden Westen, sondern auch gegenwartsbezogene Themen. Die erste Chance dazu verschaffte ihm ironischerweise Universal – das Studio, das ihn zwölf Jahre zuvor abgelehnt hatte.
Coogan's Bluff (Coogans großer Bluff) war eines der vielen Filmprojekte, das man Eastwood 1967 angeboten hatte, und obwohl noch kein fertiges Drehbuch vorlag, hatte ihm die Grundidee des Films doch sehr gefallen. Die Geschichte spielte in der Gegenwart und drehte sich um einen Deputy aus Arizona, der nach New York geschickt wird, um einen Gefangenen abzuholen. Eastwood reizte das Ganze in zweifacher Hinsicht: Zum einen bewegte sich der »Western«-Held in einer modernen Großstadtumgebung; ein Übergang, der sich im Prinzip auch auf seine Karriere übertragen ließ. Zum zweiten schien auch der Kontrast zwischen den »Frontier«-Attitüden des Helden und der Weltoffenheit der Großstädter recht ergiebig zu sein.
Daß er sich am Ende ausgerechnet für diesen Film entschied, ist recht aufschlußreich. Nach dem zumindest kommerziell erfolgreichen Wechsel in den Hollywood-Western hätte Eastwood seine Karriere ohne weiteres mit einer Reihe von »Mann ohne

Jäger und Gejagter – Mit Donald Stroud in ›Coogan's Bluff‹ (Coogans großer Bluff)

Namen«-Rollen festigen und den Trend solange ausbeuten können, wie es nur ging. Die Höhe seiner Gagen hätte sich nach dem Maß seiner Beliebtheit gerichtet, bis das Zuschauerinteresse schließlich nachlassen und eine frühe, finanziell hervorragend abgesicherte Pension locken würde.

Völlig darüber erhaben, Rollen anzunehmen, in denen er für viel Geld noch einmal von seinem bekanntem Image zehren sollte, war Eastwood natürlich nie. Dennoch sagte ihm sein Instinkt, daß er nun, da er die künstlerische Freiheit des Hollywood-Stars erreicht hatte, eine völlig andere Richtung einschlagen, ein wenig experimentieren sollte.

Das hieß natürlich nicht, völlig mit dem Image des Mannes ohne Namen zu brechen – es würde noch zwei weitere Filme dauern, bis er dazu selbstsicher (und verwegen) genug war. Statt dessen nahm er sich ein Beispiel an Leone und baute sein inzwischen akzeptiertes Image weiter aus.

So tauchte im Endergebnis wieder jener Humor auf, der *Hang'em High* so abgegangen war; nicht der wilde, sardonische Witz Leones allerdings, sondern eine ruhigere, trockenere und doch ebenso lakonische Variante, die Eastwoods eigener Persönlichkeit eher entsprach.

Noch wichtiger war jedoch, daß ihm *Coogan's Bluff* erlaubte, die moralischen Aspekte seiner Kunstfigur besser zu beleuchten. Die rücksichtlose Unabhängigkeit des Mannes ohne Namen mochte die einzig realistische Antwort auf die anarchische Welt der Leone-Western sein. Die Frage war, wie sich eine ähnliche Figur gegen die nicht minder anarchische Gegenwart mit ihrer sich immer weiter aufblähenden Bürokratie, der steigenden Verbrechensrate und den wegen der Bürgerrechtsbewegung und Amerikas stetig wachsender Einmischung in die inneren Angelegenheiten Vietnams eskalierenden Unruhen zur Wehr setzen könnte. Und ob ihn die Zuschauer dabei noch immer unterstützen würden.

Die moralische Spannung eines modernisierten Mannes ohne Namen sollte einen entscheidende Rolle in Eastwoods zukünftiger Laufbahn spielen. Im Moment befanden sich solche Motive allerdings noch im Rohzustand – und spielten auch dem Skript recht übel mit.

Eastwoods Wahl von Ted Post als Regisseur von *Hang 'em High* hatte ihn offensichtlich erkennen lassen, daß er nun eine erfahrenere Hand am Ruder brauchte. Die erste Wahl hieß Alex Segal, wieder ein Regisseur mit geringer Spielfilm- und ausgedehnter Bühnen- und Fernseherfahrung. Als er sich jedoch mit Eastwood nicht über die endgültige Form des Skripts einigen konnte, zog sich Segal zurück. Andere Regisseure wurden vorgeschlagen, darunter Don Taylor und Mark Rydell, der wiederum Don Siegel ins Gespräch brachte. Siegel wandte sich an Jennings Lang, den zuständigen Mann bei Universal. »Sie erklärten mir, daß ich in Italien und (Don) in Frankreich sehr gefragt sei«, erinnert sich Eastwood an die Studiologik, die ihn schließlich mit Siegel zusammenbrachte, »wir also vermutlich miteinander auskommen würden. Ich habe mir dann einige Fernsehshows und seinen Film *The Killers* (Rächer der Unterwelt) angesehen. Anschließend war ich sehr beeindruckt.«

So begann eine Zusammenarbeit zwischen Star und Regisseur, deren Wichtigkeit nur noch von Eastwoods Arbeit mit Leone übertroffen wurde.

Trotz des Altersunterschieds von achtzehn Jahren gab es erstaunliche Gemeinsamkeiten zwischen seiner und Siegels Karriere und ihren künstlerischen Absichten. Wie Eastwood, hatte Hollywood auch Siegel nur zögernd anerkannt. Nach einer Ausbildung in Cambridge und der englischen Royal Academy of Dramatic Art hatte der in Chicago geborene Regisseur 1934 bei den Warner Brothers als Filmotheksassistent begonnen. Nach seinem Aufstieg zum Leiter der Cutter-Abteilung demonstrierte er dann 1943 mit den zwei Dokumentarkurzfilmen *Star in the Night* und *Hitler Lives?*, die beide mit dem Oscar ausgezeichnet wurden, sein Talent als Filmemacher. Ein Jahr darauf inszenierte er seinen ersten Spielfilm.

Seit damals hatte sich Siegel auf schnelle, ökonomische, in der Regel recht brutale B-Filme spezialisiert, von denen einige zu Klassikern wurden, so etwa der SF-Film *Invasion of the Body Snatchers* (Die Dämonischen) und das Gefängnisdrama *Riot in Cell Block 11* (Terror in Block 11). Sein Ruf in Hollywood war der eines erfahrenen B-Film-Regisseurs, sein Rang den Budgets seiner Filme angemessen.

Ähnlich wie bei Eastwood entdeckte man auch seine wahren Qualitäten zunächst nur in Europa. Zu seiner gelinden Überraschung (sein trockener Humor ähnelt sehr dem von Eastwood) betrachteten ihn die Autoren des französischen Fachblatts *Cahier du Cinema* als *auteur*, als Autorenfilmer, dessen Filme die unübersehbaren Kennzeichen seiner eigenen Persönlichkeit und seines Stils aufwiesen, auch wenn sie innerhalb des einschränkenden Studiosystems entstanden waren.

Man beschrieb Siegels Welt als finster und pessimistisch. Seine meist sehr männlichen Helden rühmten sich Moralvorstellungen, die jenen der Welt, in der sie lebten, völlig zuwiderliefen. Zu-

dem stellte er sie stets als gebrochene Figuren dar, was in der Regel dann auch zu ihrem Untergang führte. Viele von ihnen waren regelrechte Antihelden, lange bevor diese durch den Erfolg des »Mannes ohne Namen« überhaupt in Mode kamen.
Siegels bislang letzter und kommerziell erfolgreichster Film war *Madigan* (Madigan). Mit Richard Widmark in der Hauptrolle – eine der seltenen Gelegenheiten, daß sich Siegel eines Stars bediente – erzählte der Film die Geschichte eines New Yorker Detektivs, der bei der Jagd nach einem rücksichtslosen Killer das Gesetz selbst in die Hände nimmt. Neben der Tatsache, daß sich das Thema des Films, insbesondere der Kampf des Helden gegen die urbane Bürokratie, auch in *Coogan's Bluff* wiederfand, zeichnete sich der Film dabei vor allem durch seine klare, atmosphärisch dichte Schilderung von New York aus.
Nachdem man ihm Eastwoods neues Projekt angeboten hatte, ließ sich Siegel dessen Italo-Western vorführen. Obwohl er sie sehr schätzte, ging das Ganze zunächst jedoch alles andere als glatt. Siegel machte sich daran, eine eigene, die neunte, Version der Coogan-Story zu schreiben. Prompt lehnte sie Eastwood ab, was Siegel natürlich nicht sonderlich begeisterte. Obwohl er sich vorkam wie »ein Prophet, der im eigenen Land nichts gilt«, wie er sich einmal beschwert hatte, hatte er sich für B-Filme entschieden, weil ihm diese größere künstlerische Freiheit gewährten als aufwendigere Produktionen. Er war nicht gerade versessen darauf, diese Freiheiten aufzugeben. Schließlich bestand Jennings Lang darauf, daß sich die beiden zusammensetzten und noch einmal von vorne anfingen.
Zusammen mit Dean Riesner, einem *Rawhide*-Autor, verfaßten Eastwood und Siegel eine zehnte und letzte Version, die die besten Ideen aller Vorläufer miteinander verband. Als die Arbeit schließlich abgeschlossen war, hatte sich eine starke gegenseitige Achtung zwischen den beiden Männern entwickelt; sie waren Freunde geworden. »Er ist sehr direkt und weiß genau, was er will«, erklärte Eastwood später. »Selbst bei einer Katastrophe bleibt er immer zuversichtlich. Außerdem ist er sehr empfänglich, was Ideen betrifft. Natürlich hat er auch ein Ego, wie jedermann. Aber wenn die Putzfrau eine Idee hat, hört er ihr auch zu. Er sorgt für regelrechten Teamgeist.«
Siegel gab das Kompliment zurück. »Ich fand heraus, daß Clint sehr gut über das Filmemachen Bescheid wußte. Und auch, daß er dazu neigt, seine Fähigkeiten als Schauspieler zu unterschät-

zen ... Regieanweisungen braucht er kaum und ich gebe ihm auch selten welche ... Clint weiß, was er tut, sowohl vor der Kamera als auch bei der Auswahl seines Materials. Des öfteren hat er auch sehr gute Ideen für neue Einstellungen und so etwas. Die nenne ich dann Clintus-Szenen. Dann versuche ich, mir etwas noch Besseres einfallen zu lassen. Das heißt dann Siegelini-Szene ... Oft bringen mich seine Ideen auch auf neue Gedanken und Möglichkeiten ... Wir haben ein sehr eigenartiges Verhältnis zueinander. Er behandelt mich nicht wie einen Produzenten oder einen Regisseur, und ich behandle ihn nicht als Star – alles, was wir wollen, ist eine Geschichte so gut wie möglich zu erzählen.«
Darüberhinaus freute es Siegel auch, daß Eastwood keinen Fußbreit von seinem Image als Antiheld weichen wollte. »Auf Antihelden ist Clint absolut fixiert«, erzählte er einem Interviewer. »Ich habe nie mit einem Schauspieler zusammengearbeitet, der sich weniger um sein gutes Image kümmerte.«
Die Früchte dieser Zusammenarbeit finden sich bereits in der ersten Szene von *Coogan's Bluff*. Das trostlose Wüstenpanorama mit den zerklüfteten Bergen im Hintergrund könnte auch die erste Szene eines Leone-Western sein. Mit einem Gewehr in der Hand – die Waffe hat sogar ein Zielfernrohr – klettert ein verwahrloster Indianer im Lendenschurz den Berg hinauf. Dann bemerkt er, daß jemand durch die Wüste auf ihn zukommt, eine Staubwolke, noch zu weit entfernt, um etwas Genaueres zu erkennen. Die Kamera bewegt sich darauf zu und man sieht Clint Eastwood. Wie der Mann ohne Namen tritt er aus der Wildnis in den Film, diesmal jedoch als moderner Sheriff im Jeep und mit einer dunklen Sonnenbrille statt des bekannten Zigarillos.
Er tritt auf die Bremse und entdeckt die weggeworfenen Kleider des Indianers – Stiefel mit dem Zeichen des Reservats, ein Hemd, eine Hose. Offensichtlich ist da eine Menschenjagd im Gange. Nicht ahnend, oder sich auch einfach nur nicht darum kümmernd, daß der Indianer sein Gewehr auf ihn gerichtet hat, fährt er weiter dem Berg entgegen, wo dieser sich versteckt. Als der Indianer das Feuer eröffnet, legt er eine Vollbremsung hin und wirbelt damit eine enorme Staubwolke auf. Als sich der Staub verzieht, ist der Jeep leer. Völlig aus der Fassung gebracht, dreht sich der Indianer nach allen Seiten um und verfeuert schließlich sein Magazin in Richtung eines plötzlichen Geräuschs. Als er sich wieder umdreht, sieht er in den Lauf von Eastwoods Revolver. Er wirft die Kleider des Indianers auf den Boden

und gibt den ersten, typisch lakonischen Satz des Films von sich: »Zieh' die Hosen an, Chief.«
Als sich der Indianer bückt, um sie aufzuheben, nützt Eastwood die Gelegenheit und bringt ihn mit einem Magenhieb zu Fall. Das Tempo und die Ökonomie von Szenenaufbau und Action mag von Siegel stammen, die Charakterisierung aber ist von Eastwood: eine noch extremere Variante der rücksichtslosen Bestimmtheit und untertriebenen Autorität des Mannes ohne Namen. Sheriff Coogan ist ebenso ein Teil dieser ausgedörrten Landschaft wie einst der Mann ohne Namen. Durch sie bewegt er sich mit selbstsicherer Gelassenheit, seine Überlegenheit symbolisiert durch die mutige, schnelle, scheinbar mühelose Art, mit der er den Indianer überwältigt – eine Gestalt, die von geschichtlichen und kulturellen Rechts wegen hier am ehesten zu Hause sein sollte.
Doch diese Variante des Mannes ohne Namen lebt nicht mehr in einer Welt, wo Verschlagenheit und eine Waffe sein Tun bereits rechtfertigen. Dies ist das moderne Arizona, die Gegenwart mit all ihren moralischen und legalen Einschränkungen und Unklarheiten. Nicht, daß das Coogan allzusehr stören würde, während er mit dem Gefangenen in die Stadt zurückfährt und vor einer einsamen Farm anhält.
Nachdem er den Indianer mit Handschellen ans Verandageländer gefesselt und ihm eine Zigarette verweigert hat, geht er drinnen mit einer verheirateten Freundin ins Bett, deren Mann gerade auf Geschäftsreise ist. Während er zuvor noch schnell ein Bad nimmt, findet ihn sein Vorgesetzter McCrea (Tom Tully), ein Mann mittleren Alters, und staucht ihn zusammen, weil er sein zugeteiltes Gebiet verlassen und den Indianer mißhandelt hat: »Das da draußen ist ein Gefangener und kein Tier, das man an einen Baum anbindet.«
Die Strafe für seine Extratouren ist eine Reise nach New York, wo er einen anderen Gefangenen, James Ringerman (Don Stroud), abholen soll; ein Auftrag, der als besonders langweilige Routine gilt: der Preis der Selbständigkeit in der modernen Welt, und mag sie auch noch so erfolgreich sein.
Mit seiner Ankunft in New York verstärken sich die Gegensätze eher noch. Mit Stetson, Schnürsenkelkrawatte und Cowboystiefeln landet er in einem Hubschrauber auf dem Dach des PanAm-Gebäudes – eine exzellent verdichtete Metapher für die Konfrontation zwischen amerikanischem Westen und Osten. In Ari-

› Coogan's Bluff ‹ – Benimmlektionen am Objekt

zona zahlte sich Coogans *frontier*-hafte Individualität aus; hier fällt er schon allein durch seine Kleidung auf wie ein bunter Hund. Seine Ansichten sollen sich bald als ebenso unpassend erweisen.

Fortlaufend spricht man ihn mit Tex an, immer gereizter erklärt er, daß er eigentlich aus Arizona komme, ein Taxifahrer betrügt ihn und zu allem Überfluß kommt er auch noch bei seinem Auftrag an einen toten Punkt: Detektiv McElroy (Lee J. Cobb) setzt ihn davon in Kenntnis, daß Ringerman eine Überdosis LSD geschluckt habe und nun im Bellevue Gefängniskrankenhaus liege. Aushändigen könne man ihn erst nach einem komplizierten Gerichtsverfahren. Coogan werde einige Tage in der Stadt bleiben müssen.

Auf demselben Polizeirevier stößt Coogan auf die hübsche Bewährungshelferin Julie Roth (Susan Clark), die gerade von einem ihrer Schützlinge belästigt wird. Die liberal eingestellte Julie ist entschlossen, das Problem mit Toleranz, Vernunft und Verständ-

nis zu lösen: »Sie können sagen oder tun, was sie wollen. Es macht auf mich keinen Eindruck.« Für Coogan ist er freilich nur ein Halbstarker, der sich entschieden zuviel herausnimmt. Nach einer pflichtschuldigen Warnung verprügelt er den Mann, der prompt das Weite sucht. Julie ist verärgert, läßt sich von Coogan jedoch dazu überreden, mit ihm Mittag zu essen und ihn schließlich in ihre Wohnung mitzunehmen. Fast sind seine Versuche, sie zu verführen, von Erfolg gekrönt, als ein Klient anruft.
Am nächsten Tag entschließt sich Coogan, den Amtsschimmel zu ignorieren. Mit einem Bluff dringt er ins Bellevue ein und trifft dort auf Ringerman – den er seinerzeit, wie wir erfahren, nach einer acht Tage dauernden Jagd höchstpersönlich verhaftet hat – und dessen Freundin Linny Raven (Tisha Sterling). Als Ringerman mit Coogan das Krankenhaus verläßt, flüstert er ihr etwas zu. Kurz darauf wird Coogan in der Lobby des PanAm-Gebäudes von Linny und ein paar von Ringermans Freunden überfallen und bewußtlos geschlagen. Ringerman gelingt die Flucht.
Im Krankenhaus erhält Coogan Besuch von McElroy, der ihm den Fall kurzerhand entzieht. Ungerührt entläßt sich Coogan selbst und besucht Ringermans Mutter, wo es ihm jedoch nur gelingt, die Tarnung eines Polizisten aufzudecken, der sie ohnehin bereits beobachtet. Ein verärgerter McElroy befiehlt ihm, mit dem nächsten Flugzeug zu verschwinden. Beim Verlassen des Reviers begegnet er Julie. Zusammen spazieren sie durch den nahegelegenen Tryon Park, wo ihr Coogan die Gründe für seine Rücksichtslosigkeit enthüllt. »Mitleid hat eine Farbe«, erzählt er ihr, »und sie ist rot« – das Rot seines eigenen Blutes, vergossen, als er einem Gefangenen aus humanitären Gründen erlaubte, nach der Verhaftung seine Frau noch einmal zu sehen. Die Frau hatte eine lange Klinge im Ärmel, die dann in Coogans Rücken landete. »Soviel über Mitleid.«
Eine mitfühlende Judy lädt Coogan zum Abendessen in ihre Wohnung ein. Während sie das Essen kocht, entdeckt Coogan jedoch, daß Linny Raven eine ihrer Schützlinge ist. Er verläßt sofort die Wohnung und verfolgt das Mädchen in eine Diskothek. Sie nimmt ihn mit in ihr Appartement, verführt ihn ohne große Schwierigkeiten und bringt ihn dann in ein Billiardzimmer, wo Ringermans Freunde bereits auf ihn warten.
In einer brilliant choreographierten und fotografierten Szene nimmt es Coogan mit allen Sechsen auf, tötet dabei scheinbar einen und flüchtet, kurz bevor die Polizei eintrifft. Zerschlagen und

blutüberströmt kehrt er in Linnys Appartement zurück und preßt die Wahrheit aus ihr heraus: Ringermans Versteck ist das Kloster im Tryon Park, auf einer Anhöhe namens Coogan's Bluff.
Linny zeigt ihm den Weg dorthin, und eine wilde Jagd über die steilen Wege des Parks beginnt, erst zu Fuß, dann auf gestohlenen Motorrädern – wieder spielte Eastwood dabei seine eigenen Stunts. Nach einem rugby-artigen Tackling vom Motorrad aus schnappt er Ringerman just in jenem Augenblick, als McElroy am Ort des Geschehens ankommt. Coogan knurrt zwar, daß er gerade eine Verhaftung durchführt, willigt dann aber doch in das ordentliche Gerichtsverfahren ein.
McElroy bringt ihn zum PanAm-Heliport und dankt ihm widerwillig. Auch eine in Rot gehüllte Julie winkt ihm nach. Neben einem gefesselten Ringerman sitzend, fischt sich Coogan eine Zigarette heraus – und bietet dann seinem Gefangenen eine an.
Der Film ist ein dichtes Netz aus Gegensätzen und Doppelungen, die allesamt ein neues Licht auf Coogan und die von ihm vertretenen Standpunkte werfen. Seine eiserne Rücksichtslosigkeit findet ihre Entsprechung in Julies tolerantem Liberalismus, seine naive Direktheit in McElroys weltmüder Vertrautheit mit den Kompliziertheiten urbaner Justiz. »Jaa«, spöttelt der Leutnant, als er Coogan im Krankenhaus besucht, »was sich ein Mann vorgenommen hat, kann man ihm nicht ausreden«.
Dieses klare Frontier-Ethos entlarvt sich in diesem Rahmen zwar als lächerlich, dennoch liegt es dem Film fern, Coogans Haltung zu verdammen. Die New Yorker Polizei mag seine instinktive Vorgehensweise als primitiv abtun (»Menschen und Tiere«, versucht Coogan, ihnen zu erklären, »sie reagieren ziemlich gleich, wenn man sie jagt« – was wiederum seine Behandlung des Indianers in ein neues, verständlicheres Licht rückt). Und doch gewinnt der Film einen aufrichtigen Zug von Wehmut, als Coogan vom Tryon Park aus die Skyline von Manhattan betrachtet und sich vorzustellen versucht, »wie es hier mal aussah, bevor die Menschen kamen und alles verschandelten«.
Coogans Besuch beeinflußt beide Seiten. McElroy lernt, den Mann zu respektieren, den er vorher noch als »Tex« oder »Wyatt« verspottet hat. Als Julie sich von ihm verabschiedet, trägt sie ein rotes Kleid, eine Farbe, die den Schlüssel zu Coogans Persönlichkeit symbolisiert und andeutet, wie nahe sie sich gekommen sind. Coogan selbst wiederum erkennt die Großstadtmethoden und einige von Julies toleranteren Standpunkten an –

er offeriert seinem zweiten Gefangenen jene Zigarette, die er seinem ersten nicht im Traum angeboten hätte.
Und dennoch kehrte der Film zu den moralistischen, wenn auch heuchlerischen Standpunkten des Western zurück, von den ihn, laut Pauline Kael, Leones Spaghetti-Western befreit hatten. Coogans Handlungsweise mag auf Tadel und Verwirrung stoßen, funktioniert jedoch ganz offensichtlich: Er kriegt seinen Mann, und auf sehr unterhaltsame Weise noch dazu.
Im Film gibt es eine Szene, die mehr als jede andere, Coogans moralische Überlegenheit suggeriert, ungeachtet dessen, was er auch tun mag. Sein Besuch in der Diskothek, wo sich Linny Raven herumtreibt, ist in einer rasanten Schnittfolge inszeniert, die Siegels Erfahrung auf diesem Gebiet brilliant ausnützt und das Ganze zu einer Vision der damals voll im Trend liegenden, psychedelischen Hippie-Kultur mit ihren grellen Pop-Art-Designs, ihrer hämmernden Rock-Musik und ihren angemalten Gesichtern und windenden Leibern geraten läßt. Hier wird Julie Roths Liberalismus zu bloßer Libertinage, vergleichbar der im alten Rom. Projizierte Nackedeis huschen über die Wände, eine Oben-Ohne-Tänzerin senkt sich auf einem Trapez hernieder, homosexuelle Pärchen umarmen sich. Und Coogan, mit seinem Stetson der Größte auf der Tanzfläche, schlendert mit offenkundigem Unglauben und Abscheu durch das alles hindurch – als Eindringling in eine völlig fremde Kultur so grotesk wie das flüchtige (dem frühen Eastwood-Film *Tarantula* entnommene) Bild einer gigantischen Spinne, das einmal kurz an einer Wand auftaucht. Plötzlich scheint Coogans Image des direkten, sauberen, ungebrochenen Westernhelden der wahnsinnigen und verdorbenen Welt um ihn herum unendlich überlegen.
Eine Ansicht, die Siegel und Eastwood ohne Zweifel beabsichtigt hatten. Später sollte Siegel Eastwood bescheinigen, daß er »dieses unbeschreibliche Etwas hat, das das Beste an Amerika repräsentiert. Er ist direkt, kräftig, resolut und ehrlich.« Auch Eastwood brachte sein Gefallen an Figuren wie Coogan zum Ausdruck. »Deshalb geraten sie mir vielleicht auch extremer als allen meinen Vorgängern. Mit anderen Worten: In der komplizierten Gesellschaft von heute, kann ein Mann, der die Bürokratie und den Amtsschimmel ignoriert ... der in solchen Bahnen denkt, durchaus zum Helden werden. Ein sehr einfacher Mann mit sehr einfachen Moralvorstellungen findet bei ziemlich vielen Leuten Anklang.« Damit hatte er sicher recht.

Charme des Frontier-Manns – Mit Susan Clark in ›Coogan's Bluff‹

Coogan's Bluff war sowohl ein kommerzieller wie kritischer Erfolg und brachte Eastwood seine bis dahin besten Kritiken ein, insbesondere in der *Time*: »Clint Eastwood bringt eine gehörige Portion echtes Gefühl in die erste Rolle ein, die ihm so auf den Leib geschneidert ist wie seine Lederstiefel.«
Unter Don Siegels Regie hatte Eastwood in Amerika sein Leinwandimage endgültig etabliert. Das Muster für zukünftige Erfolge – und Kontroversen – war nun vorgezeichnet. Dennoch hielt er es im Moment für wichtiger, seine Karriere in kommerzieller Hinsicht zu konsolidieren. Und 1968 führte der direkteste Weg dazu über den Auftritt in einem internationalen Blockbuster.

5. Epische Eindrücke

*Where Eagles Dare * Paint Your Wagon * Kelly's Heroes*

In den Sechzigern lagen die traumatischen Geschehnisse des Zweiten Weltkriegs schließlich weit genug zurück, um die Aura eines Mythos anzunehmen. Damit verband sich allerdings auch jene Ambivalenz, wie sie den packendsten Märchen und Sagen zu eigen ist. Für die Jugend war der Krieg eine schreckliche Mahnung, es nie wieder dazu kommen zu lassen. Genau das schien sich jedoch gerade in Vietnam anzubahnen. Die ältere Generation wiederum, die tatsächlich an der Front gestanden hatte, zog er nostalgisch an: Trotz aller Entbehrungen und Tragödien war der Krieg doch für viele die aufregendste Zeit ihres bisherigen Lebens gewesen.

Der Film war sich dessen nur zu bewußt. Daneben bot der Krieg dem Kino auch allerlei filmische Möglichkeiten: Wilde Abenteuer, Episches, Menschliches, aufregende Bilder und ein angemessen simples Gut-Böse-Schema. Im Gegensatz zum Ersten Weltkrieg, dessen wahre Grausigkeit im Grunde erst die BBC-Dokumentation *Great War* aus dem Jahre 1964 zu zeigen wagte, war der Zweite nur ein einfacher Kampf zwischen den bösen, rücksichtslosen, schwarz oder grau uniformierten Nazis (und noch heimtückischeren Asiaten) und den knochenharten, aber aufrechten Allierten. Vielleicht war der Krieg ja die reinste Hölle, doch das Ziel, der Erhalt der menschlichen Zivilisation, rechtfertigte durchaus die brutalen Mittel. Weshalb man sich im Kino auch ruhig zurücklehnen und das Ganze genießen konnte.

Das Jahrzehnt begann mit einem teuren Epos, das den Krieg zum reinen Abenteuer machte. *The Guns of Navarone* (Die Kanonen von Navarone), der erfolgreichste Film des Jahres 1961, neigte zwar insofern etwas zur Tragödie, als er fast alle Hauptfiguren im Lauf ihrer heroischen Taten sterben ließ. Seine Wirkung auf das Publikum aber verdankte er einzig und allein der außerordentlichen Spannung und den spektakulären Tricks am Höhepunkt, als besagte Kanonen endlich in die Luft gejagt werden.

Einem ähnlichen Rezept folgte *The Great Escape*, der Film, der Steve McQueen 1963 zum Star machte. Mitte der Sechziger aller-

dings wandelte sich die Stimmung langsam. *The Dirty Dozen* (Das dreckige Dutzend), der erfolgreichste Film des Jahres 1967, konnte zwar mit ebensovielen Heldentaten und Trickfeuerwerk aufwarten, zeigte als Hauptfiguren aber amoralische Kriminelle, deren Handlungsweise von ebensoviel Eigennutz wie Patriotismus bestimmt war. Gegen Ende des Jahrzehnts schließlich sollten sich die meisten Kassenschlager – *MASH*, *Patton*, *Catch 22* (alle unter den zehn erfolgreichsten Filmen des Jahres 1970) – deutlich gegen den Krieg aussprechen und all jene, die willig zu den Waffen griffen, als Narren, Wahnsinnige oder Verbrecher darstellen.
Eastwoods Western-Image paßte nur zu gut in diese neuen Filme, die den Krieg zu einem tollen Abenteuer machten. So sollte er gegen Ende der Sechziger in zwei Kriegsfilmen auftreten, *Where Eagles Dare* (Agenten sterben einsam; 1969) und *Kelly's Heroes* (Stoßtrupp Gold; 1970): beide sehr erfolgreich, beide exakt auf den Publikumsgeschmack abgestimmt, der erste spannungsgeladen und ganz auf Action getrimmt, der zweite mit eher satirischen Untertönen und einer zwiespältigen Einstellung gegenüber Krieg und Heldentum.
Obwohl es in nur sechs Wochen heruntergeschrieben worden war, versprach das Skript zu *Where Eagles Dare* doch bereits von Anfang an eine ganze Menge, stammte es doch immerhin von Alistair McLean, dem Autoren von *The Guns of Navarone.* Endgültig in Schwung kam der Film dann durch den Londoner Produzenten Elliott Kastner, der das Skript zunächst an Richard Burton und dann an MGM verkaufte.
Burton, hieß es, sagte deshalb zu, weil er einen Film drehen wollte, der auch sein Kindern Spaß machen würde. Da die Dreharbeiten in Österreich und England stattfanden und der Film deshalb hauptsächlich mit Engländern besetzt sein würde, bestand MGM auf einem bekannten amerikanischen Star in einer der Hauptrollen. Man trat an Eastwood heran und bot ihm als Entschädigung dafür, daß er in den Stabangaben unter Burton auftauchen würde, eine Gage von 800.000 Dollar an.
Mit jenem seltsamen, solchen Mammutproduktionen eigenen Verzicht auf gesunden Menschenverstand verpflichtete man schließlich Brian G. Hutton als Regisseur – einen 33-jährigen Ex-Fernsehregisseur, der noch nie an einem Projekt dieser Größenordnung gearbeitet hatte. In diesem Fall zahlte sich das Risiko allerdings aus, gelang es Hutton doch, mit Tempo, Humor und ei-

Krieg als Comic-Strip – Mit Richard Burton in ›Where Eagles Dare‹ (Agenten sterben einsam)

nem besonderen Regie-Talent für Explosionen aller Art die totale Unglaubwürdigkeit von McLeans konfusem Skript recht gut zu überdecken.
Was die Story, eine Mischung aus Verrat, Gegenverrat und ebenso unglaubwürdiger, wenn auch hochdramatischer Action, auch bitter nötig hatte: Burton spielte Major John Smith, den britischen Anführer einer Kommandotruppe, die von Turner (Patrick Wymark), dem Chef des MI5, ausgeschickt wird, einen gefangenen amerikanischen General aus einer scheinbar uneinnehmbaren Festung in den bayerischen Alpen zu befreien, könnten die Nazis ansonsten doch in jedem Augenblick den Aufmarschplan der Alliierten aus ihm herauspressen.
Eastwood spielte seinen Stellvertreter Leutnant Schaffer, angeblich ein Angehöriger einer amerikanischen Kommandotruppe. Mit fünf Kameraden springen sie im Gebiet der Festung ab. Als

›Where Eagles Dare‹

dabei ein Mann ums Leben kommt, vermutet Smith, daß er von einem Doppelagenten in seiner Einheit umgebracht wurde. In einer nahegelegenen Stadt wendet sich Smith an die britische Geheimagentin Mary Ellison (Mary Ure), die auf der Festung als Dienstmädchen arbeitet und ihn bei seinen Angriffsplan unterstützen soll.
Bevor es jedoch soweit kommt, stirbt ein anderes Mitglied des Stoßtrupps auf mysteriöse Weise und Smith und Schaffer werden im Wirtshaus von den Deutschen verhaftet. Mit Hilfe eines Ablenkungsmanövers gelingt ihnen die Flucht. Kurz darauf machen sie sich an ihren Überraschungsangriff auf die Festung, einem abgelegenen, nur über eine Seilbahn erreichbaren Schloß auf einem einsamen Gipfel.
Zwar gelingt es ihnen, den General zu befreien. Als ihre drei Kameraden gefangengenommen werden, geben sie jedoch gezwun-

genermaßen auf. Nun stellt sich heraus, daß der amerikanische General in Wahrheit nur ein Schauspieler ist und die ganze Mission nur den Zweck hatte, diverse Naziagenten im Hauptquartier der Alliierten, darunter auch ein Mitglied von Smiths Stoßtrupp, zu entlarven. Die drei gefangenen Kameraden erweisen sich als Doppelagenten, wie auch Smith, der sich dann jedoch als Tripelagent entpuppt. Schaffer wiederum ist kein Mitglied der Kommandotruppe, sondern ein professioneller Killer, der das ganze Durcheinander ein für allemal aufklären soll.
Smith, Schaffer, Mary Ellison und der falsche General setzen eine dramatische Flucht in Szene, die mit einem Duell zwischen Smith und einem Nazi auf dem Dach einer fahrenden Seilbahn schließlich ihren Höhepunkt erreicht. Dicht verfolgt von den Deutschen, entkommen sie mit einem gestohlenen Bus zu einem nahegelegenen Flughafen. Dort wartet eine Maschine auf sie. An Bord befindet sich auch Turner, der Chef des MI5. Auf dem Heimflug beweist Smith, daß Turner der gesuchte Chefagent der Nazis ist. Als er ihm die Chance für einen ehrenvollen Selbstmord gibt, stürzt sich Turner prompt aus dem Flugzeug.

Auf der Suche nach dem roten Handlungsfaden – ›Where Eagles Dare‹

Obwohl sein Spiel dabei, verglichen mit der nuancierten Darstellung in *Coogan's Bluff*, in mancher Hinsicht einen Schritt zurück darstellte, erntete Eastwood doch die besten Kritiken seiner ganzen bisherigen Karriere. Seine eigene Meinung dazu mag man an dem Titel erkennen, den er dem Film heute in der Regel gibt – *Doppelagenten sterben einsam.* Dennoch entwickelte sich ein sehr wirksamer Kontrast zwischen dem lakonischen, sehr körperbetonten Stil des Amerikaners (der seine Dialoge wie üblich auf ein Minimum zusammenstrich) und dem wortreicheren, klassischen Spiel von Burton und den anderen britischen Darstellern, darunter Michael Hordern, Donald Houston und Peter Barkworth. Als Resultat davon blieb die Erklärung des komplexen Plots der geschwollenen Stimme Burtons vorbehalten, während für Eastwood nur die Schießereien – die eindrucksvollste darunter wohl ein MP-Gefecht während ihrer Flucht aus der Festung – übrig blieben. Ironischerweise gab es dabei sehr viel mehr Tote als in allen seinen bisherigen Filmen, noch mehr sogar als in seinen Spaghetti-Western, was in diesem Comic-Rahmen allerdings keinen sonderlich zu stören schien.
Hinter der Kamera kamen die beiden Hauptdarsteller im übrigen ebenso gut miteinander aus wie davor. Isoliert in einem abgelegenen österreichischen Schloß namens Hohenwerfen und einem London, das er noch nie zuvor besucht hatte (die britischen Pubs fanden allerdings seine rasche Zustimmung), freundete er sich bald mit den Burtons an, die zu dieser Zeit gerade aus Richard und Elizabeth Taylor bestanden. Aus der engen Freundschaft sollte später auch ein neuer Film erwachsen. Elizabeth Taylor gefiel die Idee, mit Eastwood zusammenzuarbeiten, und so zeigte sie ihm ein Skript mit dem Titel *Two Mules for Sister Sara* (Ein Fressen für die Geier), im Prinzip ein Zweipersonenwestern für einen Hauptdarsteller und eine Hauptdarstellerin. Beide merkten es für das nächste passende Loch in ihrem Terminkalender vor, obwohl noch ein ganzes Jahr verstreichen sollte, bevor das Projekt ins Rollen kam.
Der Grund dafür lag vor allem in Eastwoods beispielloser Arbeitswut: Zwei Jahre konzentrierter Arbeit sollten ihn in finanzieller Hinsicht unangreifbar machen.
Einen Monat nach seiner Rückkehr aus Europa war er schon wieder unterwegs – diesmal zu fünfmonatigen Außendreharbeiten in der kleinen Stadt Baker im Nordosten von Oregon, wo er in *Paint Your Wagon* (Westwärts zieht der Wind), einem neuen

Epos und seinem ersten und letzten Musical, auftreten sollte. Die Entscheidung war mehr als nur ein wenig exzentrisch. Niemand hatte sich bislang damit hervorgetan, Eastwood ein besonderes Gesangstalent zu unterstellen, obwohl er in seinen *Rawhide*-Tagen tatsächlich eine Single aufgenommen hatte: eine Cowboyballade namens »Unknown Girl«, die ohne großes Aufsehen unterging. Mit 250.000 Dollar lag auch seine Gage deutlich unter der von *Hang 'em High.*

Möglicherweise hatten dabei private Gründe eine entscheidende Rolle gespielt. Durch seine Arbeit an *Where Eagles Dare* hatte er die Geburt seines ersten Sohns – Kyle Clinton Eastwood – um vier Tage verpaßt, was dadurch noch verschlimmert wurde, daß eine vorausgegangene Schwagerschaft mit einer Fehlgeburt geendet hatte. Baker dagegen war nur wenige Autostunden von Carmel entfernt. Zudem reizte ihn vermutlich auch die Möglichkeit, wieder einmal in jenen Bergen und Wäldern zu arbeiten, die er als Teenager kennengelernt hatte.

Auch die Rolle selbst stellte eine gewisse Herausforderung für Eastwood dar. Als in sich gekehrter, verläßlicher Goldgräber »Pardner« war er ein Mann ohne Namen, dem die Rücksichtslosigkeit und der sardonische Humor abgingen – kein leichtes Unterfangen.

Mit Eastwood und Lee Marvin – seit seinem Oscar für *Cat Ballou* (Cat Ballou) ein Star – in den Hauptrollen hielt Paramount, das zuständige Studio, den Kassenerfolg bereits für garantiert. Hauptgrund dafür, das Ganze als Musical aufzuziehen, waren jedoch die beachtlichen Einspielergebnisse von *My Fair Lady* (My Fair Lady) und *Thoroughly Modern Millie* (Modern Millie) und vor allem der Erfolg von *The Sound of Music* (Meine Lieder, meine Träume), der vor kurzem *Gone With the Wind* (Vom Winde verweht) als erfolgreichster Film aller Zeiten überholt hatte.

Das betreffende Musical, das sich Paramount ausgesucht hatte, war ein Broadway-Erfolg aus den Fünfzigern, verfaßt von Lerner und Loewe und angesiedelt in einer Goldgräberstadt des alten Westens – genau jene Umgebung, in der sich Eastwood und Marvin ihre ersten Sporen verdient hatten. Als Regisseur verpflichtete man Joshua Logan, der zuvor bereits die Musicals *Camelot* (Camelot) und *South Pacific* (South Pacific) inszeniert hatte.

Für die weibliche Hauptrolle hoffte Paramount zunächst auf Julie Andrews, damals der beliebteste Star der Welt, die es dann jedoch vorzog, in dem ebenfalls von Paramount inszenierten Film ihres Ehemanns Blake Edwards, *Darling Lili* (Darling Lili), mitzuspielen. Als nicht gerade naheliegende Alternative verpflichtete das Studio schließlich Jean Seberg. Mit siebzehn Jahren hatte man die gebürtige Amerikanerin für Otto Premingers *Saint Joan* (Die heilige Johanna) entdeckt, der sich dann jedoch trotz einer enormen Publicity als katastrophaler Flop herausstellte. Seither hatte sie eine Karriere in Europa verfolgt, wo sich das Blatt mit Jean-Luc Godards revolutionärem *A bout de souffle* (Außer Atem) schließlich wendete. Obwohl ebensowenig für Musicals bekannt wie ihre Kollegen, war sie in Europa doch sehr geschätzt, was wiederum die internationale Zugkraft des Films erhöhte.

Da die Geschichte seit ihrer Broadway-Aufführung etwas an Wirkung verloren hatte, peppte man sie mit einer *menage-a-trois* etwas auf. Eastwood spielte darin den soften Pardner, der sich während des kalifornischen Goldrausches mit dem wilden, ständig besoffenen Ben Rumson (Lee Marvin) zusammentut. Als es Rumson trotz ihrer eher mäßigen Erfolge nach einer Frau gelüstet, kauft er einem Mormonen dessen zweite Frau Elizabeth (Jean Seberg) ab. Elizabeths Schönheit und die Tatsache, daß Frauen in der kleinen Stadt nicht gerade reich gesät sind, sorgt schon bald für Ärger. Um die Lage etwas zu entschärfen, wird Rumson ausgesandt, um eine Kutsche mit sechs französischen Nutten zu kidnappen. Dummerweise verlieben sich Elizabeth und Pardner jedoch in der Zwischenzeit ineinander.

Als Rumson das nach seiner Rückkehr spitzkriegt und um Elizabeth kämpfen will, willigt diese ein, beiden eine gute Frau zu sein. Die *menage-a-trois* funktioniert zunächst auch blendend, bis sie eine zugeknöpfte Siedlerfamilie, die Fentys, vor einem Schneesturm retten.

Die Fentys ziehen ein und sind ob des ungewöhnlichen Ehearrangements natürlich zutiefst schockiert; erst recht, als ihr Sohn Horton (Tom Ligon) alle Anstalten macht, Rumson nachzuschlagen.

Inzwischen wird das Gold knapp und die Prospektoren ziehen weiter. Um weiter mit Elizabeth in der Stadt leben zu können, hecken Rumson und Pardner einen Geheimplan aus: eine ganze Reihe von Tunneln unter der Stadt, um den Goldstaub zu schürfen, der all die Jahre hindurch in den Boden gesickert ist. Durch den Einfluß der Fentys überkommen Elizabeth indes langsam Schuldgefühle wegen ihrer Bigamie. Schließlich wirft sie Rumson und Pardner aus dem Haus.

Menage-a-trois im Goldgräberstädtchen – Mit Jean Seberg und Lee Marvin in ›Paint Your Wagon‹ (Westwärts zieht der Wind)

In diesem Augenblick bricht die völlig untertunnelte Stadt endgültig zusammen. Rumson macht sich auf den Weg zu neuen Abenteuern; Pardner läßt sich mit Elizabeth nieder und beginnt ein neues Leben als Farmer.
Trotz einer exzellenten Kamera und sehr gut choreographierten

›Paint Your Wagon‹ – Mit Lee Marvin

Musical-Nummern war der Film jedoch alles andere als ein künstlerischer Erfolg. Das Plot blieb meistens statisch, die Paarung Eastwood-Marvin schlug keine Funken und Jean Seberg fehlte die Größe für eine derart aufgeblähte Produktion. Seiner beiden Solo-Songs, »I Still See Eliza« und »I Talk to the Trees«, entledigte sich Eastwood dadurch, daß er den Text nicht sang, sondern mit weicher Stimme einfach sprach. Marvin wiederum bediente sich eines tiefen Knurrens und brachte damit seinen Song »I Was Born Under a Wandering Star« sogar bis in die Hitparaden.

Trotz der eher mäßigen Kritiken gelang es Eastwood jedoch, eini-

ge Akkoladen einzuheimsen: »Er verströmt eine Gelassenheit, eine weiche Eleganz, die ihn sofort zum Liebling der Zuschauer macht«, schwärmte Rex Reed. »Aus schierer Dankbarkeit habe ich mich unwillkürlich auf sein eindimensionales Understatement gefreut.«
Angesichts seiner späteren Laufbahn bleibt *Paint Your Wagon* ein seltsamer Ausrutscher. Damals jedoch war es eine heilsame Lektion für den ehrgeizigen Star.
Bei seiner Uraufführung 1969 spielte *Paint Your Wagon* 15 Millionen Dollar ein, was den kommerziellen Erfolg des Films eigentlich hätte sicherstellen müssen. Die Tatsache, daß das zunächst

›Paint Your Wagon‹

großzügig auf 14 Millionen Dollar angesetzte Budget gegen Ende der Dreharbeiten auf 20 Millionen Dollar geklettert war, machte dem allerdings schnell einen Strich durch die Rechnung.
Die hemmungslose Geldverschwendung ärgerte Eastwood. »Das Ganze war eine Katastrophe«, beschwerte er sich in einem Interview mit Rex Reed. »Aber es hätte keine so teure Katastrophe werden müssen. Jeder flog mit einem Lear-Jet von und zu den Dreharbeiten; fürs Mittagessen ließ man die Ehefrauen mit dem Hubschrauber einfliegen; man bezahlte die Crew von sieben Trucks und Tausende von Statisten dafür, daß sie einfach nur herumstanden; jeder lebte in einer eigenen Ranch – zwanzig Millionen Dollar verpulvert und kaum etwas davon auf der Leinwand!«
Mehr noch ärgerte er sich jedoch über den Streit über die Endfassung des Films: »Ich habe vier verschiedene Fassungen gesehen: die des Regisseurs, die des Produzenten, und dann noch die von einigen Studiobossen. Die Fassung des Regisseurs war eigentlich die beste. Aber nicht die, die in die Kinos kam.«
Persönlich die Kontrolle seiner Filme zu übernehmen, war für Eastwood nicht nur ein besserer Garant für den künstlerischen, sondern auch für den kommerziellen Erfolg. Umso erfreulicher schien daher sein nächstes Projekt: *Two Mules for Sister Sara* brachte ihn wieder mit Don Siegel zusammen und war daneben auch noch eine Co-Produktion zwischen Universal und seiner eigener Produktionsfirma Malpaso. Von nun an sollte er nur noch einen Film exklusiv für ein anderes Studio drehen – MGM's *Kelly's Heroes* (Stoßtrupp Gold), seinen zweiten und letzten internationalen Kriegsfilm.
So gering Eastwood seine »epischen« Rollen heute aber auch einschätzt, erfüllten sie dennoch ihren Zweck. Ende 1968 reichten seine Einnahmen endlich für die Gründung von Malpaso. Daneben war er nun auch der fünftgrößte Kassenstar in Amerika. Ende 1970, nach der Premiere von *Kelly's Heroes*, war er sogar bis auf den zweiten Platz hinter Paul Newman aufgestiegen. Aus diesem Grunde scheint es daher angebracht, *Kelly's Heroes* außerhalb der Reihe zu betrachten.
Unter allen Epen Eastwoods versprach der von dem britischen Autor Troy Kennedy Martin und wiederum von Brian Hutton inszenierte Film vor Drehbeginn vielleicht am meisten – eine Tatsache, der er sich nach Abschluß der Dreharbeiten nur zu bewußt war.

Kelly's Heroes spielte im Frankreich nach der Invasion der Alliierten – die Dreharbeiten nahmen fünf Monate in Anspruch; gedreht wurde in Jugoslawien – und verband die Action-Elemente von *Where Eagles Dare* mit besser skizzierten Charakteren, derberer Komik und noch größerem Trickfeuerwerk. Was ihn allerdings von dem MacLean-Film abhob, war seine tiefere Bedeutung.

In *Kelly's Heroes* gerät der Krieg zum Geschäft mit unliebsamen Nebenwirkungen. Von einem gefangenen deutschen Offizier erfährt der Gefreite Kelly (Eastwood), eigentlich ein Ex-Leutnant, der seinerzeit für die Fehler eines anderen als Sündenbock herhalten mußte und deshalb degradiert wurde, von einem geheimen, in einer französischen Bank versteckten Goldschatz. Unglücklicherweise liegt die Bank jedoch hinter den feindlichen Linien.

Während eines dreitägigen Fronturlaubs überredet er seinen Vorgesetzten Big Joe (Telly Savalas), den Versorgungssergeanten und Schwarzmarktkönig »Speckbacke« (Don Rickles) und den recht unkonventionellen Panzerführer »Spinner« (Donald Sutherland), sich das Gold im Rahmen eines kleinen Privatkriegs unter den Nagel zu reißen. Nach einigen Schlachten gelingt der Coup tatsächlich, obwohl sie mittlerweile fast alle amerikanischen Kompanien in der näheren Umgebung in die Sache verwikkelt haben. Unterdessen feuert der zuständige General seine Männer kräftig an, allerdings ohne den wahren Grund für deren Enthusiasmus zu ahnen. Während er zum Schluß als strahlender Sieger in der kleinen französischen Stadt einmarschiert, verdrückt sich der Stoßtrupp Gold samt Beute durch die Hintertür. Eigennutz beherrscht eine Welt, wie sie Leone nicht anarchistischer hätte erfinden können. Nachdem er den deutschen Offizier, der sie auf die Spur des Goldes bringt, in der nahegelegenen, besetzten Stadt Nancy gefangengenommen hat, interessiert sich Big Joe nicht für irgendwelche militärischen Geheimnisse. »Mich interessieren Hotels. Welches ist das komfortabelste?«, will er von seinem Gefangenen wissen. »Was die deutsche Armee vorhat oder nicht vorhat, kümmert uns wenig. Wir haben ganz andere Sorgen.« Wie einige versehentlich auf sie abgefeuerte Granaten einer amerikanischen Mörserbatterie sogleich beweisen.

Den dreitägigen Fronturlaub des Stoßtrupps macht erst die Tatsache möglich, daß ihr Anführer gerade eine requirierte Jacht in Sicherheit bringt. Als man ihm den Handel anbietet, überprüft

Speckbacke sofort die Goldnotierungen an der Pariser Börse. Der Spinner wiederum, der seine Panzer als Wracks tarnt, um nur ja nicht an die Front zu kommen, meint kurzerhand: »Wenn es um 1,6 Millionen Dollar geht, könnten wir jetzt schon Helden werden – für drei Tage.« »Ein Sherman«, fügt er in einem Ton hinzu, als wäre er ein Gangster, der gerade die Vorzüge einer neumodischen Maschinenpistole anpreist, »wäre für euch eine sehr gute Rückendeckung«.

Schließlich, als nur noch ein einzelner Tiger-Panzer die Amerikaner von ihrem Ziel trennt, überreden sie den Panzerkommandanten dadurch zur Aufgabe, daß sie ihm verraten, was er da eigentlich bewacht, und ihm einen Anteil an dem Gold anbieten. »Geschäft ist Geschäft, klar!«, verkündet Speckbacke.

Unterstrichen werden die Ähnlichkeiten zwischen dieser Welt und dem Universum Sergio Leones dann noch durch eine offenkundige Parodie auf die Spaghetti-Western. Als Kelly, Big Joe und der Spinner mit dem Gewehr im Anschlag über den Marktplatz gehen, um der Tiger-Besatzung einen Handel vorzuschlagen, klingen auf dem Soundtrack E-Gitarren a la Morricone.

Sogar der amerikanische General (Carroll O'Connor) hat seinen Preis: Ruhm und Ehre. Als er in die befreite französische Stadt einmarschiert und die Einwohner ihn mit Eisenhower verwechseln, ist er derart überwältigt, daß er gar nicht erst versucht, sie davon abzubringen.

Der Tod jedoch erscheint in seiner üblichen Comic-Art. Als der Spinner mit seinen Sherman-Panzern ein deutsches Eisenbahnlager demoliert, donnern aus seinen extra eingebauten Außenlautsprechern heitere Schlager, darunter auch »I've Been Working on the Railroad«. Unmittelbar nach dem brutalen Massaker an einer deutschen Truppenkolonne versinkt der Stoßtrupp – und der elegische Soundtrack – in tiefer Trauer über den Tod zweier Amerikaner. Kelly ist der erste, der sich abwendet und sich wieder an die Arbeit macht.

Eastwoods unterkühltes Spiel machte ihn zu einem vorzüglichen Gegenstück zum Übermut der anderen Schauspieler. Einzig Donald Sutherlands Porträt des Spinners als anachronistischer Hippie, der seine pessimistischeren Kameraden laufend dazu auffordert, ihn »nicht mit negativen Wellen zu überfluten«, bedrohte mitunter die Balance.

Der Film entpuppte sich als unterhaltsamer, spektakulärer und reichlich scheinheiliger Spaß und solider kommerzieller Erfolg.

Krieg als Geschäft – Mit Don Rickles (l.) und Donald Sutherland in ›Kelly's Heroes‹ (Stoßtrupp Gold)

Eastwood jedoch war über das Ganze nicht so recht glücklich. »Dieser Film«, sagte er 1974 in einem Playboy-Interview, »hätte einer der besten Kriegsfilme aller Zeiten werden können. Er hatte ein überragendes Drehbuch, eine gute Besetzung und eine subtile Antikriegsbotschaft. Aber irgendwie ging das alles verloren. Irgendwo in Jugoslawien versandete der Film und wurde zu einer Story über ein paar amerikanische Wichser im Zweiten Weltkrieg, aus der sie dann auch noch einige Schlüsselszenen herausschnitten. Ich rief sogar Jim Aubrey, den damaligen Chef von MGM, an und riet ihm: »Zeigt den Film um Gotteswillen nicht den Kritikern, bevor Brian ihn nicht noch einmal überarbeitet

› Kelly's Heroes ‹

hat. Das würde euch an der Kasse vermutlich einige Millionen Dollars kosten.« Audrey sagte, er wolle es sich noch einmal überlegen, aber ich bin sicher, daß er, nachdem ihm aufgehängt hatte, sich gesagt hatte: »Was versteht denn dieser verdammte Schauspieler schon von Dollarmillionen? Vergiß es.« Also arbeitete man nicht weiter an dem Film, brachte ihn statt dessen so heraus und erhielt dann auch überwiegend schlechte Kritiken.«

Eastwood hätte seine Ansichten dadurch untermauern können, daß er auf den Erfolg eines anderen, zur selben Zeit gedrehten Kriegsfilms hingewiesen hätte. *Catch 22* (Catch 22) war eine schwarze Komödie, unerbittlich in ihrer Verurteilung des Krieges und dem daraus resultierenden Verhalten; es gab darin sogar eine Sequenz, in der ein ganz Raffinierter mit den Deutschen die Geschäftsvereinbarung trifft, seinen eigenen Stützpunkt zu bombardieren. Im Gegensatz zu *Kelly's Heroes* war *Catch 22* einer der zehn erfolgreichsten Filme des Jahres 1970.

6. Probleme mit der Liebe

*Two Mules for Sister Sara * The Beguiled * Play Misty for Me*

Mit einem Packpferd im Schlepptau kommt ein einzelner Reiter aus einem großartigen Sonnenaufgang. Während es langsam hell wird, zieht er durch eine Landschaft von wilder, eindrucksvoller Schönheit, nur wahrgenommen von den ebenso einsamen Bewohnern dieser Wildnis: einer aufgeplusterten Eule, einem Karnickel, einer schnell in Deckung kriechenden Schlange, einem faulen Berglöwen auf einem hohen Felsen.

Als der Huf seines Pferdes eine träge Tarantel zertritt, fährt die Kamera nach oben und enthüllt eine hagere, verwahrloste Gestalt mit staubigem Lederstetson, verdrecktem Halstuch und poncho-ähnlicher Weste. Der struppige Bart und die zusammengekniffenen Augen vervollständigen das Bild. Der Mann ohne Namen ist wieder unterwegs. Obwohl er nun den Familiennamen Hogan trägt und das Land Mexiko ist, legt ein dramatischer Zwischenfall davon sehr schnell Zeugnis ab.

Als Hogan auf einen Hügelkamm zureitet, locken ihn die Schreie einer Frau an den Grat. Unter ihm machen sich drei betrunkene Männer gerade daran, eine halbnackte Frau zu vergewaltigen. Einige Schüsse aus Hogans Colt lenken ihre Aufmerksamkeit auf ihn. Die Männer versuchen, Hogan zu überreden, mitzumachen. Als einer von ihnen in Deckung geht, erschießt Hogan die beiden anderen.

Der dritte schnappt die Frau und benützt sie als Schild. Hogan verschwindet hinter einem großen Felsen. Er greift in seine Weste, zieht eine Stange Dynamit heraus, zündet die Lunte an und wirft sie lässig über seine Schulter.

Das Dynamit fällt dem dritten Möchtegern-Schänder direkt vor die Füße. Nach einem kurzen Augenblick des Zögern rennt er kopflos davon, nur um von Hogan hinterrücks erschossen zu werden. Ruhig schlendert dieser daraufhin den Berg hinab, greift sich das Dynamit und reißt mit selbstsicherem Grinsen die nur noch wenige Zentimeter lange Lunte ab.

Es ist für ihn der letzte Augenblick totaler Sicherheit für den Rest des Films. Während er die Gelegenheit nützt und die Toten ihres

Teile einer Landschaft – ›Two Mules for Sister Sara‹

Proviants und ihrer Wertsachen beraubt, zieht sich die Frau wieder an und sattelt ihr Muli. Als sich Hogan zu ihr umdreht, merkt er, daß er eine Nonne, Schwester Sara, gerettet hat.
Two Mules for Sister Sara (Ein Fressen für die Geier) ist eine auf den Wilden Westen, respektive Mexiko zugeschnittene Variante des Filmes *African Queen* (African Queen), in dem eine dickköpfige, verschlagene Frau den scheinbar gegen sie gefeiten Helden

immer wieder überlistet und schließlich zu Heldentaten verleitet, an die er sonst nicht mal im Traum gedacht hätte. Eastwoods Hogan ist ein Mann ohne Namen mit zusätzlichem Hintergrund, ein desillusionierter Bürgerkriegsveteran, den man dazu überredet hat, die mexikanischen Rebellen für ihren Unabhängigkeitskampf gegen die französischen Besatzer mit einer neuen Ladung Waffen zu versorgen. Als Belohnung dafür hat man ihm die Hälfte der von einer Garnison in Chihuahua bewachten, französischen Staatskasse versprochen. Ähnlich dem Mann ohne Namen sind auch seine Motive rein finanzieller Natur. Er sei »ebenfalls Patriot und zwar mein eigener«, erzählt er seinen Auftraggebern, und sein Idealismus sei im Bürgerkrieg gestorben. »Irgendeine Dummheit«, sagt er zu Sara, »macht wohl jeder einmal.«

Mittlerweile deutet alles darauf hin, daß Schwester Sara eine überzeugte *juarista* ist, eine Anhängerin des mexikanischen Anführers Juarez. Wieder einmal stellt sie sich deshalb der Gnade Hogans anheim, als ein französischer Kavallerietrupp anrückt und Sara ihm, der sie eigentlich zurücklassen wollte, erklärt, daß die Soldaten nach ihr Ausschau hielten. Aus Respekt vor ihrem Berufsstand hilft ihr Hogan bei der Flucht.

Es ist der Anfang einer eigenartigen Partnerschaft. Hogan macht keinen Hehl aus Saras weiblichen Reizen, wagt es jedoch nicht so recht, sich der Nonne sexuell zu nähern. Sara wiederum hält ihn ganz bewußt auf Distanz, benimmt sich ansonsten aber ganz und gar nicht wie eine Nonne: Sie zieht heimlich an Hogans Zigarren, schluckt begeistert Whisky und zeigt daneben auch ein ausgesprochen weltliches Vokabular.

Doch die Partnerschaft trägt Früchte. Sara heckt nicht nur einen Plan aus, wie man die Garnison in Chihuahua ausschalten könnte, sondern hilft ihm auch dabei, einen französischen Versorgungszug in die Luft zu jagen. Nach einem Indianerüberfall operiert sie sogar einen Pfeil aus Hogans Brust. Als sie in Chihuahua ankommen, stellt sich Hogan jedoch wieder einmal als derselbe Dumme heraus, der er schon im Bürgerkrieg gewesen war. Sara schlägt einen unterirdischen Überraschungsangriff auf die Garnison vor. Einst, so erklärt sie ihm, sei das Garnisonsgebäude ein Kloster gewesen, das über einen Tunnel mit dem Haus des örtlichen Bischofs verbunden war. Dort angekommen, entpuppt sich das »Haus des Bischofs« allerdings als Bordell und Sara als dessen Hauptattraktion.

Hogan ist schockiert, vermag indes seine wachsende Zuneigung für Sara nicht zu verleugnen. Widerwillig erlaubt er ihr, beim Juarista-Angriff mitzumachen. Als Teil einer List, in die Garnison einzudringen, liefert Hogan sie den französischen Behörden aus. Kurz nachdem man sie hereingelassen hat, beginnt die Schlacht. Nach einem verzweifelten Kampf gewinnen die Mexikaner schließlich. Hogan schleppt die Geldkassette ins Bordell und stößt damit die Tür von Saras Zimmer auf, die sich gerade in der Badewanne feinmacht. Ohne lang zu zögern, steigt Hogan zu ihr in die Wanne.

In der letzten Szene des Films führt Hogan Sara wieder durch die Wüste, vermutlich nach Amerika. Statt Waffen stapeln sich auf seinem Packpferd diesmal jedoch die Hutschachteln. Und Sara sitzt zwar immer noch auf ihrem Muli, trägt nun jedoch ein knallrotes Kleid. In ihrem Gesicht spiegelt sich der reine Triumph.

Nach dem relativen Mißerfolg von *Paint Your Wagon* bot *Two Mules for Sister Sara* Eastwood zunächst einmal die Gelegenheit für einen weiteren Versuch in Sachen romantischer Komödie, diesmal allerdings in einem scheinbar verläßlicheren Rahmen. Daneben sollte ihm der Film aber auch die Chance bieten, mit Elizabeth Taylor zusammenzuarbeiten, die ihn auf das Skript aufmerksam gemacht hatte. In der Praxis freilich verwirklichte sich keine der beiden Absichten.

Der Beginn der Dreharbeiten in Mexiko war bereits auf Frühjahr 1969 festgesetzt, als sich Elizabeth Taylor aus dem Projekt ausklinkte. Laut Produzent Martin Rackin hatte sie darauf bestanden, ihren üblichen, nicht gerade kleinen Freundeskreis mit zu den Dreharbeiten zu nehmen und überdies in nächster Nähe von Richard Burton zu arbeiten – Forderungen, denen man angesichts der abgelegenen Drehorte mitten in der Wüste einfach nicht nachkommen konnte. Nach schnellen Verhandlungen verpflichtete man schließlich Shirley MacLaine, die gerade in *Sweet Charity* (Sweet Charity) aufgetreten war, einem Musical, das wie *Paint Your Wagon* den Erfolgserwartungen seiner Produzenten nicht gerecht geworden war.

Auf den ersten Blick war sie eine recht gute Wahl, hatte sie doch in den meisten ihrer Hauptrollen eine Hure mit goldenem Herzen gespielt und war darüberhinaus noch eine begabte Komikerin. Dennoch fehlte dem Paar die für ein solches Zweipersonenstück so nötige Inspiration.

Zum Teil ging das auf gesundheitliche Probleme zurück. Der überwiegende Teil der nichtmexikanischen Schauspieler und

›Two Mules for Sister Sara‹

Stabmitglieder litt an Magenbeschwerden – Montezumas legendärer Rache. Nur Eastwood kam ungeschoren davon, da er sich auf Ananas und Papayas beschränkte.

Spannungen gab es auch zwischen Shirley und Don Siegel und Siegel und Produzent Rackin. Obwohl sich der Regisseur freute, wieder mit Eastwood zu arbeiten, bedeutete das doch, eine Story zu übernehmen, die von einem anderen entwickelt worden war – dem Regieveteranen Budd Boetticher.

Das Ergebnis war eine ungeschickte, spannungsarme Inszenierung, der es nicht gelang, die abgedroschene Story wirksam zu ka-

schieren. Daneben sind die dramatischen Höhepunkte sowohl zu willkürlich als auch zu weit voneinander plaziert – Hogan und Sara reiten und reden zwar sehr viel, ihre Wirkung verfehlen diese Szenen allerdings größtenteils.
Siegel selbst war nur mit zwei Sequenzen vollauf zufrieden: die Einleitung, wo man die Tiere, an denen Hogan vorbeireitet, als Sinnbild seiner Charaktereigenschaften – oder als Maß für seine Integration in diese Landschaft – interpretieren kann, und die Garnisonsschlacht am Höhepunkt. »Ich drehte das Ganze als Bildmontage, ganz wie in meinen Warner Brothers-Tagen. Jede neue Einstellung kippte ich dabei genau in die entgegengesetzte Richtung der vorangegangenen. An dieser Szene arbeitete ich sehr intensiv, weil sie in der Story eigentlich überhaupt keine Rechtfertigung hatte. Mein Ziel bestand darin, sie so spannend zu machen, daß sie sich selbst rechtfertigte.«
Eastwood dagegen schätzte jene Szene am meisten, in der er sich bis zur Bewußtlosigkeit vollaufen läßt, damit Sara den Indianerpfeil aus seiner Brust ziehen kann – eine Operation, bei der es eine Portion Schießpulver in einer kleine Kerbe im Pfeilschaft anzuzünden gilt, während die Nonne im selben Augenblick den Pfeil mit einem Gewehrkolben durch seinen Körper treiben muß. Auf geschickte Weise verbanden sich in dieser Szene Komödie, Drama und ein gewisses Maß an Horror, obwohl sie, wie der Rest der Films, die Kritiker kaum beeindruckte.
Two Mules for Sister Sara war ein kommerzieller Erfolg, wenn auch nur ein kleiner nach Eastwoods eigenen, sich immer weiter in die Höhe schraubenden Maßstäben. Ganz offensichtlich schätzte es das Publikum nicht besonders, wenn seine Leinwandfigur eine Niederlage einstecken mußte.
Aber das eigentliche Problem des relativ mißlungenen *Two Mules for Sister Sara* bestand in mehr als nur einer bloßen Fehlkalkulation, und man kann die nächsten beiden Filme Eastwoods – von denen er einen selbst inszenierte – durchaus als Versuche interpretieren, eine Lösung für dieses Problem zu finden.
Auf einen einfachen Nenner gebracht, hieß das Problem Romantik. Eastwoods Mann ohne Namen war die Verkörperung von Unabhängigkeit und Selbstvertrauen. In seiner reinsten Leone-Form übertölpelte oder erschoß er die Männer, die sein Leben bedrohten; Frauen, in den Spaghetti-Western ohnehin nur eine Last, ignorierte er einfach oder benützte sie – ebenso lakonisch, wie er auch den Männern gegenüber trat – bestenfalls zu sexuel-

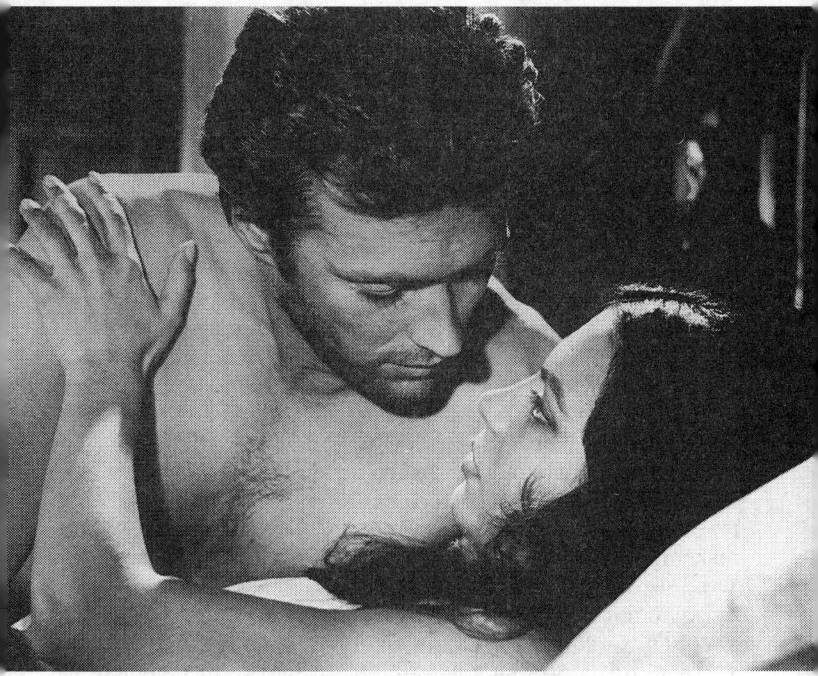

Die Frau als Objekt – Eine aus der endgültigen Fassung geschittene Szene aus ›Il buono, il brutto, il cattivo‹

len Zwecken. (In einer geschnittenen Szene aus *Il buono, il brutto, il cattivo* wird der Mann ohne Namen mit einer mexikanischen Hure im Bett entdeckt.)

Auch Eastwoods modernisierter Mann ohne Namen, Hilfssheriff Coogan, betrachtete hübsche Mädchen nur als eine Art Beute; geschaffen, um gefangen und wieder weggeworfen zu werden, egal, wieviel Charme und gute Manieren er dabei auch an den Tag legte. Irgendwelche Anzeichen von Zuneigung, die später ganz zwangsweise zu einer emotionellen Bindung führen mußten, wären nur ein Schandfleck auf dem Image des scheinbar unverwundbaren Manns ohne Namen.

Eastwood hätte einfach damit leben können. Als schweigsamer Muskelprotz hätte er immer einen Reiz auf ein Großteil seines weiblichen Publikums ausgeübt. Wie sein Co-Star in *Coogan's Bluff*, Susan Clark, bemerkte: »Ein Teil seines SexAppeals resultiert aus der Frage, wie tief er wirklich empfindet, wie sehr ihn das Leben wirklich berührt.« Unerschöpflich allerdings war dieser Charme vermutlich nicht, und der Notwendigkeit sich weiterzuentwickeln, war sich Eastwood ohnehin seit jeher bewußt. Bislang hatten seine Bemühungen um ein neues romantisches Element nur einen glanzlosen Film wie *Paint Your Wagon* oder die verworrene Charakterisierung eines *Hang 'em High* zur Folge gehabt. *Two Mules for Sister Sara* wiederum spielte lediglich eine beinahe unverfälschte Neuauflage des Manns ohne Namen (die Filmmusik stammte sogar von Ennio Morricone) gegen ein weibliches Gegenstück aus. Shirley MacLaines »Nonne« ist ebenso geschickt wie Hogan, wenn sie sich ihrer eigenen Haut erwehren muß. Nur die Waffen unterscheiden sich: Um mit ihren Fähigkeiten auf dem Gebiet emotioneller und sexueller Manipulation fertigzuwerden, reichen seine Schießkünste in keinster Weise aus. Allein die Tatsache, daß sich Hogan auf ein Duell mit ihr einläßt, ist schon ein Zeichen ihres Triumphs. Hätte Leone das Ganze inszeniert, die Geschichte wäre nach fünf Minuten vorbeigewesen.

Es sollte noch weitere sieben Jahre und einen sehr persönlichen Film, *The Gauntlet* (Der Mann, der niemals aufgibt), dauern, bis sich sein Image so weit entwickelt hatte, daß er dieses Dilemma auflösen konnte – wobei er selbst dann noch der Verwundbarkeit seines Co-Stars Sondra Locke bedurfte. Momentan bestand die einfachste Lösung jedenfalls darin, das Hogan-Sara-Verhältnis einfach umzudrehen, Eastwood zum Experten für emotionelle und sexuelle Manipulation zu machen. Das Ergebnis war einer seiner außergewöhnlichsten und uncharakteristischsten Filme: *The Beguiled* (Betrogen).

Die Rechte der Romanvorlage, die Eastwood während der Dreharbeiten zu *Two Mules for Sister Sara* gelesen und dann an Don Siegel weiterempfohlen hatte, lagen bei Universal. Thomas Cullinans Roman war eine seltsame, quälende Geschichte um unterdrückte Sexualität und Schauerromantik, spielte während des Bürgerkrieges und hatte nichts mit dem gemein, was Eastwood bislang in Angriff genommen hatte. Aus diesem Grund ließ er zunächst ein gehöriges Maß an Vorsicht walten, bevor ihn Siegels Enthusiasmus schließlich doch überzeugte. Während der Star nach Jugoslawien flog, um seinen Vertrag für *Kelly's Heroes* zu er-

›Two Mules for Sister Sara‹ (Ein Fressen für die Geier) – Shirley MacLaine und ihr zweites Muli

füllen, machte sich Siegel in Amerika an die Vorbereitungen. In einer echten Bürgerkriegsvilla nahe Baton Rouge/Louisiana gedreht, schildert der Film die Auswirkungen des plötzlichen Eindringens eines verwundeten Unions-Soldaten (Eastwood) auf das säuberlich abgezirkelte Leben eines Frauenhaushalts in den Südstaaten.

Auf der Pilzsuche entdeckt die zehnjährige Amy (Pamelyn Ferdin), eine Schülerin aus dem Farnsworth-Mädcheninternat, im

Wald einen Mann mit gebrochenem Bein. »McB«, wie er sich nennt, ist von den ewig wechselnden Gezeiten des Krieges in ein Gebiet gespült worden, das sich nun in den Händen der Konföderierten befindet.

In der Schule, deren Bewohner trotz ihrer Abgeschiedenheit zutiefst verunsichert sind, sorgt seine Ankunft für große Bestürzung. Martha Farnsworth (Geraldine Page), die autoritäre Vorsteherin, drängt zunächst darauf, den Soldaten an die Konföderierten auszuliefern. Es gibt ein vereinbartes Signal, das vorbeikommende Patrouillen alarmieren würde: ein blaues Tuch an der eisernen Pforte der Schule. Ihre schüchterne junge Assistentin Edwina Dabney (Elizabeth Hartman) überzeugt sie jedoch, daß eine Gefangennahme für den Schwerverwundeten unweigerlich den Tod bedeuten würde.

Die beiden Frauen entschließen sich, McBurney weiter zu verstecken und solange zu pflegen, bis er für eine Verhaftung gesund genug ist. Als ihnen eine Patrouille der Konföderierten einen Besuch abstattet, schweigt sich Martha aus. Vor ihren Schülern aber kann sie McBurneys Anwesenheit nicht verbergen. Prompt verliebt sich eine von ihnen, Carol (Jo Ann Harris), eine frühreife und attraktive Siebzehnjährige, in ihn.

Als sich McBurney langsam wieder erholt, wird ihm klar, daß er für eine Flucht noch zu schwach ist und seine einzige Chance darin besteht, sich der Sympathien der Frauen zu versichern, sie mit seinem guten Aussehen und seinem Charme zu »betrügen«. Nacheinander redet er jeder der Frauen ein, daß nur sie allein seine Gunst genieße. Amy überzeugt er mit einem Kuß von seiner Güte. Bei Carol, die ohnehin bereits von ihm schwärmt, genügt es, sie sich vom Leibe zu halten. Auch die unterwürfige Edwina fühlt sich langsam von ihm angezogen, was McBurney durch ein geschicktes Spiel mit ihren Träumen noch zu fördern weiß: »Kommen Sie sich nicht manchmal vor wie ein Dornröschen«, will er von ihr wissen, »das in einem verwunschenen Schloß sitzt und darauf wartet, bis ein Prinz kommt und es mit einem Kuß erlöst?«. Natürlich tut sie das, und McB paßt nur zu gut in die Rolle dieses Prinzen.

Martha erweist sich als die größte Herausforderung, bis Rückblenden ihr offenbar inzestuöses Verhältnis mit ihrem Bruder enthüllen, der dann von zu Hause ausriß. McBurney versteht es, sich als möglicher Ersatzbruder auszugeben und erhält sogar das Angebot, ihr Partner zu werden.

Sein »Betrug« an den frustrierten und neurotischen Frauen erreicht seinen Höhepunkt in der Nacht, als er sich entscheiden muß, in welches Bett er steigen will. Die vernünftige Alternative wäre Martha oder Edwina, doch als er zwischen ihren beiden Schlafzimmern hin und her schwankt, lauert ihm Carol, das »Flittchen« der Schule, auf. Da sie die verführerischste und sexuell anziehendste von allen ist, folgt er ihr aus purer Lust und Selbstüberschätzung schließlich in ihr Dachzimmer. Das Ganze endet in einer Katastrophe.

Carols Gelächter bringt die einen Stock tiefer wohnende Edwina auf den Plan, die McB im Bett der Siebzehnjährigen überrascht. Bei seinem Fluchtversuch stößt ihn die gedemütigte Assistentin

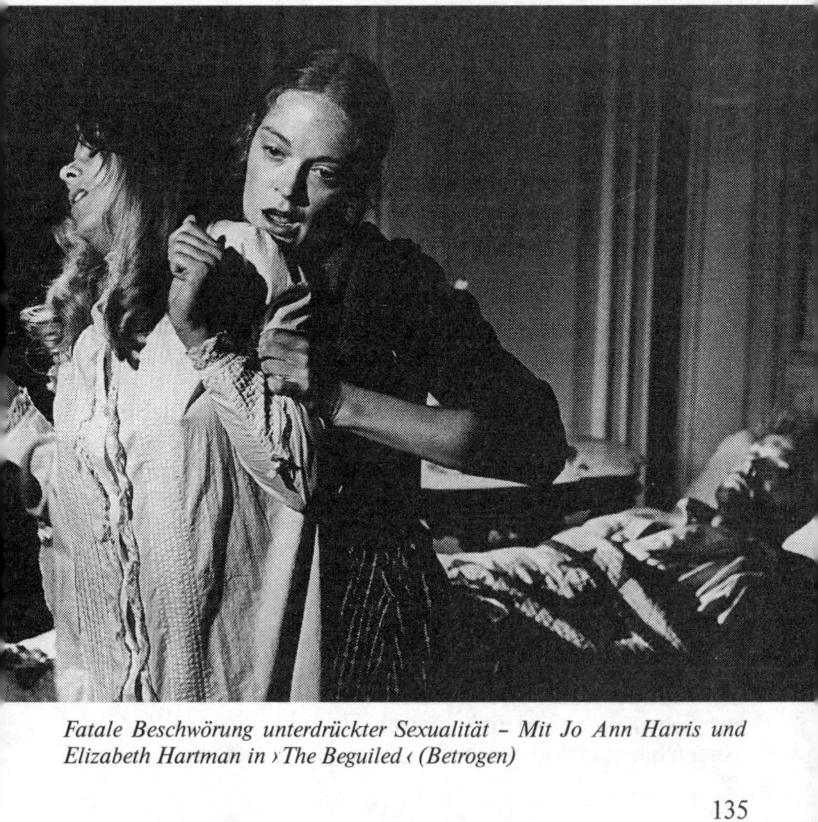

Fatale Beschwörung unterdrückter Sexualität – Mit Jo Ann Harris und Elizabeth Hartman in ›The Beguiled‹ (Betrogen)

die Treppe hinunter und läßt dabei ihren aufgestauten Gefühlen freien Lauf: »Du verlogenes, verkommenes Subjekt! Du Mistkerl! Du schmieriger Lüstling! Ich hoffe, daß du tot bist.«
Nicht minder gedemütigt, untersucht Martha das beim Sturz erneut gebrochene Bein und behauptet dann, daß es brandig sei. Mit Edwinas Hilfe trägt sie den bewußtlosen McB ins Wohnzimmer, wo sie das Bein mit einer Säge amputiert. Als er wieder aufwacht, überkommt ihn das Entsetzen. Jede Spur seines »betrügerischen« Charmes ist nun verschwunden. Sobald er sich wieder genügend erholt hat, besäuft er sich sinnlos, tobt herum, bemächtigt sich des einzigen Revolvers in der ganzen Schule und macht sich die Frauen mit Waffengewalt statt durch sexuelle List und Tücke gefügig. Er schimpft Edwina eine »Hure«, deckt Marthas inzestuöse Vergangenheit auf und verscherzt es sich sogar bei Amy, seiner einzigen, wirklich treuen Freundin, als er absichtlich ihre Lieblingsschildkröte Rudolph umbringt.
Beim Abendessen bereut McBurney das Ganze zwar, doch seine Ausbrüche haben die Frauen in Panik versetzt. Auf Marthas Vorschlag hin haben sie ihm sein Lieblingsessen gekocht, ein Pilzgericht, in das die verbitterte Amy auch einige Knollenblätterpilze gemischt hat.
Zur allgemeinen Überraschung verkündet McBurney, daß er seine Wahl getroffen habe. Er werde die Schule mit Edwina verlassen und sie heiraten. Zu diesem Zeitpunkt hat er allerdings bereits von den »Pilzen« probiert. Als ihm an den entsetzten Gesichtern der Frauen klar wird, was geschehen ist, fällt er tot um.
Von dem jungen Kameramann Bruce Surtees in weichen, überwältigend schönen Braun- und Blautönen aufgenommen, ist der ganze Film nur zu offenkundig ein Werk Siegels. McBurneys Charme und seine raffinierten Manipulationen erinnern kaum noch an den Mann ohne Namen; gelegentlich mag er triumphieren, im allgemeinen jedoch kennzeichnet ihn dieselbe selbstzerstörerische Art wie alle Siegel-Helden. Die Kälte dieser Welt ist nicht von jener Art, die ein selbstsicherer Held überleben und ausnützen kann, wie es dem Mann ohne Namen in Leones desolatem Westen möglich war. Ihr Ausdruck ist ein durchdringender, zersetzender Pessimismus, angefangen von dem etwas heruntergekommenen Schulgebäude bis hin zu McBurneys unsäglich dummer Reaktion auf Carols Angebote – die einzige, wirkliche Schwäche in einem sonst sehr dicht gewobenen Plot. Wie Hogan hängt er von Anfang in einem Netz, »ein großer, schöner,

Betrüger und Betrogene – Mit Geraldine Page und Elizabeth Hartman in ›The Beguiled‹

kräftiger Mann, hilflos gemacht durch eine Handvoll Spatzen«, wie Siegel selbst es ausdrückt.
In dieser Welt ist die intimste Beziehung, die scheinbar verläßlichste – die zwischen Mann und Frau – die in Wahrheit tükkischste von allen. Siegel wollte mit dem Film demonstrieren, daß »auch Frauen zu Arglist, Diebstahl, Mord, einfach allem, fähig sind. Hinter der Maske der Unschuld lauert ebensoviel Bos-

heit wie bei einem Mafiaboß. Jedes junge Mädchen, und mag es noch so harmlos aussehen, ist durchaus zu einem Mord fähig.« Daß man Siegel gelegentlich als Frauenfeind bezeichnet hat, kommt nicht von ungefähr. Doch sein Pessimismus beschränkt sich keineswegs auf das eine Geschlecht. McBurney betrügt die Frauen nicht nur mit seinen angeblichen Gefühlen, sondern lügt auch über seine Vergangenheit, behauptet, ein friedliebender Quäker zu sein, obwohl ihn die Rückblenden als Mann ausweisen, der den Krieg als Gelegenheit für Mord und Zerstörung regelrecht genossen hat. Ein zufällig vorbeikommender Offizier der Konföderierten ist ebenso versessen darauf, die Frauen zu verführen wie sie zu beschützen; Marthas Bruder betreibt Inzest und ist vermutlich auch ein Deserteur; Edwinas Vater wird als Schürzenjäger beschrieben. Die einzigen anständigen Mitglieder des männlichen Geschlechts sind entweder vermißt oder tot.

Trotz all seiner Fehler aber bringt McBurney den Frauen doch neues Leben und neue Hoffnung – was die Einleitung des Films dadurch symbolisiert, daß die Sepia-Töne der zeitgenössischen Aufnahmen aus dem Bürgerkrieg mit dem ersten Blick auf das verwundete, blutige Bein des Soldaten dem vollen Farbbild weichen. Am Ende des Films, als die Frauen seine Leiche im Garten vergraben, verschwindet die Farbe wieder aus dem Film – und ihrem Leben. Ihre deplazierte Leidenschaft hat sich als ebenso destruktiv wie jene McBurneys erwiesen. Hätte die seine jedoch vielleicht in einem rauhen, aber erfüllten Leben geendet, bleibt ihnen nur die Sterilität und der Zerfall.

Völlig zurecht nennt Siegel *The Beguiled* seinen besten Film. Ganz bewußt auf die Programmkinos abzielend, bewies der Regisseur ebensoviel Talent für weitgehend statische, atmosphärische, mit Gefühlen aufgeladene Geschichten wie sonst für Action und Suspense. *Time* bezeichnete ihn als »erstaunlich verführerischen Film« und Eastwood erhielt einige der besten Kritiken seiner gesamten Laufbahn. De Witt Bodeen nannte ihn »seinen besten Film, derjenige, in dem er tatsächlich spielt, und zwar eine Rolle, die nichts mit dem Mann ohne Namen oder den sonstigen Schweigern vom Gary Cooper-Typ zu tun hatte.«

Was die Kasse anging, hatte er damit leider nur zu recht. Nach seiner Premiere im Sommer 1970 entwickelte sich *The Beguiled* schnell zu einem von Eastwoods seltenen Mißerfolgen. Eastwood selbst gab Universal die Schuld, nicht ganz zu Unrecht. Das Studio hatte das Ganze als typischen Clint Eastwood-Film ange-

kündigt (»Clint Eastwood steckte noch nie in einer gefährlicheren Lage«, hieß es in den Anzeigen), mit einem Massenstart in die Kinos gebracht und damit lediglich die Fans verprellt.
Als der Verleih den Fehler schließlich erkannte und den Film in den Programmkinos einsetzte, wie Siegel es ursprünglich vorgehabt hatte, war die Wirkung der Publicity verpufft. »Ohne mich wäre es ein erfolgreicherer Film geworden«, gestand Eastwood später. »Die Werbung zielte auf diejenigen ab, die mich wegen meiner Actionfilme verehrten. Denen gefiel es ganz und gar

›The Beguiled‹

nicht, mich einen Mann spielen zu sehen, dem man das Bein abschneidet und damit gewissermaßen kastriert. Sie wollten jemanden erleben, der über alles immer die Kontrolle behält. Und die anderen, denen der Film vielleicht gefallen hätte, kamen erst gar nicht.«

Schließlich kamen »die anderen« aber doch, vor allem in Europa, wo Siegel noch immer hoch im Ansehen stand und *The Beguiled* sich zu einem Kultfilm entwickelte, was ihn am Ende dann auch aus den roten Zahlen brachte. Eastwood freilich hatte die Lektion gelernt, daß ein Erfolg an der Kasse mindestens so viele künstlerische Restriktionen wie Freiheiten mit sich brachte. »Meiner Meinung nach«, schloß er, »gründet sich der Erfolg eines Schauspielers nicht auf seiner persönlichen Anziehungskraft sondern auf seiner Fähigkeit, kommerzielles Material für sich herauszusuchen.«

Nie wieder sollte er von nun an versuchen, derart radikal mit dem Image des Manns ohne Namen zu brechen, das ihn berühmt gemacht hatte. Seine Lust auf kreative Experimente schränkte sich dadurch allerdings kaum ein, im Gegenteil. Der nächste Sprung ins Ungewisse sollte sich als der wichtigste in seiner ganzen Laufbahn herausstellen: Zum ersten Mal würde er selbst einen Film inszenieren – mit sich in der Hauptrolle.

Obwohl der Name Malpaso bereits in Eastwoods ersten amerikanischen Filmen auftauchte, war er damals doch wenig mehr als ein kleiner Abschreibungstrick. Seit jeher strebte Eastwood jedoch nach größerem Einfluß über seine eigene Karriere. »Meine Theorie«, witzelte er in einem Interview, »ging dahin, daß ich meine Karriere mindestens ebenso gut ruinieren könnte wie irgendein anderer. Warum es also nicht einfach ausprobieren?«

Vor allem wollte er mit der Gründung seiner eigenen Produktionsfirma jedoch seine eigene filmische Weltanschauung in die Tat umsetzen, die in all den Jahren entstanden war, als er die Fehler und die Verschwendungssucht anderer Regisseure beobachtet hatte.

»Ich wollte der Industrie unbedingt beweisen, daß sie rationeller arbeiten müßte«, erklärte er, »um mehr Filme mit einem kleineren Stab zu drehen. Die Crews wären dann öfter beschäftigt, sodaß im Prinzip genausoviel Arbeitsplätze zur Verfügung stehen würden. Was hat es für einen Sinn, Unsummen für einen Film auszugeben, wenn er sich nie amortisieren kann?«

1969: Clint und Maggie bei der Premiere von ›True Grit‹ (Der Marshal)

Geteilt wurden diese Ansichten von Robert Daley, einem Buchhalter, mit dem sich Eastwood 1954 während seiner Zeit bei Universal angefreundet und eine zeitlang im selben Haus gewohnt hatte. Auch Eastwoods phlegmatische Einstellung zu seinem eigenen Erfolg beeindruckte Daley, und so sagte er gerne zu, als der Star ihm Ende der Sechziger anbot, die Geschäftsleitung von Malpaso zu übernehmen.
Es dauerte nicht lange, bis sich ihnen Fritz Manes als Gesellschafter anschloß. Damals beim Fernsehen beschäftigt, war Maley ei-

ner von Eastwoods ältesten Freunden; sie waren sogar zusammen in die Schule gegangen.
Der dritte Rekrut war ein anderes bekanntes Gesicht, Sonia Chernus, die Eastwood bei seinem Durchbruch mit *Rawhide* unterstützt hatte. Chernus verließ CBS und arbeitete fortan als Drehbuchspezialistin für Malpaso. Zum Präsidenten wiederum ernannte man Eastwoods Manager Irving Leonard. Mit Judie Hoyt, ihres Zeichens Sekretärin und persönliche Assistentin Eastwoods, war das Team dann komplett.
Das Ergebnis war eine der erfolgreichsten und am rationellsten geführten Produktionsfirmen Hollywoods. Sämtliche Geschäfte betrieb man von einigen Büros bei Universal, später dann von einem Bungalow bei Warner Brothers. Allenfalls für Dreharbeiten vor Ort zog man gelegentlich in einen Trailer um. Mit seiner Vorsicht, dem Vertrauen auf bereits Bewährtes, der absichtlich familiären Atmosphäre und der völligen Ungezwungenheit spiegelte Malpaso dabei nur zu deutlich Eastwoods persönliche Ansichten wieder.
»Wir haben keine 26 Angestellten und ein tolles Büro«, sagte der Star einmal. »Ein paar Bierdosen unterm Arm, einen Block und eine Portion Bleistifte, schon bin ich Kaufmann. Ach zum Teufel, ein Schrank würde mir schon reichen.« Selbst der Name der Firma bekundete Eastwoods lakonischen Humor. »Malpaso« ist eigentlich der Name eines kleinen Bachs am Rande des Eastwood-Grundstücks in Carmel, kann aber auch als ironische Anspielung auf die Entscheidung des Stars verstanden werden, mit Sergio Leone einen Film zu drehen – auf Spanisch bedeutet der Name »Fehltritt« oder »schlechter Zug«.
1970 traute es sich Eastwood schließlich zu, seinen ersten eigenen Malpaso-Film zu produzieren. Die Verbindung mit Universal blieb dabei bestehen – *Two Mules for Sister Sara* war der erste von drei Filmen im Rahmen einer Übereinkunft mit Malpaso gewesen. Universal würde den neuen Film verleihen und auch einige Worte bei der Besetzung mitzureden haben, wobei Eastwood natürlich logischerweise die Hauptrolle spielen würde. Weniger glücklich war das Studio allerdings über seinen Entschluß, selbst auch Regie zu führen, was sich am deutlichsten wohl daran zeigte, daß man statt auf einer garantierten Gage auf einigen Prozentpunkten vom Profit bestand. Ironischerweise sollte ihm das jedoch eine ungleich höhere Summe einbringen.
Die Story stammte bezeichnenderweise aus der Feder einer Be-

kannten, die niemand bislang ernst genommen hatte: ein unbetiteltes sechzig Seiten langes Treatment von Jo Heims, einer ehemaligen Sekretärin Eastwoods.
Nach dem schlechten Abschneiden von *The Beguiled* war *Play Misty for Me* (Sadistico – Wunschkonzert für einen Toten) in mancher Hinsicht eine etwas kuriose Wahl: ein suspensereicher Psychothriller, eher typisch für Alfred Hitchcock, denn für einen Star, dessen Ruf sich auf Action-Filme gründete.
Die Entscheidung hatte ihren Hintergrund in der Produktion selbst. *Play Misty for Me* war ein Low-Budget-Film mit einer kleinen Besetzung, die der Regiedebütant ohne größere Schwierigkeiten überwachen konnte. Um die Kosten möglichst gering zu halten und den Ausstattern die Arbeit zu erleichtern, drehte Eastwood statt im Studio vor Ort, in einer Umgebung, die er nur zu gut kannte – dem Gebiet um Carmel und auf seinem eigenen Grundstück.
Als zusätzliche Sicherheitsmaßnahme umgab er sich mit Profis, die er von anderen Projekten her kannte: Bruce Surtees und Carl Pingitore, dem Kameramann bzw. Cutter von *The Beguiled*; Dean Riesner, dem Drehbuchautoren von *Coogan's Bluff* und einiger *Rawhide*-Episoden; sogar seinen Regiementor Don Siegel, der etwas nervös einwilligte, in einer kleinen Nebenrolle aufzutreten. »Viele Leute dachten, daß ich ihn als meinen Rückhalt benützte«, erinnerte sich Eastwood später. »Ich weiß, daß ich einen wirklich guten Regisseur auf dem Set habe, wenn irgendetwas schiefgeht – unbebewußt hatte ich diesen Gedanken vielleicht tatsächlich.« Eine Theorie, die er noch dadurch untermauerte, daß er Siegels größte Szene als erstes drehte. Kurz nachdem die Szene abgedreht war, verabschiedete sich Siegel mit den Worten »Er braucht mich nicht«.
Für sein Regiedebüt suchte sich Eastwood eine moderne Rolle aus. Er spielte Dave Garland, einen Discjockey bei einem Lokalsender, der sein Nachtprogramm mit einer schmalzigen Mischung aus Gedichtvorträgen und stimmungsvoller Musik mit starkem Hang zur Romantik bestreitet. Auch privat neigt der hemmungslose Schürzenjäger Garland zu solchen Stimmungen. Seine romantischen Abstecher haben ihn der einzigen Frau entfremdet, die ihm wirklich etwas bedeutet: Tobie Williams (Donna Mills) hat ihr hoch auf der Spitze eines Kliffs gelegenes Haus verlassen und will nun auf einer längeren Reise versuchen, ihn endgültig zu vergessen.

In der Bar eines gewissen Murphy (Don Siegel), einer von Garlands bevorzugten Tränken, gelingt es ihm eines Nachts, ohne sonderliche Mühe ein attraktives junges Mädchen namens Evelyn Draper (Jessica Walter) aufzureißen. Er lädt sie in seine Wohnung ein, wo er sie als den anonymen Anrufer erkennt, der sich in seiner Sendung regelmäßig Errol Garners »Misty« wünscht. Als ihm klar wird, daß das Mädchen mit ihm schlafen will, versucht ihr Garland zu erklären, daß sein Liebesleben bereits kompliziert genug sei. Evelyn besteht darauf, daß es ihr nur um diese eine Nacht ginge. Am nächsten Morgen hält Garland ihre Affäre für beendet und verläßt sie.
Evelyn allerdings fängt damit an, ihm unangemeldete Besuche abzustatten und ihn auf der Straße zu verfolgen. Um ihn dazu zu zwingen, sie bei sich zu behalten, inszeniert sie schließlich einen Selbstmordversuch in ihrem Badezimmer. Sie will nicht wahrhaben, daß Garland nicht in sie verliebt ist und weist sich durch ihr zunehmend bizarres Verhalten schließlich als Wahnsinnige aus. Unterdessen versucht Garland, seine Beziehung zu der wieder heimgekehrten Tobie erneut aufleben zu lassen. Evelyn beobachtet ihre Aussöhnung, verwüstet Garlands Wohnung und sticht dabei auf die Putzfrau ein, die ihr in die Quere kommt. Die Frau überlebt, doch Evelyn wird verhaftet und in eine Anstalt eingewiesen.
Ohne ihren Einfluß verbessert sich das Verhältnis zwischen Garland und Tobie zusehends, auch wenn Tobie erst dann bereit ist, mit ihm endgültig zusammenzuleben, wenn er sie davon überzeugt, daß er sich die Hörner abgestoßen hat. Begierig, ihr das zu beweisen, zieht er bei ihr ein und findet sich notgedrungen mit Tobies Untermietern ab: das Haus ist für einen allein zu teuer, und verkaufen will es Tobie nicht, weil sie es geerbt hat.
Eines Nachts wünscht sich Garlands Sendung wieder jemand »Misty«. Es ist Evelyn, die ihm versichert, daß sie nun geheilt und auf dem Wege sei, in Hawaii ein neues Leben anzufangen. Außerdem macht sie eine rätselhafte Anspielung auf ein Gedicht von Edgar Allan Poe, das Garland vor wenigen Minuten vorgelesen hat.
In derselben Nacht, er liegt bereits allein im Bett, wacht er auf, als aus seinem Plattenspieler plötzlich »Misty« ertönt. Mit einem langen Messer in der Hand beugt sich Evelyn gerade über ihn. In letzter Sekunde wirft er sich zur Seite, das Messer bohrt sich in sein Kopfkissen. Als er sich aufrappelt, ist sie verschwunden.

›Play Misty for Me‹ (Sadistico – Wunschkonzert für einen Toten) – Mit Donna Mills

Von Sergeant McCallum (John Larch), dem für Evelyns Fall zuständigen Polizisten, erfährt er, daß sie vor zwei Tagen auf Kaution entlassen wurde. McCallum entschließt sich, bei Garlands nächster Sendung mitzumachen, falls Evelyn noch mal anrufen sollte. Tatsächlich meldet sie sich wieder, zitiert noch einmal das Poe-Gedicht und droht, Tobie umzubringen.
Außerstande, das Studio zu verlassen, schickt Garland McCallum in Tobies Haus. Einige Minuten später wird Garland endlich der Sinn der Poe-Anspielungen klar. Das Gedicht heißt »Annabel Lee«, wie Tobies neue, eben eingezogene Untermieterin.
In Tobies Haus hat Evelyn unterdessen ihre wahre Identität enthüllt, Tobie gefesselt und McCallum mit einer Schere erstochen. Garland legt die Aufzeichnung einer alten Sendung ein und eilt

aus dem Studio. Im Haus greift ihn Evelyn mit einem Metzgermesser an. Garland bleibt nichts anderes übrig, als sich mit bloßen Fäusten seiner Haut zu wehren. Schließlich verpaßt er ihr einen Kinnhaken, der sie durch das Verandafenster schleudert. Evelyn stürzt über den Balkon auf die Felsen am Fuße des Kliffs. Während sich Garland und Tobie umarmen, wünscht sich Evelyn in der aufgezeichneten Radiosendung gerade ein weiteres Mal den Song »Misty«.

Interessanterweise arbeitet der Film einige Schlüsselaspekte von *The Beguiled* – sexuelle und romantische Obsession, die Vorherrschaft des Mannes in sexuellen Beziehungen, die weibliche Unabhängigkeit – auf Eastwoods erfolgreiches Image um. Dave Garland genießt vielleicht nicht die absolute, völlig anarchistische Freiheit und Unverletzlichkeit des Mannes ohne Namen, ist aber doch eine kleine Berühmtheit, dessen Sendung ihm zu einem Sex-Appeal verhilft, den er auch in seinem Privatleben rücksichtslos auszunützen weiß. Dem Mann ohne Namen gleich, ist auch er eine Gestalt, die sowohl Kritik wie Bewunderung evoziert, ein selbstsicherer Frauenheld, der sich ebensowenig um die Gefühle seiner Freundinnen schert wie Hilfssheriff Coogan um die Gesetze von New York. Wie Coogan geht er dabei nach einem persönlichen Ehrenkodex vor (wie er Evelyn erklärt, als sie unerwartet bei ihm vorbeikommt: »Ich meine, es gibt ein Telefon. Damit ruf' ich dich an. Du meldest Dich und ich sage: Hey, was machst Du?«), einem sehr egoistischen allerdings, mit dem er eine Frau in eine psychotische Obsession treibt und eine andere, die ihm eine tiefere, lohnendere Beziehung bieten könnte, abstößt.

Persönlich konnte Eastwood Garlands Dilemma durchaus nachfühlen. In einem Playboy-Interview gestand er, daß er mit 21 eine ähnliche Beziehung durchgemacht hätte. »Abgesehen von seinen Psychothriller- und Horror-Elementen«, erzählte er einem anderen Interviewer, »enthielt (*Play Misty for Me*) auch einen kleinen Kommentar über zwischenmenschliche Beziehungen und falsch eingeschätzte Bindungen.«

Aufgelöst wird dieses Dilemma aber erst in der letzten Szene des Films und auch dann nur sehr gezwungen. In sexueller und romantischer Hinsicht mag Garland erkennen, daß Tobie Williams die richtige Gefährtin für ihn ist. In dramaturgischer Hinsicht ist jedoch Evelyn die Frau, an die man sich erinnert. Ihre Energie beruht zwar auf Obsession und psychotischer Abhängigkeit, kommt

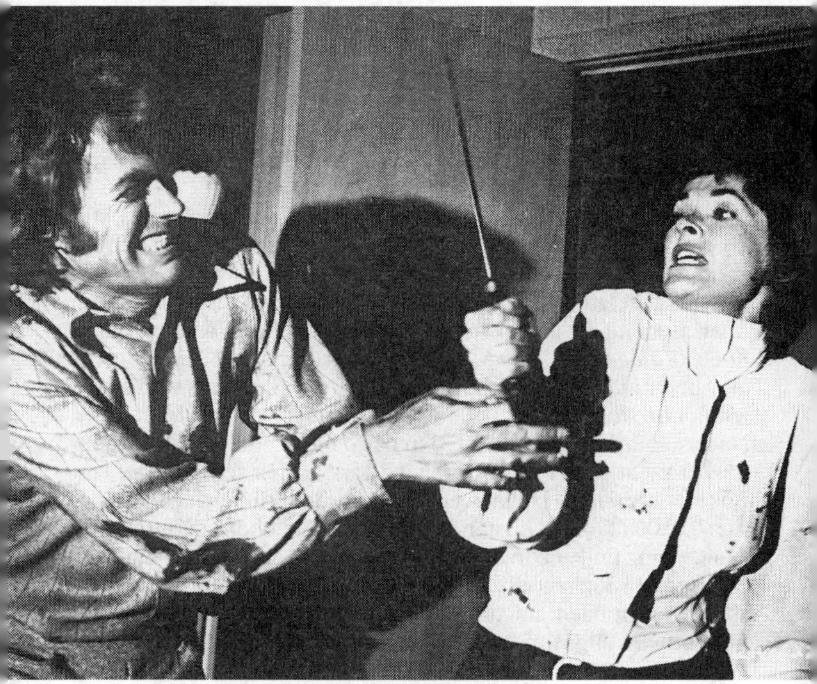

Zerstörung des Unerreichbaren – Dave Garland erwehrt sich der Angriffe der enttäuschten Evelyn (Jessica Walter)

der Garlands aber doch gleich – etwas, worauf Evelyn anspielt, als sie einem von Tobie gemalten Portrait Garlands ankreidet, daß es nicht genug Leidenschaft in seinen Augen zeige.
Darüberhinaus ist Evelyn auch die intelligentere der beiden Frauen: »Bist du dumm«, wirft sie Tobie vor, als diese endlich die wahre Identität ihrer neuen Untermieterin erkennt.
Im Verhältnis dazu erscheint Tobie fast ein wenig fade. Ihr einziger Versuch, Garland aus ihrem Leben zu verdrängen, besteht darin, in die einige Meilen strandaufwärts gelegenen Wohnung ihres Chefs zu ziehen. Und Garlands romantische Zwischenspiele mit ihr gehören zu den schwächsten und am wenigsten überzeugenden Szenen des Films, sind sie doch in der Regel von überflüssigen Schnitten und Schwenks auf das beeindruckende Panorama der Küste von Monterey beherrscht.

Ein Teil des Problems liegt im Drehbuch – Tobie ist wenig mehr als eine attraktive Chiffre – und dem überragenden Spiel von Jessica Walter als Evelyn, das dem Film seine eigentliche Wirkung gab und von Eastwood selbst auch in den höchsten Tönen gelobt wurde. Gelegenheit zu einer glaubhaften und befriedigenden Ausweitung des Eastwood-Images in sexuell-romantischer Hinsicht bot das Ganze allerdings nicht.
Nichtsdestotrotz blieb *Play Misty for Me* ein ausgezeichnetes, stilvolles Debüt mit sehr viel Sinn für Atmosphäre und beeindrukkend inszenierten Gewaltszenen. Zu Eastwoods gelinder Überraschung zeigten sich auch die Kritiker wohlgesonnen: »Ein überraschend gut geglücktes Regiedebüt«, schrieb Andrew Sarris in der *Village Voice.* »*Psycho* und *Ekel* hat er sich offenbar mehr als nur einmal angesehen«, bemerkte *Time*, »doch das sind exzellente Vorbilder und er hat seine Lektion sehr gut gelernt.«
Nach seinen eigenen Maßstäben hatte Eastwood sein Ziel jedenfalls erreicht. Der Film wurde vier Tage früher fertig als geplant und kostete 50.000 Dollar weniger als die ursprünglich vorgesehenen 950.000 Dollar. Zustandegebracht hatte er das dadurch, daß er sich ganz und gar an Siegel orientierte, soviel vorausplante wie nur irgend möglich, die Rollen vor Drehbeginn mit den Schauspielern gründlich einstudierte und dann nicht mehr drehte als unbedingt nötig, um anschließend im Schneideraum Zeit und Geld zu sparen.
Auch seine Taktik, jedes Mitglied des absichtlich sehr klein gehaltenen Stabs zu involvieren, zahlte sich aus: »Wenn man erklärt, welche Wirkung man erzielen will, anstatt einfach nur zu sagen »Stellt den Schrank dahin« oder »Stellt die Lampe da drüben hin«, bezieht man die Leute mit ein«, erklärte er später. »Zuerst hatte ich noch den starken Verdacht, daß sie alle darauf warteten, daß ich mich jetzt als großer Regisseur aufspielen würde. Das ging genau einen Tag lang so. Am nächsten Morgen arbeiteten wir dann alle in völligem Einklang.«
Seine Schauspieler pflichteten ihm da bei. »Er ist nicht so unsicher wie andere Regisseure, die einem etwas aufzwingen, weil sie selbst nervös sind«, sagte Jessica Walter. »Er gab mir das Gefühl, daß ich es alleine schaffen konnte, alles. Er überließ die Rolle ganz mir. Er vertraut den Menschen.«
Auch sein Vertrauen in die Zuschauer erwies sich als gerechtfertigt. *Play Misty for Me* war ein solider Erfolg und spielte über 5 Millionen Dollar ein.

1972: Mit Maggie und seinem Sohn Kyle am Strand

7. Magnum Opus

*Dirty Harry * Magnum Force * The Enforcer*

Nach Abschluß des Rohschnitts von *Play Misty for Me* flogen Clint und Maggie für die Premiere von *The Beguiled* nach Italien. Eastwood hatte Italien immer als sein Glücksland bezeichnet, und dieser Besuch unterstrich das nur zu deutlich. Vor kurzem hatte man ihn dort zum beliebtesten internationalen Star gewählt und seine Ankunft sorgte denn auch für eine regelrechte Hysterie. Die Italiener hatten ihn immerhin als erste entdeckt und der Star wiederum hatte dem italienischen Unterhaltungskino zu noch nie dagewesenem internationalem Ansehen verholfen.
Nach der Premiere von *The Beguiled* im Mailänder Cinema Misure – wo der Film jenes Lob erntete, das man ihm in Amerika fast völlig verweigert hatte – drängten sich die Fans um Eastwoods Wagen und riefen immer wieder *niente funghi* – keine Pilze, eine witzige Anspielung auf McBurneys Dahinscheiden. In der Mailänder Universität hielt man ihm zu Ehren eine Gala ab, bei der sich Eastwood mit den Studenten unterhielt und daneben auch ein bronzenes Medaillon für seine künstlerischen Verdienste um die italienische Filmindustrie entgegennahm. Bescheiden erkannte er in seiner Dankesrede an, wieviel er doch Sergio Leone und seinen Landsmännern schuldete. Obwohl ihm das alles zwar auch Spaß machte, ging eine solcher Rummel Eastwood doch gegen den Strich, und so fühlte er sich bei seiner Abreise dann ziemlich erleichtert.
In den Staaten gewährte man ihm da mehr Privatleben – allerdings auch weniger Anerkennung, wie das Cover des Life-Magazins am 23. Juli 1971 bewies: »Der beliebteste Filmstar der Welt heißt – im Ernst – Clint Eastwood« lautete die Schlagzeile. Das »im Ernst« sagte alles. Noch immer betrachteten die Medien Eastwood als Außenseiter, als genuin »populären« Star, der sein Publikum direkt und ohne Umwege ansprach. Auch heute noch verkauft sich ein Eastwood-Film weniger durch sorgfältig ausgeklügelte Werbekampagnen als durch die Mundpropaganda. Wie John Wayne, der Eastwood in der Liste der erfolgreichsten US-Schauspieler 1971 auf den zweiten Platz verdrängte, wies Eastwood ein so starkes Image auf, daß die Fans keinen Unter-

schied zwischen dem Mann und seinen Rollen machten. Als man ihn einmal dazu aufforderte, einen »Clint Eastwood-Film« zu definieren, lautete seine Antwort: »Jeder, in dem ich mitspiele«. Das Ganze war als kleine Spitze gegen die Kritiker gedacht, doch seine Fans hätten ihn zweifellos beim Wort genommen.

Die Kritik kann mit Eastwood in der Regel wenig anfangen. Eine mythische Figur zu analysieren ist sehr viel schwerer als eine vielleicht einmalige Einzelleistung zu sezieren: Selbst John Wayne, seit vierzig Jahren ein Star, mußte sich eine Augenklappe und ein betontes »Spiel« zulegen, um für *True Grit* (Der Marshal) einen Oscar zu gewinnen. Man muß es Eastwood hoch anrechnen, daß er ungleich größere künstlerische Risiken eingegangen ist, als dies der »Duke« je wagte. Dennoch zeigen alle seine Auftritte dieselbe Leichtigkeit, dieselbe scheinbare Mühelosigkeit. In einer Vielzahl von Rollen zeigte sich Eastwood als sehr kompetenter, aber nicht wirklich großer Schauspieler: Zu begrenzt ist seine stimmliche Bandbreite, zu betont seine physische Präsenz, um das Chamäleonhafte eines Alec Guinness oder Laurence Olivier annehmen zu können. Was ihm mit dem kühlen, unabhängigen, ausgesprochen ichbezogenen Mann ohne Namen allerdings gelang, war, eine Figur zu erschaffen, die in den Seelen und Wünschen der Kinogänger auf der ganzen Welt einen Resonanzboden fand. Trotz des Realismus der ihn umgebenden Gewalt, trotz der Wirklichkeit der Welt, durch die er sich bewegt, bleibt er im Grunde doch eine Phantasiegestalt, die Verkörperung unmöglicher Träume. Eastwood selbst ist sich dessen nur zu bewußt: »Ein junger Kerl sitzt im Publikum. Er ist 25, hat eine Heidenangst vor seiner Zukunft und hätte gerne etwas von jener Unabhängigkeit, die er da auf der Leinwand sieht. Aber so läuft das natürlich nicht. Der Mensch sieht sich immer gern als Einzelperson, aber in Wirklichkeit ist er doch ein Herdentier.«

Seit seinen Spaghetti-Tagen war Eastwood nun in insgesamt neun Filmen aufgetreten. So erfolgreich diese Produktionen aber auch sein mochten, präsentierte doch keine von ihnen sein Image mit einer ähnlichen Wucht wie die Leone-Trilogie. Noch immer war er eine Art ausländischer Star, geschmiedet auf italienischem Eisen und deshalb von den einheimischen Kritikern noch immer mit leichtem Mißtrauen betrachtet. Als Amerikaner, als Figur von ausgeprägt nationalem Appeal, mußte sich der Mann ohne Namen erst noch beweisen. 1971 sollte das Jahr werden, in dem der Mann ohne Namen schließlich eingebürgert wurde – und auf

› Dirty Harry ‹ (Dirty Harry) – Der mythische Koloß am Werk

eine Art und Weise, die die Kritiker förmlich zum Aufhorchen zwang.

Das erste Mal begegnete *Dirty Harry* (Dirty Harry) Eastwood in Form eines Warner-Brothers-Skripts mit dem Titel *Dead Right*, verfaßt von dem Autorenehepaar Harry Julian Fink und R.M. Fink. Zunächst hatte Frank Sinatra die anstrengende Hauptrolle in dieser Geschichte um einen zwielichtigen Polizisten spielen

wollen, bevor ihn eine Handverletzung schließlich absagen ließ. Interessiert rief Eastwood Don Siegel an, der seinen Enthusiasmus sofort teilte.
Siegel war es gewesen, der den Mann ohne Namen als erster in eine moderne Umgebung gestellt, ihn als eine Art »Rückfall« in die Frontier-Zeit gezeichnet hatte, der in den einfachen Wüsten Arizonas durchaus noch funktionieren konnte, wenn auch etwas beengt. Für *Dirty Harry* entschied man sich jedoch, den Mann ohne Namen vollends in der Gegenwart anzusiedeln. Zwar lebte er immer noch im Westen (sogar so weit im Westen wie nur irgend möglich: an der Pazifik-Küste), doch an dieser *frontier* stand nun eine der modernsten Städte der Welt, San Francisco.
Wie schon seine übergroße Waffe, eine 44er Magnum andeutet, ist Eastwoods Inspektor Harry Callahan ein Mann, der sich die Devise des Mannes ohne Namen zu eigen gemacht hat: Töten oder Getötet-Werden. Da die moderne Welt trotz ihrer Brutalität und Widerwärtigkeit indes kaum die Schießfreudigkeit des Manns ohne Namen rechtfertigen würde, verschreibt sich Callahan moralischen Prinzipien, die sich, wie jene Coogans, von denen seiner Umgebung drastisch unterscheiden. Seine Art Gerechtigkeit ist einfach und in der Regel sehr direkt. »Wenn ein geiles Schwein hinter einen hilflosen Frau her ist und sie dann vergewaltigen will«, versichert er dem liberalen Bürgermeister von San Francisco, »schieß' ich sofort. Das ist meine Politik.«
Seinen Standpunkt rechtfertigt er dabei mit den Schwächen der Justiz – der Film bezieht sich ganz direkt auf zwei authentische Gerichtsurteile, Miranda und Escobedo, bei denen die Verbrecher freigesprochen werden mußten, weil die für ihre Verhaftung zuständigen Polizisten sie nicht über ihre Rechte informiert hatten – und der Monstrosität seiner verbrecherischen Gegenspieler.
Der monströseste von allen nennt sich Skorpion, benannt nach einem authentischen Killer namens Zodiac, der ganz San Francisco terrorisierte. Der Film fängt damit an, daß der auf einem Dach versteckte Skorpion (Andy Robinson) sein Gewehr auf eine junge Frau richtet, die auf dem Dach eines angrenzenden Haus in einem Swimmingpool badet. Er schießt und das Mädchen stirbt. Auf dem Dach, von dem der Heckenschütze aus geschossen hat, entdeckt Callahan, ein Inspektor bei der Mordkommission, einen Brief an den Bürgermeister, in dem der Verbrecher 100.000 Dollar fordert. »Wenn ich nichts von euch höre, wird

es mir als nächstes Vergnügen machen, einen katholischen Priester zu töten, oder einen Nigger«, lautet der letzte Satz.
Der Bürgermeister (John Vernon) und Callahans Vorgesetzter Leutnant Bressler (Harry Guardino) entschließen sich zum Abwarten. Callahan wiedersetzt sich dem entschieden und schlägt ein Treffen mit dem Erpresser vor. Wie ein solches Treffen vermutlich ausgehen würde, zeigt sich kurz darauf, als Callahan in einer Hamburgerbude zu Mittag ißt und ihm dabei ein vor der Bank gegenüber geparkter Wagen auffällt. Auf seine Bitte hin verständigt der Wirt die Polizei, daß gerade ein Bankraub im Gange sei. Noch bevor die Polizei eintrifft, bricht das Chaos aus. Als die Bankräuber zu ihrem Wagen rennen, versucht Callahan, sie zu verhaften. Sie eröffnen das Feuer und spicken sein Bein mit Schrotkugeln. Rasch macht Callahan mit seiner Magnum den Fluchtwagen und alle Räuber außer einem unschädlich. Am nächsten Morgen teilt man ihm einen neuen Partner zu, den Soziologiestudenten Chico Gonzales (Reni Santoni). Widerwillig fügt sich Callahan. Skorpion ist mittlerweile drauf und dran, einen schwarzen Homosexuellen zu erschießen, als er von einer Helikopterpatrouille entdeckt wird. Man fordert ihn auf, sich zu ergeben, doch er entwischt.
Am Abend kämmen Callahan und Gonzales den Bezirk durch. Als er einem Verdächtigen nachspioniert, beschuldigen einige Passanten Callahan als Spanner. Erst Gonzales gelingt es, ihn vor den aufgebrachten Männern zu retten. Später rettet Callahan einen Selbstmordkandidaten von einem hohen Dach, indem er ihn dazu bringt, ihn anzugreifen. Callahan antwortet mit einem Kinnhaken und bringt den Bewußtlosen in Sicherheit. Die Nacht endet mit der Nachricht, daß Skorpion erneut zugeschlagen und einen zehnjährigen Negerjungen erschossen habe.
In der folgenden Nacht bewachen Callahan und Gonzales eine Kirche, in der gerade eine Spätmesse abgehalten wird. Als Skorpion auf einem angrenzenden Dach auftaucht, beginnt ein Schußwechsel. Auf der Flucht erschießt der Killer einen Polizisten. Am nächsten Tag erhält der Bürgermeister einen Lösegeldforderung von 200.000 Dollar. Skorpion hat ein vierzehnjähriges Mädchen entführt und lebendig begraben. Die Luft reiche ihr bis drei Uhr morgens. Als Beweis legt er einen mit der Zange herausgerissenen Zahn bei.
Der Bürgermeister will zahlen und Callahan willigt ein, das Geld zu übergeben. Insgeheim entscheiden sich Gonzales und er je-

doch, über Funk in Verbindung zu bleiben. Skorpion hetzt Callahan von einer Telefonzelle zur nächsten, bis sie im Mount Davidson Park schließlich aufeinandertreffen. Der maskierte Skorpion schlägt Callahan zusammen und erzählt ihm mit sadistischem Vergnügen, daß er das Mädchen trotzdem umbringen werde. Er will Callahan gerade umbringen, als Gonzales eintrifft. Gonzales wird verwundet, doch Callahan rammt dem flüchtenden Skorpion ein Messer ins Bein.
Vom Arzt, der Skorpion behandelt hat, erfährt Callahan, daß der Killer im nahegelegenen Keazar-Stadion lebt. Callahan dringt ein, stellt Skorpion, schießt ihm ins Bein und tritt solange auf die Wunde, bis ihm der Killer verrät, wo er sein Opfer versteckt hat. Obwohl das Mädchen nur noch tot geborgen werden kann, wird Skorpion jedoch wegen Callahans illegalen Methoden wieder auf freien Fuß gesetzt. Callahan ist überzeugt davon, daß er bald wieder zuschlagen wird und fängt damit an, Skorpion in seiner Freizeit zu verfolgen. Im Gegenzug läßt sich der Killer von einem Neger zusammenschlagen und beschuldigt daraufhin Callahan.
Kurz darauf entführt Skorpion einen Schulbus und fordert 200.000 Dollar Lösegeld und ein Flugzeug. Ein eingeschüchterter Bürgermeister versichert ihm, daß er das Geld diesmal ohne alle Tricks bezahlen wird. Ein wütender Callahan weigert sich jedoch, sich als »Geldbriefträger« zur Verfügung zu stellen. Als sich der entführte Bus dem Flughafen nähert, springt Callahan von einer Brücke auf sein Dach. In einer Kiesgrube baut Skorpion schließlich einen Unfall. Callahan verfolgt ihn durch die nahegelegene Kiesfabrik. Es kommt zu einem Schußwechsel, der auf einem kleinen Steg am Rande einer überfluteten Ausschachtung sein Ende findet. Als letztes Mittel benützt Skorpion einen dort fischenden Jungen als Schild. Callahan schießt dem Killer in die Schulter. Der Junge entkommt.
Skorpion läßt seine Waffe fallen und Callahan gibt ihm eine Chance, sie wieder aufzuheben – ein Hasardspiel, ob der Detektiv alle sechs Kugeln in seiner Magnum verschossen hat. Als der Killer kichernd nach der Waffe greift, fegt ihn Callahans letzter Schuß ins Wasser. Der angeekelte Callahan betrachtet seine Leiche, nimmt seinen Polizeistern und wirft ihn dem Killer nach.
Dirty Harry lief im Dezember 1971 an und erwies sich sofort als unglaublicher Erfolg. Ende 1972 hatte er schließlich 16 Millionen Dollar eingespielt, was ihn zum fünfterfolgreichsten Film des Jahres und zum erfolgreichsten, aber auch kontroversesten, in

› Dirty Harry ‹

Eastwoods – und Siegels – ganzer bisheriger Karriere machte. Hatte Eastwood in *Coogan's Bluff*, seinem ersten Polizeifilm mit Siegel, sein Image noch dem Konzept des Regisseurs angepaßt, kehrte sich dieser Prozeß in *Dirty Harry* um. Die zugrundeliegenden Interessen von Star und Regisseur waren zwar immer noch dieselben, doch diesmal gehörte der Film ohne Frage Eastwood. Im Gegensatz zu Coogan ändert sich Harry Callahan durch seinen Kampf gegen Bürokratie und Verbrecher nicht im mindesten, im Gegenteil. Alle Ereignisse im Film bestätigen ihn nur in seiner Haltung, so sehr sogar, daß er am Ende sowohl die Polizei als auch die Gesellschaft, die sie repräsentiert, endgültig ablehnt. Callahan schreitet durch den Film, als wäre er ein mythischer Koloß: In seiner Mittagspause pustet er gleichgültig zwei bewaffnete Bankräuber um, verwundet einen dritten und demoliert ihren

Fluchtwagen, während er noch immer an seinem Hot Dog kaut; kurzentschlossen läßt er sich mit einem Kran aufs Dach eines sechs Stockwerke hohen Gebäudes heben und vereitelt einen Selbstmordversuch, während die gesamte Polizei und Feuerwehr der Stadt noch immer ziellos am Boden herumläuft; angetan mit schwarzem Anzug und dunkler Brille taucht er auf einer Brücke über dem entführten Bus auf, ein Racheengel im besten Sonntagsstaat, fast, als ginge er zu einem Begräbnis oder einer Hinrichtung. Und als er Skorpion in der weiten, flutlichtüberschütteten Leere des Keazar-Stadions foltert und die Schreie des Killers immer lauter gellen, zieht sich die Kamera in den nebligen Nachthimmel zurück, als gingen hier elementare, unmenschliche Kräfte an ein so schreckliches Werk, daß es nicht für die Augen gewöhnlicher Sterblicher bestimmt ist.

Ihren Ausdruck findet Callahans moralische Allgewalt in einem ebenso gerechten Schwert des Zorns – seiner Magnum, die in einem beinahe fetischistischen Glanz erstrahlt, der ihre phallische Bedeutung voll zur Geltung bringt: »Mann, ist das ein Puster«, säuselt Skorpion, als er ihn entwaffnet. So nimmt Callahans Waffe den Charakter einer Naturgewalt an, die nur mit einem Sühneopfer befriedigt werden kann. Als der letzte der Bankräuber verwundet auf dem Pflaster liegt, seine Hand nur wenige Zentimeter von der Schrotflinte entfernt, reizt ihn Callahan mit der Macht, die er entfesseln kann: »Tja, jetzt überlegst du, ob da sechs Schüsse raus sind oder nur fünf. Wenn ich ehrlich sein soll, ich hab' in der Aufregung selbst nicht mitgezählt. Weißt du, das ist ein 44er Magnum. Der Ballermann ist außerordentlich gefährlich. Ich brauch' bloß zu drücken, und er reißt dir den Arsch ab. Nun frag' dich doch mal, ob du ein Glückskind bist. Ist noch 'ne Kugel drin? Was denkst du, Bruder, hm?«*

Ein Dialog, der die Züge eines ganz persönlichen und sehr brutalen Kredos annimmt – besonders, als er gegen Ende des Films in der Konfrontation mit Skorpion noch einmal auftaucht: Im Gegensatz zum Bankräuber hält sich Skorpion tatsächlich für ein Glückskind und muß für die Folgen büßen.

Einer derart überwältigenden moralischen Gewalt gegenüber scheint das Gesetz nurmehr hoffnungslos unzulänglich. Als der

* Im Original: »Do you feel lucky, punk?«; ein Satz, der schnell zum Markenzeichen Harry Callahans wurde, in den deutschen Fassungen jedoch nie einheitlich übersetzt wurde. (A. d. Ü.)

Staatsanwalt Callahan zusammenstaucht, drückt sich darin die frustrierende Kompliziertheit moderner Moralvorstellungen aus: »Sie haben Glück, daß ich Sie nicht anklage wegen Überfall und Mordversuch. Wer gestattet Ihnen eigentlich, nachts Türen einzutreten, Leute zu jagen, zu schikanieren und sogar zu foltern, ihnen ärztliche Hilfe zu verweigern und den Anwalt? Wo leben Sie denn, Mann? Sagt Ihnen der Escobedo-Fall etwas? Oder Miranda? Wie wär's, wenn Sie erst mal Paragraphen pauken? Verdammt, Callahan, der Mann ist im Recht.« »Wenn Sie wüßten, wie ich meine Verbrechen bereue«, antwortet Callahan, »würden Sie mir verzeihen«. Weil Skorpions Grundrechte verletzt worden sind, sind Callahans Beweise unzulässig: Das Gesetz kann Scorpio nicht antasten. »Gesetz?«, erklärt der Detektiv. »Ich finde so ein Gesetz Scheiße.«
Ein Richter, der sich bequemerweise im selben Raum aufhält, versucht Callahan die Rechtslage zu erläutern. Daraufhin tritt Callahan für die Rechte des Opfers ein. »Sie wird gequält, vergewaltigt und getötet. Und wer spricht für sie?« Der Staatsanwalt behauptet, daß seine Behörde dafür zuständig sei – eine Arbeit, in der sie offenkundig nicht sehr gut ist – und unterstützt dann sogar in gewisser Hinsicht Callahans Argumente: »Ich habe eine Frau und drei Kinder. Ich sehe ihn ebenso ungern draußen rumlaufen wie Sie.«
Die hier vertretenen Ansichten führten zu einem regelrechten Proteststurm. Viele Kritiker betrachteten den Film als Aufforderung zur Selbstjustiz und Rechtfertigung jener *law-and-order*-Verfechter, die Richard Nixon nach den gewalttätigen Anti-Vietnam-Aufständen 1972 erneut ins Amt gewählt hatten. Für Pauline Kael, die engagierteste unter diesen Kritikern, war er der »Wunschtraum eines Rechtsradikalen . . . Natürlich ist *Dirty Harry* nur ein Genre-Film, aber gerade dieses Genre hatte stets faschistoide Untertöne, die nun endlich ans Tageslicht gekommen sind. Würden Verbrechen nur von superbösen Drachen verursacht, gäbe es keinen Fall Miranda, keinen Fall Escobedo, und wir hätten alle eine Lizenz zum Töten wie Dirty Harry. Da das Verbrechen jedoch von Entbehrungen, Not, der Psychopathologie und sozialer Ungerechtigkeit verursacht wird, ist *Dirty Harry* ein zutiefst amoralischer Film.«
Eastwood leugnete die Anschuldigung: »Das Ganze ist nur die Geschichte eines frustrierten Polizisten in einem frustrierenden Moment eines ganz speziellen Falles . . . Viele der damals anlau-

fenden Filme waren gegen die Polizei. Da ging es um korrupte Bullen und so, Sie wissen schon. Und nun kam ein Film, der die Frustrationen dieser Arbeit zeigte, sich gleichzeitig aber auch weigerte, die Arbeit der Polizei zu verherrlichen ... Es gibt natürlich einen Grund für die Rechte des Angeklagten, und ich halte sie auch für sehr wichtig und für einen der Gründe, warum unser System so gut ist. Aber es gibt eben auch die Rechte des Opfers. Die meisten Leute, die über die Rechte des Angeklagten reden, sind noch nie selbst zum Opfer eines Verbrechens geworden; die meisten sind vermutlich noch nicht einmal in einer dunklen Straße angemacht worden. Das Symbol der Justiz ist die Waage, und doch ist diese Waage nie im Gleichgewicht. Mal neigt sie sich zur linken, dann wieder schwingt sie sehr weit auf die rechte Seite.«
Diese scheinbare Verteidigung des Films sorgte nur für noch mehr Zündstoff, obwohl Eastwood sich selbst als politisch Gemäßigten bezeichnete. So entdeckte Pauline Kael ausgesprochen antiliberale Tendenzen im Film. Skorpion hat lange Haare, wirkt wie eine Art Hippie und trägt auch einen auffallenden Peace-Button. Der Richter, der Callahan im Büro des Staatsanwalts die Rechtslage erklärt, liest zufällig auch in Berkeley, damals ein Zentrum der radikalen Studenten. Und als Skorpion nach seinen Rechten schreit, während Callahan ihn foltert, »lachten die Puertoricaner im Publikum nur höhnisch – genau wie beabsichtigt.«
Gar so einfach liegen die Dinge aber auch nicht. Callahan mag die spießige Provinzmoral repräsentieren (»Harry haßt alles auf der Welt. Das Leben, den Tod, Ausländer, Neger, Schwule, Kellnerinnen, Verbrecher und sich selbst«, vertraut ein Kollege seinem neuen mexikanischen Partner an), doch Skorpion wählt sich seine Opfer aus genau demselben Katalog der Vorurteile: Schwarze, Homosexuelle und Frauen, sie alle behandelt er mit derselben Verachtung. Sein Haarschnitt und sein Lebensstil, bzw. das wenige, das man davon sieht, weisen ihn als Studenten aus, doch die Art, wie er seine Schuhe zubindet, erinnert an das Militär, und auch seine Kenntnisse in Punkto Schußwaffen sind durchaus beachtlich.
Wie Coogan und Ringerman sind Callahan und Skorpion einander gleichgesetzt. Beide sind Einzelgänger ohne Privatleben außerhalb der Geschichte – Callahan, so erfährt man, war einmal verheiratet, doch seine Frau wurde von einem Betrunkenen überfahren; beide verfolgen ihre Ziele mit derselben Rücksichtslosigkeit und scheinbar ohne das geringste Motiv. Callahans

Hetzjagd auf ein Spiegelbild – Clint Eastwood und Andy Robinson in › Dirty Harry ‹

kaum unterdrückter Abscheu und Haß auf die Verbrecher scheint in diesem Punkt etwas glaubwürdiger als Skorpions Mordlust. Eine genau umrissene Sache aber, für die sie kämpfen könnten, haben beide nicht.

Als Callahan Skorpion nach seiner Freilassung verfolgt, verbringt

der Killer seine Freizeit in eben jenen Striptease-Bars im Rotlichtdistrikt von San Francisco, die Callahan angeblich nicht ausstehen kann – »Sehen Sie sich das an: Man sollte sie prügeln, diese miesen Typen«, meint er zu seinem neuen Partner während ihrer ersten Streife. Bei der Verfolgung eines Verdächtigen aber hält eine nackte Frau am Fenster Callahan so lange auf, daß man ihn als Spanner beschuldigt. Und als Skorpion die Kirche kurz und klein schießt, verpaßt er die Ankunft des Killers auf dem Dach gegenüber, weil ihn ein lesbisches Abenteuer in der Wohnung darunter sehr viel mehr interessiert.
Man kann Callahan und Skorpion durchaus als Spiegelbilder betrachten: sie brauchen einander, um die Extreme zu rechtfertigen, die sie repräsentieren. Beide sind im Prinzip nicht vertretbar, und in der Szene, in der Callahan schließlich seinen Stern wegwirft (wogegen Eastwood ursprünglich protestierte), erkennt Siegel das auch an.
Siegels Rechtfertigung für seine scheinbar willkürlichen Angriffe auf liberale wie antiliberale Ansichten besteht darin, daß er beide unterminiert, daß er zeigt, daß zwischen den Worten und Taten eines Menschen häufig eine Kluft liegt. »Mir kommt es so vor«, kommentierte er Skorpions Peace-Button, »als ob er uns daran erinnert, daß, egal wie gemein ein Mensch auch sein mag, er doch nicht in der Lage ist, im Spiegel die Wahrheit über sich selbst zu erkennen.«
Skorpion trägt einen Peace-Button und tötet dennoch gnadenlos. San Franciscos Gerichte bemühen sich angeblich um Gerechtigkeit für alle und doch hätte solche Prinzipientreue bedeutet, das Leben der entführten Vierzehnjährigen wegzuwerfen. Heroisch rettet Harry Callahan die Stadt vor ein paar verzweifelten Bankräubern, genießt die dabei angewendete Macht jedoch mit einer Wonne, die an Skorpions Sadismus grenzt – als der verwundete Räuber Callahans Angebot, nach seiner Schrotflinte zu greifen, abgelehnt hat und nun wissen will, ob der Inspektor tatsächlich noch eine sechste Kugel in seiner Magnum hat, richtet Callahan die leere Waffe grinsend auf ihn und drückt ab.
Und trotzdem bleibt in rein dramaturgischer Hinsicht am Ende Skorpion der Schurke und Callahan trotz all seiner Fehler der Held, der ihn schnell und wirksam ausschaltet. »Es ist im Grunde eine sehr einfache Story«, erläuterte Siegel. So einfach die Story im Grunde aber auch sein mochte, traf sie als Ganzes doch den empfindlichsten Nerv Amerikas und operierte rücksichtslos an

ihm herum. Die Verfechter des *law-and-order* sahen Callahans Methoden als Argument für eine drastischere Verbrechensverhütung. Den Liberalen bestätigte er ihre schlimmsten Ängste vor dem Polizeistaat. Eastwoods Fans erlebten einen beinahe unverfälschten Mann ohne Namen in Straßen, die sie nur zu gut kannten. Und jene Zuschauer, die zuvor noch nie von Eastwood gehört oder ihn ganz einfach nicht ernst genommen hatten, stellten sich an den Kinos an, um herauszufinden, was es mit dem ganzen Wirbel auf sich hatte.

Bis auf die Bankraubszenen wurde der Film vor Ort gedreht, und Eastwood genoß es, in den Straßen seiner Heimatstadt zu arbeiten. Als Siegel an Influenza erkrankte, übernahm er die Selbstmordsequenz selber und drehte sie – darauf war er mit Recht sehr stolz – in einer Nacht herunter, obwohl ihm laut Drehplan

›Dirty Harry‹ – Wie so oft bestand Eastwood auch diesmal darauf, seine Stunts selbst zu spielen

ganze sechs Tage zur Verfügung gestanden hätten. Darüberhinaus bestand er auch darauf, seine Stunts, darunter den Sprung von der Brücke auf den entführten Bus, selbst zu spielen, was die ohnehin bereits enorme Wirkung des Films noch erhöhte.
Obwohl Don Siegel darauf bestanden hatte, daß Harry Callahan am Ende aus dem Polizei von San Francisco ausschied, verlangte allein schon der gesunde Geschäftssinn eine Fortsetzung des Films. Malpaso sollte Harry Callahan insgesamt noch dreimal wiederaufleben lassen und dabei immer größere Profite machen. Siegel würde jedoch keine dieser Fortsetzungen inszenieren und es sollte acht Jahre dauern, bis er mit Eastwood wieder an einem Projekt arbeitete, das jedoch mit *Dirty Harry* kaum etwas gemein hatte.
Persönliche Gründe spielten dabei keine Rolle; beide Männer blieben weiter miteinander befreundet. Siegel hatte den Star lediglich so weit entwickelt, wie es im Moment überhaupt nur ging, und sein Image dabei mindestens ebenso radikal umgestaltet wie vor sieben Jahren Sergio Leone. Eastwood wiederum hatte alles aufgesogen, was ihm Siegel als Regisseur beibringen konnte – wie er kurz darauf in seinem 1972 veröffentlichten zweiten Film *High Plains Drifter* (Ein Fremder ohne Namen) beweisen sollte.
Aus Gründen der Klarheit scheint es jedoch angebracht, die dazwischen liegenden Jahre zu überspringen und zunächst die weitere Entwicklung von Eastwoods neuem Image zu verfolgen.
In der Snack-Bar eines Ex-Kollegen auf dem Flughafen von San Francisco macht ein ungehaltener Harry Callahan, wegen seiner kontroversen Methoden vor kurzem in die Fahndungsabteilung strafversetzt, gerade eine kleine Pause. Während er seinen Hamburger hinunterschlingt, kommt über die Lautsprecher der Code für einen Notfall. Callahan erfährt, daß zwei Luftpiraten ein Flugzeug auf dem Rollfeld in ihre Gewalt gebracht haben und nun eine Viertelmillion und einen Überseepiloten verlangen. Das Geld liegt bereit und die Beamten warten nur noch auf das FBI. »Darf ich Ihnen 'n Vorschlag machen?«, bietet Harry an.
Wenige Sekunden später geht er über das Rollfeld auf die Maschine zu – in Pilotenuniform und mit einer kleinen Tasche mit Kartenmaterial. An Bord des gekaperten Flugzeugs durchsuchen ihn die Luftpiraten und stoßen ihn in den Pilotensessel. Unter den entsetzten Augen der Crew stellt sich einer der Verbrecher hinter Callahan, preßt ihm einen Revolver ins Genick und befiehlt den Start.

›Magnum Force‹ (Callahan)

Auf Callahans Befehl hin setzt der Co-Pilot die Maschine in Bewegung. Als das Flugzeug die Landebahn hinunterrollt, übergibt er die Kontrolle an den Inspektor. Zur wachsenden Verblüffung der Crew fährt Callahan eine Weile lang auf dem Rollfeld herum. Schließlich kann sich der Co-Pilot nicht mehr zurückhalten. »Entschuldigen Sie bitte, Captain«, fragt er etwas unsicher, »es klingt vielleicht ein bißchen lächerlich, aber können Sie fliegen?« Callahans Antwort ist ein breites Grinsen. »Nein«, meint er, »ich hatte nie 'ne Flugstunde.«
In dem sich anschließenden, verblüfften Schweigen tritt er voll auf die Bremse und bringt den Luftpiraten damit aus dem Gleichgewicht. Callahan schnappt sich seine Pistole, schlägt ihn bewußtlos und stürzt ins Passagierabteil, wo sich der zweite Verbrecher gerade wieder aufrappelt. Als er Callahans Revolver sieht, flüch-

tet er auf die Toilette. Der Inspektor brüllt den Passagieren zu, untenzubleiben und schießt durch die Toilettenwand. Der Luftpirat taumelt heraus, tot. Die Entführung ist vorbei.

Magnum Force (Calahan), 1973 uraufgeführt, zeigte einen nicht minder heroischen Harry Callahan, der mit Luftpiraten – die damals die Schlagzeilen beherrschten – ebenso gründlich abrechnete, wie er es in Dirty Harry mit den Bankräubern getan hatte. Die Weltanschauung des Siegel-Originals freilich postulierte der von Ted Post inszenierte Film nicht. *Magnum Force* ist ein sehr viel intimerer Film, wie sich vor allem an der dichteren Kameraführung, den häufigen Nahaufnahmen und der relativen Vermenschlichung Harry Callahans zeigt. Die Luftpiraten-Episode erlaubt ihm sogar, den sardonischen Humor des Manns ohne Namen unter Beweis zu stellen, der sich in Siegels Film auf einen abwehrenden Seitenhieb gegen den überliberalen Bürgermeister beschränkte. (»Wenn ein nackter Mann eine schreiende Frau durch die Straßen jagt, Messer in der linken, Penis in der rechten, glaube ich nicht, daß er sie in den Schlaf singen will.«)

Überdies hat er jetzt eine Wohnung (ein bezeichnend tristes, reizloses Appartement, wo er sich in der Regel nicht einmal darum schert, das Licht anzuschalten), Freunde (Polizisten oder Ex-Polizisten mit ihren Frauen und Kindern) und ein gewisses, von seiner Arbeit unabhängiges, soziales Ansehen, auch wenn sich das nur darauf gründet, daß er für gewöhnlich als Sieger aus den regelmäßig zu Gunsten eines Wohltätigkeitsfonds abgehaltenen Schießwettbewerben hervorgeht.

Sogar eine Freundin hat er nun, obwohl dabei zunächst das Mädchen, das im selben Haus wie er lebt, die Initiative ergreifen muß, auf daß er sein unverwundbares Image nicht zu ramponieren braucht. »Was muß ein Mädchen tun, um mit Ihnen ins Bett gehen zu können?«, will sie wissen. »Versuchen Sie's mal mit An-die-Tür-Klopfen«, rät ihr Callahan.

Als sich ihm jedoch die Gattin eines befreundeten Kollegen, eine reife, ihrem Mann entfremdete Frau mit Familie, in die Arme wirft und eine Beziehung anbietet, die sehr viel mehr Intimität und ein größeres Maß an Hingabe erfordern würde als reiner Sex, rettet den plötzlich recht steifen Callahan nur ein zufälliger Telefonanruf, der ihn wieder ins Büro zurückbeordert.

Der wichtigste Wandel in Callahans Image ist jedoch der, daß aus dem Mann, der bislang alle Gesetze übertrat, die nicht seinem eigenen Sinn für Gerechtigkeit entsprachen, nun plötzlich ein Verfechter ebendieser Gesetze wird. Als offenkundige Erwiderung auf die *Dirty Harry*-Kritiker sind die Schurken diesmal keine gewöhnlichen Verbrecher, sondern Polizisten: eine kleine Elitetruppe, die all jene Verbrecher hinrichtet, die das Gesetz auf legalem Weg nicht fassen kann.

Der Film beginnt mit einer faktischen Reprise des Skorpion-Falls: Carmine Ricca, ein korrupter Gewerkschaftsboß wird aus der Haft entlassen, nachdem eine Mordanklage gegen ihn fallengelassen wurde. In seiner Wohnung sieht ein anonymer Polizist im Fernsehen zu, wie aufgebrachte Demonstranten Riccas Wagen einkreisen. Der Polizist legt seine Uniform an und verläßt das Haus. Kurz danach winkt eine Motorradstreife Riccas Wagen an die Seite, weil der Fahrer angeblich ein Verkehrsdelikt begangen habe. Als Ricca und seine Untergebenen den Polizisten auf den Arm nehmen wollen, zieht er seine Pistole und erschießt sie.

Mit Regisseur Ted Post bei den Dreharbeiten zu ›Magnum Force‹

Weitere Morde schließen sich an: ein Massaker am Pool eines Gangsters, ein Zuhälter, der einen seiner Hasen mit Abflußreiniger umgebracht hat. Callahan wird wieder in die Mordabteilung versetzt und unter das Kommando von Leutnant Briggs (Hal Holbrook) gestellt, der vorgibt, Callahans brutale Methoden nicht ausstehen zu können. Zunächst verdächtigt Callahan einen befreundeten Kollegen, Charlie McCoy (Mitchell Ryan), der Morde; Charlie steht am Rande eines Nervenzusammenbruchs und ist wegen der Gesetzesbeschränkungen verbittert – »Ein Gangster kann einen von uns umlegen«, beschwert er sich, »aber ein Bulle einen Gangster?«. Als er nach einem weiteren Gemetzel einem von ihnen auf der Flucht begegnet, wird McCoy indes selbst ein Opfer der Vigilanten.
Inzwischen hat Callahan vier junge Verkehrspolizisten kennengelernt, Vietnam-Veteranen und echte Meisterschützen, die zusammenhalten wie Pech und Schwefel. Langsam fängt er an, sie zu verdächtigen, obwohl Briggs darauf besteht, daß ein Bandenkrieg hinter allem steckt. Als der Anführer der Gruppe, Davis (David Soul), ihn in einem Schießwettbewerb besiegt, nützt Callahan die Gelegenheit, um eine Kugel aus Davis' Revolver zu untersuchen und entdeckt dabei, daß sie aus derselben Waffe stammt, mit der auch McCoy erschossen wurde.
Später tritt die Gruppe auf ihn zu und übernimmt tatsächlich die Verantwortung. »Wir befreien unsere Gesellschaft nur von Killern, die normalerweise längst verurteilt worden wären, wenn unsere Gerichte richtig arbeiten würde«, meint Davis. »Es geht jetzt nicht mehr um die Frage, ob unsere Handlungsweise legal ist. Wenn wir überleben wollen, müssen wir uns verteidigen. Gerade Sie müßten das verstehen.« Sie bieten ihm an, sich ihnen anzuschließen, doch Callahan schluckt den Köder nicht. »Sie haben mich falsch eingeschätzt, fürchte ich«, entgegnet er ihnen. Wenige Minuten später entdeckt er eine Bombe in seinem Briefkasten und entschärft sie mit aller Vorsicht. Sein farbiger Partner Early Smith (Felton Perry) ist weniger aufmerksam und wird in die Luft gejagt.
Callahan ruft Briggs an, der sofort vorbeikommt. Mit der Bombe als Beweis fahren sie ins Polizeihauptquartier. Unterwegs zieht Briggs einen Revolver und gibt sich als Anführer der Vigilanten zu erkennen. Seine Argumente klingen verdächtig nach denen Callahans. »Wir tun das gleiche, was die Vigilanten vor hundert Jahren getan haben, eine Art Volksjustiz. Die Geschichte hat ihr

Vorgehen gerechtfertigt. Jeder Mensch, der die Ruhe und die Sicherheit der Bürger bedroht, wird hingerichtet – Auge um Auge, Zahn um Zahn.« Callahan ist gezwungen, das Gegenargument der Liberalen anzuführen: »Ist doch unmöglich, daß die Polizei plötzlich selber zum Richter wird! Wo soll denn das enden, Briggs? Irgendwann fangen Sie an, Leute hinzurichten, die bei Rot über die Straße gehen, oder aus Versehen vor einer Einfahrt parken. Und dann ist es soweit, daß Sie Ihren Nachbarn hinrichten, nur weil sein Hund auf Ihren Rasen geschifft hat.« Briggs hält ihm vor, nach den Regeln eines nutzlosen Systems zu arbeiten. »Briggs«, antwortet er, »ich hasse dieses dumme System. Aber solange bis irgend jemand mit Veränderungen kommt, die vernünftig sind, halte ich mich daran.«

Mit einem ähnlichen Trick wie damals bei den Luftpiraten gelingt es ihm zwar, Briggs bewußtlos zu schlagen, doch inzwischen verfolgen ihn auch die drei Vigilanten auf ihren Motorrädern. Callahan drängt einen von der Straße ab und flüchtet sich zum Hafen. Nach einer Jagd durch das Innere eines ausgemusterten Flugzeugträgers ersticht Callahan den zweiten; der dritte stirbt bei einem spektakulären Motorradsprung vom Flugzeugträger auf die Mole – ein Sprung, den Callahan gerade eben noch so schafft – und stürzt ins Hafenbecken.

Unterdessen hat Briggs sein Bewußtsein und auch seine Waffe wiedererlangt. Der Tod seiner Partner kümmert ihn nicht: »Dafür gibt's genug Nachfolger, glauben Sie mir«, sagt er und verkündet daraufhin seine Absicht, Callahan unter Mordanklage zu stellen. »Und da steht mein Wort gegen Ihres. Wer wird Ihnen schon glauben? Sie sind ein Killer, Harry. Ein Verrückter.« Während ihrer Unterhaltung hat Callahan jedoch insgeheim die Briefkastenbombe wieder scharf gemacht. Als Briggs davonfährt, zerfetzt es seinen Wagen.

Wie in *Dirty Harry* sind Callahan und seine vier Gegenspieler einander gleichgesetzt, und das nicht nur, weil sie zufällig alle Polizisten sind. Die vier Vigilanten sehen so gut aus wie Callahan (Harrys Spitzname bezieht sich auf seine dreckigen Jobs, nicht sein Äußeres), schießen ebenso gut, sind nicht minder pflichtbewußt und verstrahlen durch ihre schwarzen Lederuniformen, ihre leuchtend weißen Helme und ihre dunklen Brillen auch denselben fetischistischen Glamour wie Callahan mit seiner Magnum. Wie die ähnlich gekleideten Motorradengel in Jean Cocteaus *Orphee* (Orpheus) verkörpern sie den Tod, stellen ähnliche

Racheengel wie Callahan dar. Sie alle verströmen den zwiespältigen Reiz schwarzuniformierter Nazis, insbesondere ihr blonder, blauäugiger, durch und durch arischer Anführer Davis. Die Zwiespältigkeit endet nicht bei der Moral.

Wie Callahan sind auch sie Einzelgänger, die ihre eigene Gesellschaft der anderer Menschen vorziehen, was auch prompt den Verdacht der Homosexualität erregt. In einer geschickten Umkehr ist es diesmal Callahan, der ihnen ihr Verhalten vergibt: »Wenn der Rest von Euch so gut schießen könnte wie die vier Burschen, dann könnte von mir aus die ganze Abteilung schwul sein.«

Ganz folgerichtig hegt er für sie zunächst eine gewisse Bewunderung: »Sie imponieren mir direkt, ehrlich gesagt«, gesteht er ihnen, obwohl er die Art und Weise, wie der Zuhälter seine Nutte mit Abflußreiniger umgebracht hat, mit genau demselben Satz würdigt.* Callahan selbst gerät nur unter nicht ganz ernst gemeinten Verdacht: »Vielleicht sogar Harry? Niemand haßt Verbrecher so wie er«, meint sein Partner. Und Callahans Bemerkung, daß gegen den Gebrauch der Waffe nichts zu sagen sei, »wenn die richtigen Leute getroffen werden«, ist ein Satz, den die Vigilanten vermutlich sofort unterschreiben würden.

Der Unterschied liegt darin, daß sie sich, wie die Bösen im Western, von hinten anschleichen und ihr Opfer abknallen, wenn es sich der Gefahr überhaupt nicht bewußt ist. Callahan dagegen erschießt die Übeltäter nur, wenn sie tatsächlich gerade im Begriff sind, ein Verbrechen zu begehen oder versuchen, sich mit Revolverkugeln ihrer Verhaftung zu widersetzen. Als entfesselte Verkörperung aufgestauter Entrüstung setzt er so die Gefühle der Zuschauer unmittelbar frei. Sein Sieg über die Vigilanten ist ein emotioneller und dramatischer, kein moralischer. Oder wie es Pauline Kael in ihrer erwartungsgemäß schlechten Kritik des Films ausdrückte: »Wenn Harry immer wieder betont, daß »ein Mann seine Grenzen kennen muß« ... bezieht sich dieser Kommentar nicht auf sich selbst, sondern auf das Unvermögen seiner Gegner, ihn als den Besseren anzuerkennen. Harry ist härter als der Elitekader, wie er auch härter als der verrückte Hippie-Killer war.« Als Callahan den letzten der Vigilanten in sein nasses Grab

* Im Original: »You sure show a sense of style.« In der Szene im Leichenhaus übersetzt die deutsche Fassung diesen Satz etwas treffender mit »Zeugt immerhin von gewissem Einfallsreichtum«. (A. d. Ü.)

Neue Spiegelbilder – Mit David Soul (r.) und einem zweiten Vigilanten in ›Magnum Force‹

stürzen sieht und seinen weißen Helm hinterher tritt, meint er: »Es stimmt, was Briggs gesagt hat. Ihr habt noch nicht genug Erfahrung.« Was ihnen vor allem fehlt, ist freilich nicht die Erfahrung, sich geschickter durch den moralischen Dschungel eines Polizistendaseins zu winden, sondern die, bei einem Kampf mit einem alten Profi wie Harry Callahan auch vor faulen Tricks nicht haltzumachen.

Moralisch gesehen vereint der Film das Unvereinbare auf eine Art, der sich Don Siegel im ersten *Dirty Harry* letzten Endes doch verweigert hatte. Das Ergebnis ist ein weit weniger wirksamer Film, aber auch einer, der mit seinen spektakulären Gewaltszenen direkter auf das Publikum zielt. Skorpions Mord am Swimmingpool gerät hier zu einem blutigen Massaker mit Automatikrevolver und Plastiksprengstoff; ein anderer Verbrecher wird aus nächster Nähe durch einen Zweiwegspiegel abgeknallt; ein Stahlträger zerschmettert die Windschutzscheibe eines Fluchtwagens samt Fahrer; als ein Gangster in seinem Penthouse erschossen wird, wird auch ein nacktes junges Paar durchlöchert, das es ihm zuliebe gerade auf einem Wasserbett miteinander treibt.

Anschließend kracht das Mädchen durch die Balkontür und stürzt hinunter auf die Straße.

Im Gegensatz zu den Kritikern jedoch begeisterte sich das Publikum an gerade diesen Szenen: In der ersten Woche spielte der Film beinahe 7 Millionen Dollar ein. Ihre größten Erfolge standen der *Dirty Harry*-Serie allerdings noch bevor.

Der Ende 1975 gedrehte *The Enforcer* (Der Unerbittliche) kopierte lediglich das Grundgerüst des inzwischen etablierten Rezepts und scherte sich dabei kaum mehr um die Feinheiten und den (wenn auch noch so unklaren) moralischen Unterbau seiner beiden Vorläufer. Zum Teil lag das an Regisseur James Fargo, der bislang in einigen anderen Eastwood-Filmen als Regieassistent gearbeitet hatte, nun seinen ersten eigenen Film inszenieren durfte und sich dabei als Routinier ohne eigene Ideen und mit schlechtem Timing erwies.

Ein anderes Problem war das Skript. Callahan stammte aus der Feder von Michael Cimino – dem zukünftigen Regisseur des Clint Eastwood-Films *Thunderbolt and Lightfoot* (Die letzten beißen die Hunde) und des oscargekrönten Vietnam-Opus *The Deer Hunter* (Die durch die Hölle gehen) – und John Milius, der zu *Dirty Harry* bereits Callahans Kredo »Do you feel lucky, punk?« beigesteuert hatte, in den Stabangaben aber nicht erwähnt worden war: beides sehr talentierte Männer, deren persönliche Einstellung mit dem Thema des Films durchaus übereinstimmte. Das Drehbuch zu *The Enforcer* dagegen stammte von Eastwoods altem *Rawhide*-Kollegen Dean Riesner und dem bekannten Film- und Fernsehautor Stirling Silliphant, die zwar dem Callahan-Image treu blieben, aber doch versäumten, es weiter auszubauen. Als der »dreckigste Harry von allen« angekündigt, verhalf der Film Callahan gleich zu Anfang an zu einem vielversprechenden Auftritt, als er in ein Restaurant bestellt wird, wo ein Gast offensichtlich gerade einen Herzanfall erlitten hat. Der Inspektor wirft nur einen kurzen Blick auf den Bewußtlosen, stellt ihn auf die Fü-

›The Enforcer‹ (Der Unerbittliche) – Dirty Harry befördert einen Schwindler an die frische Luft

ße und zerrt ihn unter den Augen der entsetzten Gäste vor die Tür. Wie sich herausstellt, ist der Mann ein Schwindler, der solche »Herzanfälle« regelmäßig inszeniert, um der Rechnung aus dem Weg zu gehen. Geschickt führt diese Szene damit all jene Zuschauer an der Nase herum, die Callahans brutale Methoden zunächst noch anzweifeln.

Eine weitere Rechtfertigung erfahren diese Methoden, als er zu einem Schnapsladen gerufen wird, wo vier bewaffnete Räuber die Angestellten und einige Kunden in Schach halten. Ihr Anführer verlangt freien Abzug und einen Fluchtwagen, mit dem man den Polizeifunk abhören kann. Den stellt ihnen Callahan prompt

zur Verfügung: er rast durch die Glasfront und erledigt alle vier mit seiner Magnum.
Damit erregt er natürlich den Ärger seines Vorgesetzten Captain McKay (Bradford Dillman), dessen liberale Überzeugungen allerdings weniger auf Prinzipien denn seinem persönlichem Ehrgeiz beruhen. Er beschuldigt Callahan der unangemessenen Gewaltanwendung: »Damit wir uns richtig verstehen, Callahan, eine Minderheit unserer Bevölkerung hat diese Art des Polizeieinsatzes satt.« »Mit der Minderheit der Bevölkerung«, entgegnet der Inspektor, »meinen Sie wohl diese Strolche«. »Ob es Ihnen paßt oder nicht«, besteht McKay, »auch das sind amerikanische Bürger.« »Und was ist mit der Frau, die das Schießeisen im Ohr hatte?«, fragt Callahan.
Wieder einmal bringen ihm seine Methoden und seine Insubordination eine Strafversetzung ein. McKay ist ein kleinlicher Bürokrat, der seine Erfahrungen als Polizist in genau jener Personalabteilung gesammelt hat, in die nun auch Callahan abgeschoben wird. Dort legt er sich mit einer Repräsentantin des Bürgermeisters an, die darauf erpicht ist, Minderheiten, vor allem Frauen, in den Dienst aufzunehmen, »die Abteilung mit den Hauptströmungen der Denkweise des 20. Jahrhunderts in Übereinstimmung zu bringen« und »möglichst schnell einige von den Neandertalern in dieser Abteilung abzulösen«. So zimperlich und überheblich wie McKay, ist sie ein leichtes Opfer für Callahan, der entschieden davon abrät, unerfahrene Polizisten auf die Straße zu schicken. Kurz darauf zerreißt er die junge Inspektorenanwärterin Kate Moore (Tyne Daly) in der Luft, als er herausfindet, daß sie bislang nur in der Personalabteilung Dienst geschoben hat.
Ihre mangelnde Erfahrung, wendet er ein, würde für jeden ihren zukünftigen Partner eine schwere Gefahr bedeuten. »Und das ist dann ein verflucht hoher Preis für stilvolle Reden.«
Da er die besseren Argumente hat, wie uns kurz zuvor unter Beweis gestellt wurde, setzt er sich natürlich durch.
Dementsprechend sind auch die Schurken des Films auf der Höhe ihrer Zeit. Nur zu deutlich orientieren sich die »Revolutionären Streitkräfte des Volkes« an der Symbionesischen Befreiungsfront, die Mitte der Siebziger für einige Schlagzeilen sorgte. Im Gegensatz zu ihrem Vorbild bestehen die RSV indes nur aus platten, eindimensionalen Bösewichten, denen es trotz ihren umstürzlerischen Phrasen weniger um Revolution als ums Geld

›The Enforcer‹ – Mit Albert Popwell

geht. So spiegeln denn auch die blonden Haare und blauen Augen ihres Anführers Bobby Maxwell (DeVeren Bookwalter), einem brutalen, sadistischen Killer, nicht so sehr die nazistische Haltung eines Davis in *Magnum Force*, sondern eher seine latente Homosexualität.

Callahan wird in die Sache verwickelt, als die RSV bei einem Überfall auf ein Waffenlager seinen Ex-Partner De Georgio (John Mitchum) ersticht. Man versetzt ihn wieder in die Mordabteilung und teilt ihm einen neuen Partner zu – die unerfahrene Inspektorin Moore. Sein Kommentar ist kurz und bündig: »Ach, du Scheiße«.

Unterdessen drohen die RSV mit Terrorakten und fordern eine Million Dollar von der Stadt. Als in einem Krankenhaus eine Toilette explodiert, entdecken Callahan und Moore, zufällig gerade auf Besuch, das schwarze RSV-Mitglied, das die Bombe gelegt hat. Nach einer längeren Jagd über die Dächer gelingt es Callahan, ihn, sehr zum Unwillen des Priesters, in einer Kirche zu stellen. Die Verhaftung bestätigt McKays unbegründeten Verdacht, daß militante Schwarze hinter der Aktion stecken. Gemeinsam suchen Callahan und Moore den Anführer der Schwarzen, Black Ed Mustapha, auf.

Mustapha haßt die Weißen, verabscheut aber jede Gewalt. Er verspricht, Callahan zu helfen, wenn dieser ein gutes Wort für einen seiner Anhänger einlegt, den man vor kurzem wegen einer Kleinigkeit verhaftet hat.

Diese Begegnung ist vielleicht die bedeutendste des ganzen Films. Wie Callahan ist auch Mustapha vom Status Quo frustriert und verfolgt deshalb, wie er glaubt, höhere Ziele:

»Callahan, Sie sind auf der falschen Seite angesiedelt... Sie tun etwas, wobei Sie Ihren Arsch riskieren und das für Leute, die Sie niemals zur Vordertür reinlassen werden. Sie, genauso wenig wie mich.«

»Ich arbeite ja auch nicht für die«, antwortet Callahan. Der Frage, für wen er dann arbeite, weicht er allerdings aus: »Wenn ich's Ihnen sage, würden Sie's nicht glauben«.

Die wahre Antwort muß natürlich lauten: Für sich, für Harry Callahan, weil er der Held der Geschichte und in Clint Eastwoods Image die moralische Autorität bereits fest eingebaut ist. Zuvorderst ist er halt ein Individuum, der ultimative, unverbrüchliche Einzelgänger, der seine Unabhängigkeit nie dadurch kompromittieren würde, daß er sich auf irgendeine Seite schlägt – zumindest in politischer Hinsicht.

Die beiden, sich nun gegenseitig respektierenden Männer trennen sich. Wenige Minuten später dringt McKay mit einer Handvoll Polizisten in das Haus ein und verhaftet Mustapha und seine Anhänger, in der Überzeugung, das RSV-Problem damit gelöst zu haben. Um die Position des Bürgermeisters (John Crawford) und damit seine eigene zu stärken, schlägt er als Erfolgsbeweis für dessen Minderheitenpolitik eine öffentliche Auszeichnung für Callahan und seine neue Partnerin vor. Angewidert legt Callahan seine Marke ab. Inspektor Moore eilt ihm nach, allerdings ohne vorher den Dienst zu quittieren, und sorgt durch ihre Hilfsbereitschaft für eine engere, ja sogar romantische Beziehung zwischen beiden.

Zögernde Gleichberechtigung – Mit Tyne Daly in ›The Enforcer‹

Von allen Filmen der Tetralogie zeigen die folgenden Szenen die wahrscheinlich menschlichste Seite Callahans: eine echte, nicht auf sexueller Anziehung sondern gemeinsamer Berufsauffassung beruhende Beziehung zwischen Mann und Frau. Moore macht sich über ihren »weiblichen Instinkt« lustig, zieht Callahan wegen seiner chauvinistischen Art auf – »der kühle, kalte Callahan mit seiner großen 44er« - und entlädt damit jedwede sexuelle Spannung zwischen ihnen.

Entwaffnet, lädt er sie auf »ein paar Bier« ein, als wäre sie ein Mann, und gibt schließlich zu »wissen Sie, wer Sie als Partner hat, der kann wirklich zufrieden sein«.

Inzwischen büßt der Bürgermeister für seine »stilvollen Reden«, als ihn die Pseudo-Revoluzzer entführen und fünf Millionen Dollar Lösegeld verlangen. Callahan stellt die Kaution für Mustapha, erfährt von ihm den Namen von einem von Maxwells Mädchen und verfolgt sie in die Kirche, in der er den farbigen Bombenleger verhaftet hat. Als er versucht, dem Priester, einem Sympathisanten der RSV, Informationen abzupressen, taucht das Mädchen als Nonne verkleidet auf und richtet ein Gewehr auf ihn. Im passenden Moment erscheint Moore auf der Bildfläche und rettet Callahan das Leben.

Abrupt ändert der etwas oberflächliche Priester seine Meinung – »Ich habe die Augen davor verschlossen« - und führt Callahan und Moore zu Maxwells Versteck auf Alcatraz. Nach einem längeren Gefecht in den verlassenen Korridoren des ehemaligen Gefängnisses tötet Maxwell Moore und wird hernach von Callahan per LAWS-Rakete, einer Art Mini-Bazooka, in die Luft gejagt, als er sich unvorsichtigerweise auf einen Wachtturm flüchtet. Während der dankbare Bürgermeister eine ganze Flut von Dankschreiben verspricht, trifft McKay im Hubschrauber ein und verspricht Maxwell über Außenlautsprecher, daß man auf alle seine Bedingungen eingehen werde.

In Callahans wütendem Schrei, mit dem er Maxwell ins Jenseits befördert – »Du verdammte Schwuchtel!«* -, kommt natürlich sein Haß auf einen Mann zum Ausdruck, der zwei seiner Kollegen ermordet hat. Daß er ihn dabei ohne Grund der Homosexualität beschuldigt, verrät indes die typische Verschwommenheit des Drehbuchs. Bis dato hatte sich Harry damit begnügt, »alles zu hassen« und seine Gegner allgemein als »Punk« zu titulieren. Maxwell als »Schwuchtel« zu bezeichnen, riecht jedoch nach einem Kalkül auf ein voreingenommenes Publikum. »Soll das nun das letzte Schlachtfeld des Western-Helden sein«, hakte Pauline Kael sofort nach. »Homosexuelle umzubringen, um die Städte zu läutern?«

Seiner Werbezeile wurde der »dreckigste Harry« insofern gerecht, als *The Enforcer* der formal krudeste der Tetralogie war. Dennoch traf seine grobe Schraffur den Nerv des Publikums: Fünf Jahre nach seiner Uraufführung hatte der Film allein in Amerika und Kanada volle 24 Millionen Dollar eingespielt.

In künstlerischer Hinsicht war er für den Star allerdings so etwas wie ein Rückschlag. Sein, von Tyne Daly fähig unterstütztes Spiel

* Im Original: »You fucking fruit!«. Die deutsche Fassung übersetzt das etwas dezenter mit »Du verfluchtes Schwein!«. (A. d. Ü.)

erreichte zwar die monolithische Qualität seiner besten Rollen, konnte aber trotzdem nicht eine gewisse Müdigkeit in seinem Bemühen verbergen, das nur zu gut vertraute Material noch einmal zum Leben zu erwecken. Erst sein nächster Film *The Outlaw Josey Wales* (Der Texaner) sollte ihm die Möglichkeit geben, seinem Image einen befriedigerenden Ausdruck zu verleihen.

CLINT EASTWOOD

8. Wieder im Sattel

*Joe Kidd * High Plains Drifter*

Einer der rühmlichsten und dauerhaftesten Charakterzüge Eastwoods ist seine Lernfähigkeit. Nach dem kommerziellen Scheitern von *The Beguiled* spielte er in keinem Film mehr mit, in dem er nicht in irgendeinem Moment jene Qualitäten demonstrierte, die ihn erst zum Star gemacht hatten. Immer gibt es eine – gewöhnlich gewalttätige – Szene, die die Zuschauer den Atem anhalten oder überrascht auflachen läßt; eine kurze, dramatisch hervorragend ausgearbeitete Szene, die Quintessenz Clint Eastwoods. Mit solchen Szenen sichert er sich das Vertrauen seines Publikums auf eine Art, wie es nur wenigen Filmstars sonst gelingt. Sie stechen hervor, selbst in seinen langweiligsten und eigenwilligsten Filmen. Ein exzellenter Beweis dafür ist *Joe Kidd* (Sinola), der Film, den er unmittelbar nach *Dirty Harry* gedreht hatte.

Joe Kidd war wieder mal ein Western, angesiedelt im Leone-Land auf der amerikanischen Seite der Grenze zu Mexiko. Amerikanische Landbarone betrügen die mexikanische Bevölkerung systematisch um ihren Grundbesitz. Frustriert von der Gleichgültigkeit der Justiz, zetteln die von Luis Chama (John Saxon) geführten Mexikaner einen Aufstand vor dem Gerichtsgebäude in Sinola/New Mexico an, verbrennen die Grundbücher und bedrohen den Richter. Joe Kidd (Eastwood), der wegen ungebührlichen Benehmens im Zustand der Volltrunkenheit die Nacht im Gefängnis verbracht hat, rettet ihn.

Frank Harlan (Robert Duvall), einer der reichsten Grundbesitzer, bietet Kidd 500 Dollar, wenn er ihm bei der Suche nach Chama hilft. Kidd weigert sich zunächst, willigt für 1000 Dollar dann aber doch ein, als er entdeckt, daß ihm Chamas Leute einige Pferde gestohlen haben. Im weiteren Verlauf der Jagd erweist sich Harlan, der in der Zwischenzeit eine kleine Armee als Begleitung angeheuert hat, jedoch als rücksichtsloser Killer. Als er die Bevölkerung eines kleinen mexikanischen Dorfes als Geisel nimmt und droht, einen nach dem anderen zu erschießen, bis sich Chama freiwillig stellt, wechselt Kidd die Seiten. Mit Hilfe von Chamas Freundin Rita Sanchez (Stella Garcia) versucht er, Chama

zur Aufgabe zu überreden, doch Chama entpuppt sich als ebenso rücksichtslos wie Harlan. Kidd nimmt ihn gefangen und versucht, ihn nach Sinola zu bringen.
Dort warten bereits Harlans Männer. Ein Gefecht zwischen Mexikanern und Amerikanern entbrennt, das Kidd zu einem spektakulären Ende bringt, als er mit einem Zug durch mehrere Gebäude rast. Chama erklärt sich schließlich bereit, sich dem Sheriff zu stellen, und Kidd befördert Harlan, der sich in das Gerichtsgebäude geflüchtet hat, ins Jenseits.
In der *Saturday Review* hob Arthur Knight genau den schwachen Punkt des Films hervor: »Joe Kidd, der sich zielstrebig bemüht, einen korrupten Mexikaner an eine korrupte Justiz auszuliefern, ist ganz offensichtlich wahnsinnig.«
Besonders clever ist er jedenfalls ganz sicher nicht. Mit Feuerwaffen kann er zwar so geschickt umgehen wie der Mann ohne Namen, dessen verschlagene Intelligenz aber geht ihm ab. Am Ende des Films nimmt er dann sogar noch Dirty Harrys Aura des selbstherrlichen Richters und Henkers in einer Person an, als Harlan in das scheinbar leere Gerichtsgebäude schleicht, der Richterstuhl plötzlich herumschwingt und einen Joe Kidd mit gezogener Pistole enthüllt. Um ihm Autorität und drohende Wirkung zu verleihen, ist er dabei auch noch aus der Untersicht aufgenommen, was innerhalb des Films wiederum einen krassen Stilbruch darstellt. Als sich der Sheriff einmischt, schreit er ihn an, daß er verschwinden soll – Kidd hält Gericht, ein ebenso unordentliches wie Harlan und Chama allerdings, und überdies noch reichlich scheinheiliges.
Solche Widersprüche würden keine so große Rolle spielen, wäre Kidd selbst eine rücksichtslosere Figur. Den Rest des Films hindurch jedoch wirkt er aufrecht und relativ freundlich. Eastwoods Spiel ist eines seiner gelösteren und überzeugenderen und enthält auch kleine Anflüge von Humor, was die Kritiker prompt zu würdigen wußten. Für Roger Greenspun von der *New York Times* etwa bewies er »eine Art autoritärer Normalität, das Geschenk eines Schauspielers an einen Film, der ihm immerhin genügend Platz zum Atmen läßt.«
Als Regisseur verpflichtete Malpaso John Sturges, der bereits mehrere bemerkenswerte Western, darunter *The Magnificent Seven* und den exzellenten *Bad Day at Black Rock* (Stadt in Angst), gedreht hatte. Hier schien er Eastwood allerdings in jene Rolle stecken zu wollen, die Steve McQueen in seinem Film *The Great*

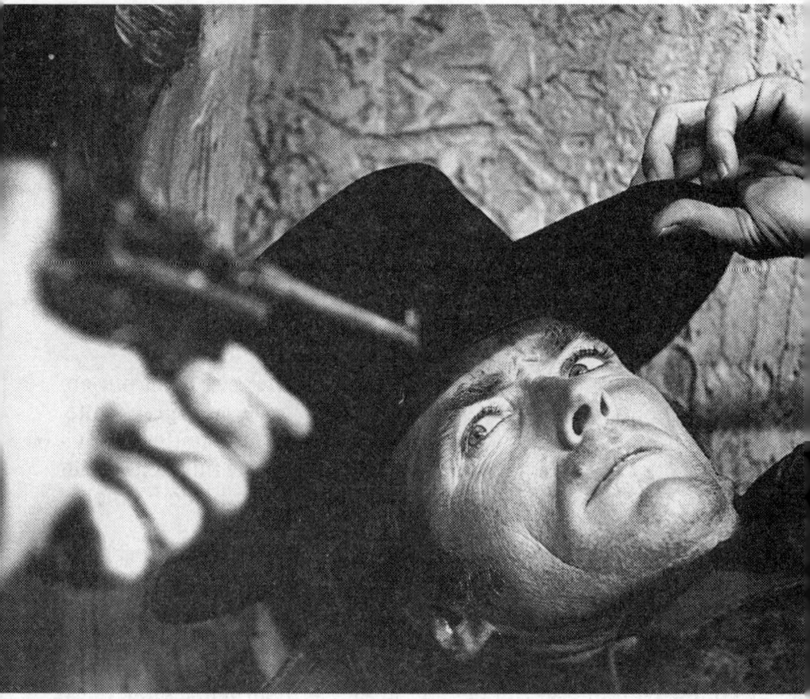

›Joe Kidd‹ (Sinola)

Escape zum Star gemacht hatte. Doch die »humorgebremste, verhüllte Gewalt«, wie ein Kritiker es ausdrückte, paßte einfach nicht zu Eastwoods ausgeprägter moralischer Autorität.
Dennoch gab es genügend »Eastwood-Momente«, um den Film zu einem Erfolg zu machen: In der Gefängnissequenz zu Anfang des Films weigert sich ein Mitgefangener spöttisch, Kidd etwas von seinen Bohnen abzugeben. Als Kidd sich auf den Weg ins Gericht macht und der Mann ihn ein weiteres Mal verhöhnt, schnappt sich Kidd die Pfanne und wirft ihren Inhalt dem Mann ins Gesicht. Eine Sekunde lang zu verblüfft, um sofort zu reagieren, wirft sich der Mann schließlich auf seinen Angreifer. Mit unfehlbarem Sinn fürs Praktische schlägt ihm Kidd die leere Pfanne ins Gesicht.

Als er Harlans Freundin Elma (Lynn Marta) das erste Mal begegnet, macht sich Kidd sofort daran, sie zu verführen. »Wie lange waren Sie eigentlich im Gefängnis?«, will sie etwas atemlos wissen. »Zwei Tage«, antwortet er. »Wie wäre es wohl nach zwei Monaten«, fragt sie sich. »Dann würden wir jetzt nicht miteinander reden«, grinst er.

Eastwoods nächster Film, sein zweiter Western 1972, wies ebensoviele »Eastwood-Momente« auf, hatte daneben aber auch noch einen Regisseur, dem es gelang, die rücksichtslose Intelligenz des Mannes ohne Namen und die moralische Allgewalt Dirty Harrys gekonnt miteinander zu verbinden: Eastwood höchstpersönlich. Zugleich verbannte er dabei buchstäblich auch den Schatten des Mannes ohne Namen.

High Plains Drifter (Ein Fremder ohne Namen) ist nicht nur ein überragender Western, sondern auch eine Geistergeschichte. Mit einer an Don Siegel erinnernden Ökonomie und einem visuellem Einfallsreichtum, der auch Sergio Leone mit Neid erfüllt hätte, baut die erste Szene den Hintergrund für beide Elemente auf.

Ein Teleobjektiv macht einen einsamen Reiter aus, der sich am äußersten Rand des Blickfelds, dort, wo das Ocker, das Braun und das Gelb der Wüstenlandschaft bereits in der Hitze verschwimmen, aus dem mit der Erde verschmolzenen Himmel zu materialisieren scheint. Unheimliche, hohe Klänge, die an Ennio Morricones spannungsgeladenere Momente erinnern, begleiten diese beunruhigende Manifestation.

Als der Reiter in die kleine, am Ufer eines Sees gelegene Bergarbeiterstadt Lago kommt, hat er jedoch festere, bekanntere Formen angenommen. Staubig, mit struppigem Bart und zusammengekniffenen, kalten Augen, könnte der Fremde direkt aus den Bildern eines Spaghetti-Western stammen. Sein langsamer Ritt durch die einzige Straße der Stadt, verfolgt von einer langsam nachfahrenden Kamera, die die Mienen der Stadtbewohner – eine Mischung aus Unbehagen und unsicherem Erkennen – heranholt, erinnert an den Einritt des Mannes ohne Namen in San Miguel. Nur etwas durchbricht seine eisige Gleichmut – ein plötzlicher Peitschenknall, dessen Bedeutung erst später klar werden wird.

Im Saloon der Stadt türmen sich drei Schurken drohend vor ihm auf. »Pennbrüder halten sich im allgemeinen nicht sehr lange bei uns in Lago«, meint einer. »Die Luft hier scheint Stinktieren nicht

Mit John Saxon in ›Joe Kidd‹

zu bekommen. Deshalb glaube ich auch nicht, daß du dieses Klima hier vertragen wirst.« »Ich werde diese Luft noch atmen«, antwortet der Fremde, »wenn ihr längst keine mehr braucht«.
Der sparsame Dialog hat einen reizvollen Doppelsinn, wie der Fremde sehr schnell beweist. Als er im Friseurladen sitzt und der

nervöse, habgierige Friseur vergeblich versucht, den Fremden zu einigen Sonderausgaben zu bewegen, treten die drei Schurken ein weiteres Mal auf ihn zu. Dieses Mal bedrohen sie ihn ganz offen: der Fremde soll die Stadt verlassen. Dessen Antwort ist schnell und blutig. Unter dem weißen Umhang bellt ein Revolver auf und die drei fallen tot um.
Ungerührt von den verblüfften Blicken der Einheimischen steht der Fremde auf und geht. Auf der Straße überreicht ihm ein Zwerg, Mordechai (Billy Curtis), die letzte Requisite des Mannes ohne Namen, eine dünne schwarze Zigarre. »Wie, sagten Sie, ist Ihr Name, Sir?« »Ich sagte gar nichts«, entgegnet der Fremde. Als die Stadthure an ihm vorbei stürmt, rempelt sie ihn ganz bewußt an und schreit ihn daraufhin derart wild an, daß es förmlich nach erheblichem sexuellem Interesse riecht. Zunächst verblüfft, nimmt sie der Fremde beim unausgesprochenen Wort, zerrt die laut Protestierende in den nächsten Schuppen und vergewaltigt sie dort.
Inzwischen machen sich die Stadtleute Sorgen wegen der kurz bevorstehenden Entlassung von drei Revolverhelden, den Vorgängern der drei Schurken, die der Fremde erledigt hat. Da die drei für ihre Verhaftung Rache geschworen haben, kommen sie schließlich auf die Idee, den Fremden um Hilfe zu bitten und ihm als Dank dafür alles zu geben, was er haben will. Der Fremde nimmt an, geht auf einen ausgedehnten Einkaufsbummel, übernimmt die gesamte obere Etage des Hotels und ernennt Mordechai zum neuen Sheriff.
Zwar entwirft er tatsächlich einige Verteidigungspläne und bringt den Einwohnern auch bei, mit dem Gewehr umzugehen, doch deren anfängliche Freude wandelt sich bald zu Unbehagen, als seine Wünsche immer ausgefallener und extremer werden. Für ein Picknick läßt er Speis und Trank auf der Hauptstraße auffahren und einen Schuppen abreißen, um das Holz für die Picknicktische zu beschaffen. Dann läßt er die ganze Stadt rot anstreichen. »Wenn wir fertig sind«, beschwert sich ein Einwohner, »wird es hier wie in der Hölle aussehen«. Genau das ist es freilich, was der Fremde vorhat. Er streicht auf dem Ortsschild den Namen »Lago« aus und pinselt mit roter Farbe das Wort »Hölle« darüber. In der Zwischenzeit enthüllen Rückblenden in Form immer wiederkehrender Alpträume Mordechais und des Fremden, daß der frühere Marshall der Stadt – Jim Duncan – auf offener Straße von jenen drei Revolverhelden zu Tode gepeitscht wurde, die

demnächst aus dem Gefängnis entlassen werden. Obwohl man die Killer wegen des Mordes verhaftet hat, waren die Stadtbewohner Augenzeugen der Tat und haben keinen Finger gerührt, um ihm zu helfen. Duncan, so stellt sich heraus, hatte entdeckt, daß die Mine, die Quelle von Lagos Wohlstand, auf Regierungs-, nicht Privatgrund lag, und war drauf und dran, die zuständigen Behörden zu informieren. Jetzt liegt der Sheriff in einem unbezeichneten Grab. »Man sagt, die Toten fänden keine Ruhe ohne Kreuz oder sowas«, sagt eine Frau zu dem Fremden. »Dieser Marshal ist der Grund für die furchtbare Angst der Leute.« Der Fremde pflichtet ihr bei; niemand, sagt er, könne in einem unbezeichneten Grab seine Ruhe finden.
Langsam brechen die Stadtleute unter dem Druck seiner Befehle

›High Plains Drifter‹ (Ein Fremder ohne Namen) – Billy Curtis stattet den Racheengel aus dem Jenseits mit seiner letzten irdischen Requisite aus

zusammen. Eines Abends, nach einem intimen Dinner mit Callie Travers, stürmen einige von ihnen in sein Schlafzimmer und schlagen gnadenlos auf die Gestalt unter den Bettdecken ein. Die jedoch stellt sich als Puppe heraus. Der auf einem kleinen Vordach lauernde Fremde zündet gelassen eine Stange Dynamit an und wirft sie in das Schlafzimmer.
Daraufhin will er die Stadt ihrem Schicksal überlassen, doch die verängstigten Einwohner bieten ihm 500 Dollar pro Kopf als Sonderbonus. »500 pro Ohr«, entgegnet er. Hastig stimmen sie zu. Als nächstes will er das Hotel für sich alleine haben. Sofort setzt man die anderen Gäste vor die Tür, einschließlich des Besitzers. Der Fremde requiriert sein Zimmer und seine Frau Sarah Belding (Verna Bloom). Sie und Mordechai waren die einzigen, die seinerzeit den Mord an Duncan verhindern wollten. Nach einer Nacht mit dem Fremden teilt sie ihrem Mann am nächsten Morgen mit, daß es mit ihrer Ehe vorbei sei und sie Lago verlassen werde.
Unterdessen werden die drei Revolverhelden aus dem Gefängnis entlassen, nehmen sofort ihre alten Gewohnheiten wieder auf und ermorden unterwegs einige Cowboys wegen ihrer Pferde. Als ihre Ankunft dicht bevorsteht, bricht der Fremde sein Wort und reitet aus der Stadt. Kurz darauf haben die Killer ihren Auftritt, gegrüßt von einem Tuch mit der Aufschrift »Willkommen zu Hause, Jungs«, das auf Wunsch des Fremden über die Hauptstraße gespannt wurde.
Der Verteidigungsplan der Einwohner bricht mit dem ersten Schuß in sich zusammen. Die Revolverhelden laufen Amok, schießen wild um sich und setzen schließlich die halbe Stadt in Brand. Bei Anbruch der Nacht treiben sie die verängstigen Einwohner in den Saloon. Ihre hämischen Bemerkungen finden ein abruptes Ende, als draußen eine Peitsche knallt. Als einer der Revolverhelden nachsehen will, wickelt sich eine Peitsche um seinen Hals. In Sekundenschnelle wird er zu Tode gepeitscht, an genau derselben Stelle, wo vor einem Jahr auch Duncan starb.
Der zweite Revolverheld folgt ihm und wird mit derselben Peitsche aufgehängt. Als der Anführer der Killer, Stacey Bridges (Geoffrey Lewis), vor die Türen des Saloons tritt, wartet der Fremde auf ihn. Sie ziehen und Bridges stirbt mit einem Schrei höchsten Entsetzens: »Wer bist du?«
Am nächsten Morgen reitet der Fremde wieder aus der Stadt, jetzt nurmehr eine rauchende Ruine. Sein Weg führt ihn am

Friedhof und dem dort arbeitenden Mordechai vorbei. »Ich kenn' immer noch nicht ihren Namen«, meint der Zwerg. »Doch*«, antwortet der Fremde knapp, während die Kamera ihm nachschwenkt und Jim Duncans Grab ins Bild bringt. Auf dem Grabstein stehen nun die Worte: »Marshal Jim Duncan – Ruhe in Frieden«.

Der Film schließt mit einer Wiederholung seiner ersten Einstellung, nur daß der Fremde diesmal zurückweicht, bis sich sein Abbild in der flirrenden Hitze auflöst.

Damit ist der Mann ohne Namen buchstäblich zu jenem Racheengel geworden, als den ihn Sergio Leone in seinen Spaghetti-Western nur angedeutet hatte. Als solcher ist sein moralischer Leumund natürlich unangreifbar. Im Gegensatz zu Dirty Harry, der sich im Rahmen einer realistischen Situation ständig selbst zu rechtfertigen hatte, hat der Fremde im mythischen Rahmen des alten Westens eine übernatürliche Lizenz zum Töten, die er jedoch durchaus nicht wahllos anwendet.

Die drei Schurken erschießt er erst dann, als sie drauf und dran sind, ihn zu ermorden. Callie Travers vergewaltigt er erst, nachdem sie ihn beleidigt hat, und auch dann nur auf ihr unausgesprochenes Einverständnis hin – was noch dadurch unterstrichen wird, daß sie sich erst am nächsten Tag rächen und den Fremden erschießen will, der gerade beim Friseur in der Badewanne sitzt. Er taucht in der Badewanne unter, bleibt unberührt von den um ihn herum einschlagenden Kugeln, taucht dann wieder auf und fragt Mordechai »Können Sie mir sagen, wieso die erst heute explodiert?«. »Vielleicht, weil sie bis jetzt auf eine Zugabe gehofft hat«, schlägt der Zwerg vor.

Er gibt der Stadt eine reelle Chance, ihrem Schicksal zu entgehen, und doch verschenken sie sie, genauso wie sie seinerzeit die Chance verschenkt haben, Marshal Duncan das Leben zu retten. Er freundet sich mit Mordechai an, dem einzigen, der noch immer über den Tod des Marshalls trauert, und hebt ihn schließlich auf jene Position moralischer Autorität, die ihm zusteht. Und der einzigen Frau, die ähnlich empfindet, wird er eine Art Ersatzehe-

* Die deutsche Fassung dagegen gibt eine rationale Erklärung: »Ich heiße George Duncan. Er war mein Bruder.« So aufgesetzt und falsch das angesichts der Inszenierung auch wirken mag, hat Eastwood doch in mehreren Interviews jede übernatürliche Deutung der Geschichte entschieden bestritten und behauptet, er habe den Fremden in der Tat als Bruder des ermordeten Jim Duncan verstanden wissen wollen. (A. d. Ü.)

mann und gibt ihr die Kraft, die Feigheit ihres Mannes im rechten Licht zu sehen.
Daneben verspottet er auch die Selbstsucht und die Gier der Einwohner: Kaum hat man ihm unbegrenzten Kredit gewährt, schenkt er eine Indianerfamilie, die der Ladenbesitzer soeben hinauswerfen wollte, eine Anzahl Decken und ein paar Süßigkeiten. Als er die Hotelgäste unsanft an die frische Luft befördert und der Priester ihn wegen seiner mangelnden Nächstenliebe tadelt, schlägt ihm der Fremde vor, daß die Vertriebenen in den Häusern seiner Schäflein Zuflucht suchen sollten. Der Priester willigt ein – und fügt hinzu, daß man dafür auch nur den normalen Hotelpreis verlangen würde.
Eastwood selbst beschrieb *High Plains Drifter* als Moralität, und in der Tat entspricht der Film dem mittelalterlichen Vorbild. Mordechai ist komischer Chor und weiser Narr zugleich, und die Charakterzüge einzelner Einwohner haben mehr als nur eine flüchtige Ähnlichkeit mit den sieben Todsünden: der fette, träge Sheriff, der habgierige, neidische Friseur, die rachedurstige, lüsterne Callie Travers und so weiter. Auch die Geschichte ist von der Direktheit und Einfachheit solcher Stücke, und ihre Reinheit findet ihren Ausdruck in dem ungewöhnlichen Rahmen, in den Eastwood sie stellte.
Binnen 18 Tagen zog man an den beinahe unnatürlich blauen Wassern des Lake Mono, in der klaren Höhenluft der Sierra Nevada am Rand des kalifornischen Yosemite-Parks, die Stadt Lago in die Höhe. Irgendwelche Versuche, die Gebäude künstlich zu verwittern, unternahm man dabei nicht. So verliehen die frisch gehobelten Bretter Lago nicht nur das Aussehen einer eben erst aus dem Boden gestampften Stadt, wie es vielen zeitgenössischen *frontier*-Siedlungen gemein gewesen sein mußte, sondern vermittelten auch etwas von der Vergänglichkeit dieser Stadt. Zwischen der Wüste und dem blauen Abgrund des Sees gelegen, verlieh Lago dem Film sehr viel von seiner bizarren, etwas beunruhigenden Atmosphäre.
Eastwood drehte den Film innerhalb von sechs Wochen ab und wurde zwei Tage früher fertig – was sich weniger beeindruckend anhört, als es tatsächlich war, bedeutete doch die Tatsache, daß die Stadt im Lauf der Geschichte rot angestrichen und schließlich zerstört werden sollte, daß man den Film *in sequence* drehen mußte. Wie bei *Play Misty for Me* benützte er dabei Videoaufzeichnungen, um seine eigenen Leistungen als Hauptdarsteller

› High Plains Drifter ‹

zu überprüfen. Um das Ganze weiter zu beschleunigen, ließ er sich in einem nahegelegenen Blockhaus sogar einen Schneidetisch installieren, wo er das Rohmaterial bereits während der Dreharbeiten zusammenschnitt.

Doch *High Plains Drifter* war sehr viel mehr als nur ein logistischer Triumph. Zugleich katapultierte sich Eastwood mit diesem Film auch in die oberste Riege der Filmregisseure. Verschwunden waren die Ungeschicklichkeiten und Unsicherheiten eines *Play Misty for Me*; an ihre Stelle trat eine einfallsreiche Kameraführung, ein ökonomischer, der Geschichte angemessener Erzählduktus

› *High Plains Drifter* ‹

und das frische und präzise Spiel der Darsteller. Sicher kann man einwenden, daß es sich Eastwood dadurch leicht gemacht hatte, daß er sich auf einem ihm nur zu allzubekannten Gebiet bewegte. Dennoch gelang es Eastwood, die allgegenwärtigen Hommagen an Leone und Siegel einem eigenen, besonderen Stil unterzuordnen.

Seine Mentoren hatte er nun insofern überflügelt, als er durch seine verbesserten Fähigkeiten als Regisseur die mythischen Aspekte seines Images intelligenter, geschickter und wirksamer zu nutzen verstand als jeder andere vor ihm. Das Ergebnis war eine endgültige Neudefinition des Mannes ohne Namen: Übernatürliche Mächte hatten dem weltlichen Übermenschen die absolute Unverwundbarkeit verliehen. Der einzige Haken war, daß er dafür vorher sterben mußte.

Um sein Image weiterzuentwickeln, galt es für Eastwood nun, eine neue und ebenso wirksame Reinkarnation zu finden. Fast vier Jahre sollten vergehen, bis ihm das gelingen und er als Regisseur den neuen, anspruchsvollen Maßstäben gerecht werden sollte, die er sich mit *High Plains Drifter* gesetzt hatte.

9. Stillstand

*Breezy * Thunderbolt and Lightfoot * The Eiger Sanction*

Die Zeit zwischen 1972 und 1975 – vom Abschluß von *High Plains Drifter* bis zum Beginn der Dreharbeiten von *The Outlaw Josey Wales* – war in mancher Hinsicht für Eastwood eine seltsame. Privat bereicherte die Geburt seines zweiten Kindes Allison im Mai 1972 sein Leben. Kommerziell erzielte er ungeahnte Erfolge: Sowohl *Magnum Force* als auch *The Enforcer* gehörten zu den zehn erfolgreichsten Filmen des jeweiligen Jahres. 1973 war Eastwood Hollywoods einspielträchtigster Star.

In kreativer Hinsicht aber ließ die Wahl seiner Rollen Unsicherheit erkennen. In seinen erfolgreichsten Auftritten bemühte er sich zwar um einen Ausbau der Dirty Harry-Figur, doch seine anderen drei Filme aus dieser Zeit – *Breezy* (Begegnung am Vormittag), *Thunderbolt and Lightfoot* (Die letzten beißen die Hunde) und *The Eiger Sanction* (Im Auftrag des Drachen) – zeigen ihn auf der Suche nach einem fruchtbareren Image. Bezeichnenderweise wagte er in jedem dieser Filme einen Ausflug in ein völlig neues Genre. Nacheinander versuchte er es dabei mit Romantik, den »Kumpelfilmen« von der Art, wie sie Paul Newman und Robert Redford in *Butch Cassidy and the Sundance Kid* (Zwei Banditen) zum Erfolg verholfen hatten, und den Agententhrillern im James Bond-Stil. Obwohl ihm mit *Thunderbolt and Lightfoot* und *The Eiger Sanction* durchaus solide Erfolge gelangen, demonstrieren beide Filme doch eine etwas konfuse Mischung aus Experimentierfreude und kreativer Schalheit. Mit *Breezy* dagegen scheiterte er sowohl bei der Kritik wie an der Kasse. Darüberhinaus widerlegte er damit sogar seine eigene Definition, wonach ein Eastwood-Film nur einer sei, in dem er selbst auch die Hauptrolle spiele. *Breezy* war der erste Film, bei dem er ausschließlich hinter der Kamera stand.

Immer wieder hatte Eastwood im Lauf seiner Karriere einem Erfolg ein gewagtes Experiment folgen lassen. Dennoch gab es für ihn kaum einen einleuchtenden Grund, sich ausgerechnet an *Breezy* zu versuchen, einer sentimentalen Love-Story zwischen dem geschiedenen Grundstücksmakler Frank Harmon (William

1974: Mit Kyle und seiner Tochter Alison

Holden) und der siebzehnjährigen Breezy (Kay Lenz, damals eine junge TV-Schauspielerin). Das erste Mal begegnet er ihr, als sie vor seinem chicen Haus in Los Angeles trampt und er sie mitnimmt, hauptsächlich um die Nachbarschaft von dem unkonventionellen Gör zu befreien.
Als er sich mit ihr im Wagen unterhält, irritiert sie ihn zunächst. Schließlich zwingt sie ihn gegen seinen Willen aber doch dazu, sich um einen angefahrenen Hund zu kümmern. Am selben Abend kreuzt sie vor Harmons Haus auf und behauptet, ihre Gitarre im Wagen vergessen zu haben. Sie überredet ihn dazu, sie hereinzubitten und ein kleines Bad nehmen zu lassen. Als sie dann auch noch bei ihm übernachten will, schickt er sie weg.
In der folgenden Nacht taucht sie wieder auf – in Begleitung zweier Polizisten, denen sie weisgemacht hat, sie sei Harmons

Nichte, um nicht wegen Landstreicherei ins Gefängnis zu wandern. Harmon bestätigt ihre Geschichte und läßt sie bei sich übernachten. Eine Nacht darauf erblüht die Liebe und sie geht mit ihm ins Bett.
Obwohl sehr glücklich miteinander, sorgt ihr Verhältnis bei ihren Freunden doch für Spannungen. Harmon entschließt sich, daß es so nicht weitergehen kann, und schickt sie weg. Kurz darauf stirbt

Kay Lenz und William Holden in ›Breezy‹ (Begegnung am Vormittag), dem bislang einzigen Film, bei dem Eastwood nur Regie führte

der Mann einer Freundin bei einem Autounfall. In der Trauer der Frau begegnet ihm die wahre Einsamkeit und er erkennt, wie dumm es von ihm war, Breezys Liebe zurückweisen. Er spürt sie wieder auf, und ihre Beziehung beginnt von neuem.
Jo Heims, die Drehbuchautorin von *Play Misty for Me*, hatte die Hauptrolle vermutlich auf Eastwood zugeschnitten. Wenn dem so war, hätte für ihn vielleicht die Möglichkeit bestanden, das noch immer ungelöste, in Filmen wie *Play Misty for Me* und *Two Mules for Sister Sara* aufgetauchte romantische Dilemma endgültig aufzulösen. Als die Entscheidung schließlich fällig war, weigerte sich Eastwood allerdings. »Ich bin noch nie in einer Love-Story aufgetreten«, meinte er, »und deshalb bleibe ich diesmal hinter der Kamera«. Eine, wie sich herausstellte, weise Entscheidung.
Zwar vermied Eastwoods ausgesprochen fähige Inszenierung geschickt die offenkundige Sentimentalität der Geschichte. Was er aber nicht vermeiden konnte, war ihre ebenso offenkundige Plattheit. Obwohl gut beobachtet, blieb die zentrale Beziehung zu gewöhnlich, und weder Eastwoods Regie noch Jo Heims Buch vermochten ihr eine größere Tiefe zu verleihen.
Möglicherweise hatte Eastwood, der nun auch schon auf die 45 zuging, damit einen Kommentar zu seinem Alter und seiner neuen, verständnisvollen Haltung der Jugend gegenüber beabsichtigt. Nichts in seiner Karriere aber hatte ihn auf ein derartiges Wohlwollen vorbereitet, im Gegenteil: Filme wie *Coogan's Bluff* und *Dirty Harry* hatten die jugendliche Subkultur stets als Zeichen überhandnehmender Dekadenz abgeschrieben, der allenfalls ein langhaariger, mordender Wahnsinniger wie Ringerman oder Skorpion entspringen konnte. So war es kein Wunder, daß sich in Eastwoods Porträt von Breezy und ihren Freunden erhebliche Mißtöne einschlichen.
Breezy lief zu eher lauen Kritiken an (was wie bei vielen Eastwood-Filmen noch kein Signal für einen kommerziellen Mißerfolg sein mußte), erlitt dann jedoch einen weiteren Rückschlag, als der Film wegen einer kurzen Szene mit einem nackten Busen erst ab 17 freigegeben wurde und damit einen großen Teil von Breezys eigener Generation am Besuch des Films hinderte. Die Zwanzig- bis Dreißigjährigen wiederum, die damals wie heute einen Großteil des Kinopublikums stellten, interessierten sich nicht sonderlich für die Probleme eines Grundstückmaklers in mittleren Jahren.

›*Breezy*‹ – *William Holden und sein Regisseur*

Bezeichnenderweise drehten sich die zwei an *Breezy* anschließenden Filme – *Magnum Force* und *Thunderbolt and Lightfoot* – beide um den Aufeinanderprall von Jugend und Alter, Erfahrung und Unerfahrenheit. Beide nähern sich der jüngeren Generation zudem mit wachsender Sympathie, obwohl der Preis für einen solche Anerkennung in beiden Fällen der Tod ist. In *Magnum*

Force geht Harry Callahans Bewunderung der vier jungen Vigilanten sogar bis zu dem Punkt, daß er bereit ist, ihnen ihre mögliche Homosexualität zu verzeihen. »Wir sind die erste Generation, die gelernt hat, zu kämpfen«, teilt ihm ihr Anführer Davis mit. Doch selbst wenn sie das Herz am rechten Fleck haben, sind sie im Kampf halt leider doch noch unerfahren, was sich dann auch als ihr Verhängnis erweist.

Lightfoot wiederum, der junge Held in *Thunderbolt and Lightfoot*, freundet sich mit dem älteren erfahreneren Thunderbolt an und erfüllt sich tatsächlich den einzig konkreten Traum seines ruhelosen Lebens (einen neuen, weißen Cadillac), nur um im Wagen dann an einer Kopfverletzung zu sterben.

Thunderbolt and Lightfoot war, vom Finanziellen einmal abgesehen, kein völliger Erfolg, blieb aber bis heute doch eines der waghalsigsten Experimente Eastwoods. Bei der Förderung von jungem, vielversprechenden Talent ging der Star diesmal weiter als je zuvor. Das Drehbuch stammte von dem 31jährigen Michael Cimino, dem Drehbuch-Co-Autor von *Magnum Force*, und beeindruckte Eastwood so sehr, daß er dem jungen Autor die Gelegenheit gab, es selbst zu inszenieren. Die Rolle von Eastwoods Co-Star fiel an den 25jährigen Jeff Bridges, einem Schauspieler, der sich 1971 mit Peter Bogdanovichs *The Last Picture Show* (Die letzte Vorstellung) einen Namen gemacht hatte. Überdies bescherte Eastwoods ungewohnt zurückhaltendes Spiel dem jungen Schauspieler auch den Löwenanteil der dramatischen Höhepunkte.

Obwohl in erster Linie ein »Kumpelfilm« und in seiner lyrischen Beschwörung einer solchen Männerfreundschaft auch ein Prototyp für Ciminos oscargekrönten *The Deer Hunter*, enthält der Film doch auch Elemente des Caper-Movies (das rudimentäre Plot dreht sich um den clever ausgetüftelten Einbruch in eine scheinbar uneinnehmbare Bank), des Road-Movies nach dem Muster von *Easy Rider* sowie eine klare Rachegeschichte.

Daneben ist es auch Eastwoods einziger Film innerhalb des sogenannten New American Cinema, das sich mit seiner kühlen, klaren, distanzierten Annäherung an die amerikanische Gesellschaft und die amerikanische Landschaft eher am europäischen Kino als den Konventionen Hollywoods orientierte. Filme wie Bob Rafelsons *Five Easy Pieces* (Five Easy Pieces) und *The King of Marvin Gardens* (Der König von Marvin Gardens), Terrence Malicks *Badlands* (Badlands) und Hal Ashbys *The Last Detail* (Das

letzte Kommando) – alle ungefähr zur selben Zeit entstanden – richteten ihre Aufmerksamkeit verstärkt auf die vernachlässigte Provinz, die altmodischen aber nicht minder faszinierenden Seiten ihres Vaterlands, die mit den glatten, restlos konventionellen, von Hollywood und Fernsehen gerne propagierten Huldigungen an den American Dream nicht sehr viel zu tun hatten.
Ciminos Amerika ist eine unberührte Wildnis, eine betörend schöne Landschaft aus paradiesischen Tälern, fernen eindrucksvollen Schluchten und endlosen Kornfeldern unter einem weiten Himmel; real und doch unwirklich: eine Traumlandschaft. Als die beiden Helden ihren Wagen in einer einsamen Schlucht von ehrfurchtgebietender Schönheit zurücklassen müssen, beschwört Lightfoot – als wäre er ein Cowboy, der nur ein frisches Pferd zu satteln braucht, oder ein Ritter, der sich einfach eine neue Lanze greift – ein vorbeiziehendes Flußboot herbei, das sie in wenigen Minuten von dannen trägt. Das Boot trägt den angemessenen Namen »Idaho Dream«, und auf seinem Deck enthüllt Thunderbolt seinen betrogenen Traum von Reichtum und Wohlstand und die Geschichte seines fehlgeschlagenen Bankraubs und setzt damit etwas in Gang, was schließlich zur Verwirklichung von Lightfoots ähnlichen Träumen führen wird.
Nicht minder seltsam sind auch die Bewohner dieser Landschaft. Die beiden Männer halten einen Wagen an, dessen Fahrer einen eingesperrten Waschbären auf dem Vordersitz und den Kofferraum voll weißer Hasen hat, die er nur freiläßt, um sie dann aus nächster Nähe mit seiner Schrotflinte zu erschießen. Unterwegs begegnet Lightfoot einer hübschen Motorradfahrerin, deren erste Reaktion auf seinen Gruß darin besteht, mit einem Hammer auf den Kotflügel seines Wagens einzudreschen. Als er sich eine Weile lang als Gärtner betätigt, heizt ihn die Dame des Hauses dadurch an, daß sie sich splitternackt an ihr Wohnzimmerfenster stellt. Und an einer Tankstelle blättert ein älteres Ehepaar durch einen schier endlosen Strom von Kreditkarten, während sich der ungehaltene Tankwart ausmalt, daß die gesamte Wirtschaft Amerikas an einer kleinen alten Dame mit 75 Dollar Bargeld und der Aktienmehrheit an allen wichtigen Konzernen hängt.
Schon die erste Szene des Films fängt diese auf bizarre Weise originelle Stimmung ein. Aus einer kleinen weißen Holzkirche vor dem blauen Himmel und dem strahlenden Gelb der Kornfelder von Idaho tönen Choralgesänge. Ein arg mitgenommenes Auto nähert sich und hält. Ein schweißnasser Mann mittleren Alters,

dunkler Anzug, Übergewicht, steigt aus, sieht auf die Anschlagtafel und geht schließlich auf den Eingang zu.
Der Pastor heißt, wie wir gesehen haben, John Doherty, und als wir ihn auf der Kanzel sehen, wie er gerade seine versammelte Gemeinde daran erinnert, daß keiner vollkommen ist, erleben wir unsere erste Überraschung. Es ist Clint Eastwood – allerdings ein Eastwood, wie man ihn so noch nie gesehen hat, komplett mit steifem Kragen, Brille und Brillantine im Haar.
Schnitt auf das Gelände eines nahegelegenen Gebrauchtwagenhändlers. Lightfoot, ein junger Drifter, täuscht gerade ein Holzbein vor, um den Händler zu beeindrucken, der ihm 3000 Dollar für einen Pontiac Firebird abknöpfen will. Der Händler ist sich wegen des Holzbeins immer noch nicht sicher, als Lightfoot aufs Gaspedal tritt und den Wagen klaut.
In der Kirche verabschiedet der Pastor unterdessen seine Schäflein mit einem »Gehet hin in Frieden«. In dem Moment zieht der Mann aus dem Wagen eine Automatik und fängt an, auf ihn zu schießen. Doherty entwischt mit knapper Not dem Kugelhagel und nimmt Reißaus ins Weizenfeld. Als er an die Straße kommt, taucht Lightfoot in seinem gestohlenen Firebird auf. Dohertys hektisches Gewinke ignorierend, rast er ins Korn und fährt den noch immer schießenden Angreifer um. Doherty springt auf den Wagen zu, der keine Anstalten macht, anzuhalten, und klammert sich an die Beifahrertür. In wenigen Augenblicken hat er sich – um den Preis einer ausgerenkten Schulter – ins Wageninnere vorgearbeitet: Zwei seltsame Partner haben sich gefunden.
Doherty ist, wie er Lightfoot nach und nach verrät, jener »Thunderbolt«, der seinerzeit mit Hilfe einer 20mm-Kanone den Tresor der Montana Armoury ausgeraubt hat. Aus Angst, daß drei andere Bandenmitglieder das Geld verprassen und sich damit verraten würden, haben er und ein anderes, inzwischen verstorbenes Mitglied der Bande das Geld versteckt. Seither wird Thunderbolt von den Überlebenden, dem gemeingefährlichen Red Leary (George Kennedy) und dem freundlichen Hanswurst Eddie Goody (Geoffrey Lewis), verfolgt. Nun hält er die Zeit für gekommen, das Geld endlich aus dem Versteck zu holen. Dort angekommen, entdecken er und Lightfoot allerdings, daß man die alte Schule, in der er das Geld versteckt hat, inzwischen abgerissen und ein moderneres Gebäude an derselben Stelle errichtet hat. Als Leary und Goody die beiden schließlich einholen, kann Thunderbolt sie überzeugen, daß er sie nicht betrogen hat. Light-

›Thunderbolt and Lightfoot‹ (Die letzten beißen die Hunde) – Clint Eastwood einmal anders

foot schlägt vor, den Einbruch zu wiederholen, und die vier Männer suchen sich Gelegenheitsjobs, um das Unternehmen zu finanzieren.
Der auf die Sekunde genau geplante Bankraub verläuft zunächst

erfolgreich. Leary und Thunderbolt dringen in das Haus des Bankdirektors ein, zwingen ihn dazu, die Kombination der Schutztüren preiszugeben, und sprengen sich mit der Kanone einen Weg in den Tresor. Als Frau verkleidet, lenkt Lightfoot inzwischen einen Wächter ab.

Auf der Flucht werden sie jedoch von der Polizei entdeckt. Leary stößt den schwer verwundeten Goody aus dem Wagen, schlägt Thunderbolt und Lightfoot bewußtlos und tritt dem Jungen dabei mehrmals an den Kopf, weil ihn dieser immer zur Zielscheibe seiner unverschämten Witze gemacht hat. Dicht verfolgt von der Polizei, flüchtet Leary mit dem Geld und rast schließlich durch das Fenster eines Kaufhauses, das nachts von auf den Mann dressierten Dobermännern bewacht wird. Die Hunde töten ihn.

Ohne Wagen und ohne Geld machen sich Thunderbolt und Lightfoot zu Fuß auf den Weg. Am nächsten Morgen stoßen sie auf die alte Schule, in der Thunderbolt das Geld aus dem ersten Überfall versteckt hatte. Stein für Stein an einen anderen Ort transportiert, dient sie nun als Museum. Auch das Geld ist noch immer an seinem alten Platz. Thunderbolt kauft damit einen weißen Cadillac, doch als er Lightfoot abholt, spricht der Junge undeutlich und ist von den Schlägen Learys bereits halb gelähmt. »Ich finde, wir haben wirklich 'ne prima Arbeit geleistet. Ich bin verdammt stolz auf mich, wirklich. Ich komm' mir wie 'n richtiger Held vor«, sind seine letzten Worte. Thunderbolt bricht die Zigarre auseinander, die er sich zur Feier des Tages angezündet hat, und fährt davon.

Geschickt verbindet der Film so Themen wie Freundschaft, Jugend, Alter, Erfahrung und Unerfahrenheit. In der Kirche predigt Thunderbolt »Die Wölfe werden bei den Lämmern wohnen und die Parder bei den Böcken liegen«. Auf das Wort »Böcke« schneidet der Film das erste Mal auf Lightfoot. Der geschmeidige, rasche Parder ist also ohne Frage Thunderbolt. Als Lightfoot vorschlägt, die Bank noch einmal zu überfallen, und der mürrische Leary Bedenken anmeldet, wiederholt Thunderbolt das Zitat. »Was is'n das – n' Werbespruch?«, will Goody wissen. »Nein«, antwortet Thunderbolt, »ein Bibelspruch«. Allerdings einer, den der liebe Gott nicht erhört.

Leary lehnt Lightfoots Freundschaft ab, hält indes an der von Thunderbolt fest, weil sie Jahre zuvor im Feuer des Korea-Krieges geschmiedet wurde. Lightfoots Reaktion ist angemessen spöttisch, enthält aber doch ein Körnchen Wahrheit: »Stell' dir

vor, gestern nacht hab' ich von dir geträumt«, vertraut er Leary an. »Ich hab' geträumt, du sagst Hallo zu mir.«
Als Lightfoot das erste Mal Thunderbolt seine Freundschaft anbietet, zögert der Ältere. »Junge, du kommst zehn Jahre zu spät«, meint er. »Jeder ist so jung, wie er sich fühlt«, brüllt ihm Lightfoot nach. Thunderbolt überlegt es sich erst anders, nachdem er Leary in einer nahegelegenen Bushaltestelle entdeckt hat. Als die beiden Männer an einem Motel Station einlegen, reißt Lightfoot in Windeseile ein Mädchen namens Melody (Catherine Bach) für sich und dessen Freundin Gloria für Thunderbolt auf. Thunderbolt ist nicht so begeistert, nächtliche Abenteuer hat er hinter sich gebracht. Als er dann doch mit Gloria ins Bett geht, ist ihm das junge Mädchen ganz offenbar ein wenig zuviel. »Langsam, Gloria«, stöhnt er, »du kommst noch früh genug ans Ziel«. Am nächsten Morgen beim Frühstück erhält ein erschlagener Thunderbolt von einem aufgekratzten Lightfoot den Rat »Bleib bei mir, Junge. Ich zeig' dir, was Poesie ist«. Thunderbolts einziger Kommentar ist ein weiterer Bibelspruch: »Am Morgen deines Lebens hat alles einen Sinn/Doch mittags spürst du schon, die Schönheit ist dahin«.

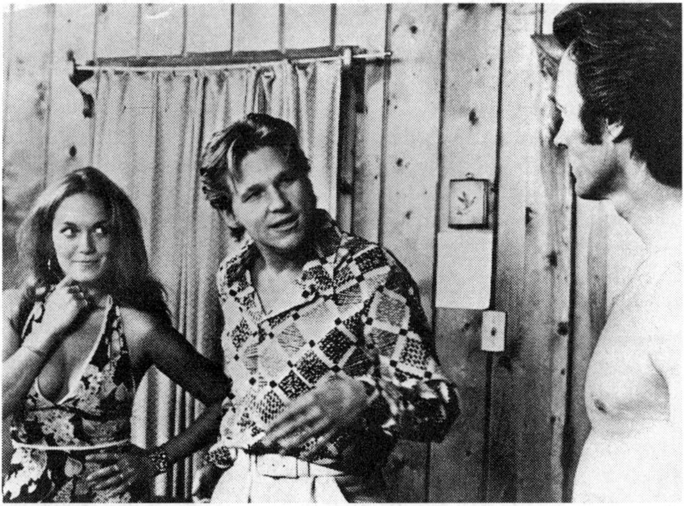

Hase, Bock und Parder – Mit Catherine Bach und Jeff Bridges in ›Thunderbolt and Lightfoot‹

Auch vor den homosexuellen Untertönen einer solchen Männerfreundschaft schreckt der Film nicht zurück. »Wir dürfen uns nicht mehr so treffen«, witzelt Lightfoot, als Thunderbolt aus der Bushaltestelle zurückkehrt, »sonst fangen die Nachbarn an zu reden«. Später bringt Lightfoot Leary mit der Geschichte von der nackten Frau am Wohnzimmerfenster auf Touren und drückt ihm zum Abschluß einen gespielten Kuß auf den Mund. Für den Bankraub muß er sich schließlich auch noch als Frau verkleiden und dabei genügend echt wirken, um einen sexuell frustrierten Wächter zum Narren zu halten.

»Hach, du Sexbiene«, gesteht er seinem Spiegelbild, »ich bin selber auf dich scharf«.

Zu Beginn des Films ist Lightfoot nur ein weiteres Beispiel für die Dekadenz der Jugend; am Ende haben ihn seine Loyalität zu Thunderbolt und sein entschlossener Einsatz beim Bankraub (ironischer und ziemlich unfairerweise war seine Transvestitenrolle völlig überflüssig; es gab noch ein zweites Alarmsystem) zum »Helden« werden lassen. Auf ähnliche Weise wird auch Thunderbolt als Held entlarvt: Zunächst erzählt er Lightfoot, daß Leary ein Kriegsheld sei und ihm in Korea das Leben gerettet habe. Erst als der Banküberfall schiefläuft, erkennt Lightfoot, daß es genau andersherum war.

Was Freundschaft und Zielstrebigkeit betrifft, mag Lightfoot es mit Thunderbolt aufnehmen können, doch seine jugendliche Unerfahrenheit erweist sich schließlich als sein Verderben. Als sie in ihrem weißen Cadillac davonfahren, scheint ihr Triumph vollkommen. »Wir haben das Spiel gewonnen, nicht wahr?«, meint Lightfoot. Doch Thunderbolt hat schon zuviel erlebt, um zu einem so eindeutigen Schluß zu gelangen. »Es scheint so«, entgegnet er, »jedenfalls im Augenblick«. Wie diese Beispiele beweisen, gehören die meisten der relevanten Dialoge Lightfoot. Er hat die besseren Texte, er ist dramaturgisch die interessantere Figur, und Jeff Bridges verstand es, seine Gelegenheit voll auszunützen. Und das ist auch, obwohl Bridges keine Schuld daran hat, die größte Schwäche des Films.

In einer untergeordneten Position – ähnlich wie in *Paint Your Wagon* und *Two Mules for Sister Sara* – verliert Eastwood auf der Leinwand seine Wirkung. Benützt er seine distanzierte Unabhängigkeit nicht dazu, seine Umgebung zu beherrschen, zeugt sie beinahe von Verdruß. Erst bei der Planung und Durchführung des Bankraubes lebt er wirklich auf: Plötzlich wird er zu einer dy-

› Thunderbolt and Lightfoot ‹ – Die Blonde ist Jeff Bridges

namischen, bewundernswerten Figur, deutlich intelligenter und effizienter als alle seine Partner, ein echter Anführer. Im Großteil des Films gelingt es ihm jedoch nicht, auf Bridges hemmungsloses Spiel angemessen zu reagieren. Ihre Beziehung ist unausgeglichen, außerstande, jene emotionelle Resonanz zu offenbaren, die Ciminos Skript zu einem mehr als einfach nur geistreichen Unterfangen gemacht hätte.
Trotz alledem zeugte Eastwoods Bereitwilligkeit, den Film überhaupt zu drehen, noch dazu auf diese Art, doch von seinen bemerkenswerten persönlichen Qualitäten. Nur wenige Superstars hätten wohl den Mut und die Großzügigkeit aufgebracht, junge aufstrebende Talente derart großzügig gewähren zu lassen.
Dennoch war er klug genug, zu erkennen, daß er mit solchen Ex-

perimenten nur bis zu einem gewissen Punkt gehen konnte, wollte er nicht den Ruf gefährden, den er sich so beharrlich aufgebaut hatte. Weshalb er sich für seinen nächsten Film auf sichereren Grund zurückzog – wenn auch nur im übertragenen Sinn.
Zum ersten Mal in seiner Laufbahn als Regisseur folgte Eastwood nun konventionellen Hollywood-Pfaden und suchte sich eine Story, die bereits in anderer Form ein Erfolg geworden war. Trevanians Roman *The Eiger Sanction*, der sich unmittelbar nach seiner Veröffentlichung im Jahr 1973 zum Bestseller gemausert hatte, war ein arg konstruierter, dafür mit umso mehr Sex angereicherter James Bond-Abklatsch, eine Mischung aus Humor und Gewalt, die ihre Wirkung im wesentlichen aus der offenbar authentischen Schilderung einer Bergbesteigung bezog. Ihr Held war ein Kunstprofessor an einer amerikanischen Universität, der sich seine stetig wachsende Kunstsammlung durch »Sanktionen« – Rachemorde – für eine Spezialabteilung des US-Geheimdienstes finanzierte. Seine besonderen Qualifikationen für eine solche Arbeit bestanden dabei – neben seinen körperlichen Fähigkeiten – in einem krankhaften Unvermögen, irgendwelche Schuldgefühle zu empfinden.
Oberflächlich betrachtet hatte dieser Held durchaus einiges mit Eastwoods Image gemein. Wie der Mann ohne Namen ist auch er ein kalter, gewissenloser Mörder mit einem sardonischen Sinn für Humor. Wie Harry Callahan verachtet auch er seine Auftraggeber und verleiht dem mit einfallsreichen Unverschämtheiten Ausdruck.
Der Unterschied liegt jedoch darin, daß er sich nicht jenen Bedrohungen und Frustrationen zu stellen hat, die die Brutalität dieser Figuren rechtfertigte. Statt dessen lebt er ein bequemes Leben in einer bequemen modernen Welt, und sein einziges Motiv ist reine Gier; eine Gier, die nur dadurch etwas legitimiert wird, daß sie den schönen Künsten gilt, was auf ein gewisses Feingefühl hindeutet. Selbst dieses Feingefühl ist indes von extremem Egoismus geprägt, frönt er ihm doch nur in der Abgeschiedenheit einer unterirdischen Stahlkammer.
Der Film versucht, das etwa abzumildern, indem er den Helden – auf nicht sehr überzeugende Weise – gegen das korrupte System herziehen läßt, das keine Skrupel hat, Leute wie ihn zu beschäftigen. Die Lücken einer flauen, unglaubwürdigen Geschichte auszufüllen, gelingt ihm damit aber nicht: Als ein Agent in Zürich ermordet wird, lockt der Geheimdienstchef – ein invalider

Albino namens Drache (Thayer David), der aus medizinischen Gründen in ständigem Halbdunkel leben muß – seinen Oberkiller Jonathan Hemlock (Eastwood) aus dem Ruhestand, in dem er ihm den doppelten Lohn für seinen letzten Auftrag verspricht. Hemlock willigt ein, allerdings nur deshalb, weil er sein Auge auf einen Pissarro geworfen hat, der vor kurzem auf dem Schwarzmarkt aufgetaucht ist.

Er fliegt nach Zürich, erschießt einen der beiden Mörder und begegnet auf seinem Heimflug der attraktiven farbigen Stewardeß Jemima Brown (Vonetta McGee). Nach einer gemeinsamen Nacht sind sowohl Jemima als auch Hemlocks Geld verschwun-

›The Eiger Sanction‹ (Im Auftrag des Drachen) – Clint Eastwood in der Eiger-Nordwand

den. Wie sich herausstellt, steht auch Jemima im Auftrag des Drachen.
Der Drache will Hemlocks Lohn auf 100.000 Dollar, das Fünffache, erhöhen, wenn er auch den zweiten Mörder zur Strecke bringt. Alles, was man von ihm weiß, ist, daß er humpelt und Mitglied eines internationalen Teams ist, das im Sommer eine Besteigung der tückischen Eiger-Nordwand versuchen wird. Hemlock weigert sich zunächst, erfährt dann jedoch, daß der ermordete Agent ein persönlicher Bekannter von ihm war. Überdies teilt ihm der Drache mit, daß ein alter Erzfeind Hemlocks, Miles Mellough (Jack Cassidy), hinter dem Mord stecke und damit ebenfalls zum Abschuß freigegeben sei.
Hemlock, ein erfahrener Bergsteiger, nimmt den Auftrag an, fliegt nach Arizona und beginnt dort in der Bergsteigerschule seines alten Freundes Ben Bowman (George Kennedy) mit dem Training. Bowman, so erweist sich, wird das Kommando über das Basislager der Eiger-Besteigung übernehmen. Während seines Trainings erhält Hemlock Besuch von Miles Mellough. Mellough weiß, daß Hemlock hinter dem zweiten Mörder her ist und will ihm den Namen des Killers verraten, wenn Hemlock dafür sein Leben verschont. Als Hemlock nicht darauf eingeht, versucht Mellough, ihn umzubringen. Als Vergeltung lockt ihn Hemlock tief in die Wüste, erschießt dort seinen Leibwächter und überläßt Mellough seinem Schicksal.
In der Schweiz schließen sich Bowman und Hemlock den anderen drei Mitglieder des Bergsteigerteams an und beginnen mit dem Aufstieg, obwohl Hemlock, was die Identität des Mörders betrifft, immer noch nicht klüger als zuvor ist. Ein Wetterumsturz macht die Expedition zu einer Katastrophe. Hemlock überlebt als einziger. Bowman leitet das Rettungsteam, und es kommt der Moment, als Hemlock ein lebenswichtiges Seil durchschneiden muß, damit Bowman ihn in Sicherheit bringen kann. In diesem Augenblick fällt Hemlock auf, daß Bowman humpelt, sein Freund also der zweite Mörder ist. Die bisherigen Vorfälle haben Hemlock als den Mann im Auftrag des Drachen entlarvt, allerdings auf eine Art, die nur sein Opfer erkennen würde. Hemlock hat keine andere Wahl, als seinem alten Freund zu trauen, und wird gerettet.
Auf der Rückfahrt gesteht Bowman, daß ihn Miles Mellough zur Mittäterschaft gezwungen habe. Der Mord in Zürich sei nicht geplant gewesen, zumindest nicht von Bowman. Wieder im Hotel

ruft der Drache Hemlock an und gratuliert ihm in der Annahme, daß sein Mann die wahre Identität des zweiten Mörders nicht herausfinden konnte und deshalb alle drei Mitglieder des Bergsteiger-Teams umgebracht hat. Hemlock verschweigt ihm die Wahrheit und läßt die Angelegenheit mit Bowman auf sich beruhen. Hemlock legt dabei den rauhen Charme eines Joe Kidd oder Coogan, dieselbe Zwanglosigkeit in Sachen Mord wie der Mann ohne Namen sowie die moralische Entrüstung und zweideutige Engstirnigkeit eines Harry Callahan an den Tag. Wie Dirty Harry, der alle Arten von Vorurteilen zur Schau trägt und doch nacheinander einen Mexikaner, einen Neger und eine Frau zum Partner bekommt, zieht es Hemlock in sexueller Hinsicht zu einer Farbigen, Jemima, und einer Indianerin, Bowmans ausgesprochen sportlicher Tochter »George« (Brenda Venus), die einen großen Teil seiner Ausbildung in Arizona übernimmt. Und doch verdammt er Jemima heuchlerisch als Hure, als er entdeckt, daß sie nach ihrer gemeinsamen Nacht das Geld für seinen ersten Auftrag gestohlen hat, obwohl sie darauf besteht, daß ihr gemeinsames Bettabenteuer nicht Teil ihres Auftrages war und sie die Beziehung gerne weiter fortführen möchte.
Auch für Miles Mellough, einen anderen Freund, der ihn einst verraten hat, hat er nur spöttische Verachtung übrig, auch wenn sich diese mehr auf die überdeutlich zur Schau gestellte Homosexualität Melloughs als seine betrügerische Natur bezieht. Miles besitzt sogar einen kleinen Schoßhund namens Pinselchen, der ihn natürlich im Stich läßt und in Hemlocks Jeep springt, als man sein Herrchen mitten in der wasserlosen Wüste aussetzt.
Im Rahmen einer Story, die an Unglaubwürdigkeit der von *Where Eagles Dare* gleichkommt, funktioniert Hemlocks Verhalten allerdings in einem Vakuum. Im Grund bleibt er so nichts weiter als ein großmäuliger, gewissenloser Snob. Aus diesem Grund konzentrierte Eastwoods Inszenierung den überwiegenden Teil der Spannung daher auf die einzige, wirkliche Herausforderung für Hemlock: die Berge, und insbesondere der Eiger.
Seit jeher hatte Eastwood darauf bestanden, seine Stunts, wenn irgend möglich, selbst zu spielen. Im Auftrag des Drachen jedoch ist eine regelrechte Tour-de-force der Stunts. Fest entschlossen, den Film vor Ort zu drehen und dabei nur vor der Eiger-Nordwand selbst zurückschreckend, bereitete er sich mit einem dreiwöchigen Intensivkurs im Yosemite National Park auf die Dreharbeiten vor. Für einen Fünfundvierzigjährigen, der noch nie in

seinem Leben einen Berg bestiegen hatte, war das ein unerhörter Entschluß und seine Erfahrungen während des Trainings bestätigten ihn recht schnell in seiner Absicht, selbst Regie zu führen. In einer Felswand zu hängen und dabei zu versuchen, den Regieanweisungen eines anderen zu folgen, war praktisch ganz einfach nicht durchführbar.
Zunächst hatte Eastwood die Regie Don Siegel angeboten, der dann aus praktischen Erwägungen ablehnte, obwohl man sich kaum vorstellen kann, was den Regieveteranen an einer solchen Geschichte gereizt haben könnte und Siegel das nach Abschluß der Dreharbeiten auch zugab. In der Tat erwies sich der Film als der schwierigste und gefährlichste, den Eastwood je gedreht hatte. So kam bereits am zweiten Tag einer der beteiligten Bergsteigerprofis, ein junger Brite namens David Knowles, bei einem Steinschlag ums Leben. Eastwood, ein Augenzeuge des Unfalls, war entsetzt, entschied sich dann aber doch, den Film abzudrehen, dem Toten zu Ehren und seinen eigenen, freimütig eingestandenen Ängsten zum Trotz.
Als Folge davon sorgen die Bergsteiger-Sequenzen für die einprägsamsten Momente des Films. Als sich Eastwood und George Kennedy während ihres Trainings in Arizona auf das Gipfelplateau eines einsamen, hunderte von Metern in die Wüstenluft emporragenden Berges hochziehen, fährt die Helikopterkamera zurück und zeigt die beiden Schauspieler in einer ausgesprochen prekären Lage: allein und ohne die geringste Unterstützung. Und als Hemlock an der Eiger-Wand über einem tiefen Abgrund hängt, ist es ganz offensichtlich Eastwood und kein Doppelgänger, der da am Ende eines Seils baumelt.
Obwohl professionelle Bergsteiger über die dabei verwendeten Techniken vielleicht die Nase rümpfen, besteht doch kein Zweifel an den dramatischen und optischen Wirkung solcher Szenen. Im allgemeinen ließen die Kritiker Eastwood für sie die gebührende Anerkennung zuteil werden, hoben aber auch hervor, daß sie den flauen, weitschweifigen Rest des über zwei Stunden langen Films nicht retten konnten.
An der Kasse freilich entpuppte er sich als Hit und sorgte zusammen mit dem im selben Jahr veröffentlichten *Thunderbolt and Lightfoot* dafür, daß Eastwood auch im Jahr 1974 zum zweitgrößten Kassenmagneten Amerikas ernannt wurde. Nur Robert Redford, der sich noch immer im Erfolg des Oscar-Films *The Sting* (Der Clou) sonnte, konnte ihn vom ersten Platz verdrängen.

Mit George Kennedy bei den Dreharbeiten zu ›The Eiger Sanction‹

10. Eine neue Reife

*The Outlaw Josey Wales * The Gauntlet*

Sowohl John »Thunderbolt« Doherty als auch Jonathan Hemlock hatten Eastwood einigen Profit gebracht. In künstlerischer Hinsicht aber brachten sie ihn keinen Schritt voran, stellte doch keiner der beiden eine entscheidende Weiterentwicklung der Figur des Harry Callahan dar. Sein nächstes Projekt gar schien auf den ersten Blick noch wie ein viel größerer Schritt zurück. Er entschied sich für einen Western, jenes Genre, das ihm zum Erfolg verholfen hatte, nun aber langsam auszusterben drohte, weil sich das Publikum einfach nicht mehr dafür interessierte. Selbst so bekannten Stars wie Jack Nicholson, Marlon Brando, Paul Newman und John Wayne, die alle zu dieser Zeit in einem Western auftraten, war es nicht gelungen, ein breiteres Publikum anzulocken. Paradoxerweise gehörten diese Filme dabei zu den beeindrukkendsten und originellsten Western aller Zeiten. Filme wie Nicholsons und Brandos *The Missouri Breaks* (Duell am Missouri), Newmans *Buffalo Bill and the Indians* (Buffalo Bill und die Indianer) und Don Siegels *The Shootist* (Der Scharfschütze) mit John Wayne warfen ein neues, erhellendes Licht auf den Mythos des alten Westens, das auch die schockierende Wirkung der Niederlage in Vietnam und der Watergate-Enthüllungen auf das amerikanische Nationalbewußtsein berücksichtigte.
So gelungen diese Filme aber auch waren, begnügten sie sich doch damit, die Ernüchterung und Unsicherheit Amerikas nur zum Ausdruck zu bringen statt einen Ausweg anzubieten. Im Gegensatz zu den ähnlich ernüchternden, aber in glücklicheren Zeiten produzierten Leone-Western waren sie keine befreiende Kraft, die überholte Konventionen aus reinem Spaß an der Freude auf den Kopf stellten; eher schon eine weitere Mahnung vor dem inneren Zwiespalt der Nation und dem Verlust ihrer politischen Unschuld. Und zudem kam all das auch noch in einem Genre zum Ausdruck, daß bislang traditionsgemäß den amerikanischen Traum von Selbstvertrauen und Optimismus beherbergt hatte. Kein Wunder also, daß die Zuschauer ausblieben.
In seiner Filmlaufbahn hatte Eastwood bislang nur die relativ oberflächlichen und dramatischen Seiten von Amerikas Proble-

men in den späten Sechzigern und frühen Siebzigern angetippt. Die Gewalt, der Harry Callahan auf den Straßen von San Francisco begegnete, war ein Spiegel von Amerikas immer weiter zunehmender und immer brutaleren Einmischung in Südostasien. Dirty Harrys tödlichste Gegner sind allesamt Vietnam-Veteranen: die Vigilanten, Bobby Maxwell, sogar Skorpion mit seinen schwarzen Fallschirmspringerstiefeln und seinem soldatischen Geschick im Umgang mit Waffen aller Art. Auch Eastwood hatte keine Lösungen angeboten, außer vielleicht in unmittelbarer emotioneller Hinsicht. Callahans Siege ändern im Grund nichts an der Verbitterung über seine Lage, der geheimnisvolle Fremde in *High Plains Drifter* ist eine Art selbstzerstörerischer, auf eine einzige, nicht wiederholbare Aufgabe programmierter Roboter und das hemmungslose Gemetzel des Mannes ohne Namen wirkte unter den gegenwärtigen Umständen beinahe schon verspielt.

So schien es nur zu angemessen, daß derselbe Eastwood, der dem Western als erster die Ernüchterung beschert hatte, dem Genre auch einen Ausweg zeigen und damit sowohl als Regisseur als auch was sein Image betraf, einen enormen Schritt nach vorne machen sollte. Die Gelegenheit dazu ergab sich durch ein Buch mit dem Titel *Gone to Texas*, das sein Autor Forrest Carter an Malpaso geschickt hatte. Einem Interview Eastwoods aus dem Jahr 1976 zufolge, war Carter ein 46jähriger Halb-Cherokese ohne Schulausbildung, aber mit einer enormen Begabung im Gedichte- und Geschichtenerzählen. Er habe sich überzeugen lassen, eine seiner Geschichten in einem Buch niederzuschreiben, das dann schließlich in Arkansas als Hardcover mit einer Auflage von 75 Stück veröffentlicht worden sei. In seiner Eastwood-Biographie *The Man With No Name* ist Iain Johnstone allerdings der Ansicht, daß Carters Hintergrund ein gutes Stück prosaischer war. So deutet einiges darauf hin, daß Carter in Wirklichkeit als Wahlredenschreiber für den kontroversen Senator George Wallace aus Alabama tätig war.

Wichtiger allerdings ist, daß Robert Daley das Buch las und sofort davon beeindruckt war. Er zeigte es Eastwood, der sich auch sofort dafür interessierte. Das Buch erzählte eine epische Geschichte, die, ganz im traditionellen Sinn, über mehrere Jahre hinweg die Abenteuer einer heroischen Gestalt vor einem wohlbekannten historischen Hintergrund – in diesem Fall dem amerikanischen Bürgerkrieg – verfolgte. Nach einer solchen Story hatte

›The Outlaw Josey Wales‹

Eastwood, wie er später zugab, schon eine ganze Weile lang gesucht. Malpaso erwarb die Filmrechte und engagierte Phil Kaufman als Drehbuchautor.
Die witzige, bizarre und forsch-authentische Milieuzeichnung von Kaufmans erstem Western *The Great Northfield Minnesota Raid* (Der große Minnesota-Überfall) hatte Eastwood sehr beeindruckt. Von seinen Anstrengungen bei *The Eiger Sanction* geistig und körperlich noch immer abgespannt, war Eastwood auch nur zu gern bereit, ihm die Regie des Films zu übertragen. Eine Woche nach Beginn der Dreharbeiten zeigte sich jedoch, daß sich Kaufmans Vorstellungen von der Story deutlich von denen Eastwoods unterschieden. Kurz darauf übernahm Eastwood selbst die Regie: wie sich herausstellte, ein ausgesprochen glücklicher Entschluß.
The Outlaw Josey Wales (Der Texaner) beginnt in einer Periode amerikanischer Geschichte, als das Land schon einmal in zwei Teile gespalten war; an einem Ort, wo die betreffenden Streitfragen zum ersten Mal der Anlaß für brutalste Gemetzel wurden: am Vorabend des Bürgerkrieges an der Grenze zwischen Kansas und Missouri. Kansas steht kurz davor, der Union als vollwertiger Bundesstaat beizutreten. Noch sind sich die Bewohner allerdings uneins, wie sie sich zur Sklaverei stellen sollen. Eine Mehrheit ist dagegen, der Nachbarstaat Missouri ist dafür.
Die Schlacht um Kansas begann mit manipulierten Wahlen und Einschüchterungsversuchen der Sklavereibefürworter, eskalierte entlang der Grenze aber schnell zu größeren Gewalttaten. Auf beiden Seiten machten sich Vigilanten verschiedenster Couleur an eine Serie von Rache- und Vergeltungsaktionen, die darauf abzielten, andersdenkende Siedler entweder umzustimmen oder kurzerhand abzuschlachten. Nach Ausbruch des Bürgerkrieges 1861 tobte in dem Gebiet ein Guerilla-Krieg, in dessen Verlauf die grausamsten Gemetzel des ganzen Konflikts verübt wurden. Es ist eine anarchische Welt, in der sich Leones Mann ohne Namen restlos heimisch fühlen würde. Zunächst gibt es freilich kaum einen Hinweis auf die kommenden Ereignisse, als wir das erste Mal Josey Wales begegnen, einem schwer arbeitenden Farmer, der gerade mit seinem Sohn und einem Ochsen die Wildnis umpflügt. Die Szene spielt in wäldlicher Idylle und Eastwood, unbewaffnet und mit einem Schlapphut auf dem Kopf, erinnert darin eher an den Pardner aus *Paint Your Wagon.* Aus der Ferne ruft seine Frau den Jungen zurück ins Haus, und ein leises Donner-

grollen kündet von drohender Gefahr. Der Donner weicht den Hufschlägen mehrerer Pferde. Rauch kräuselt sich über den Bäumen. Es fallen Schüsse. Und Josey rennt auf das Haus zu.
Vigilanten der Union – die »Kansas Red Legs«, so genannt wegen ihrer roten Stiefel – haben sein Haus überfallen. Sie brennen es nieder, vergewaltigen und töten Joseys Frau und schlachten seinen Sohn ab. Mit seinem Säbel schlägt Terrill (Bill McKinney), der Anführer der Vigilanten, Wales nieder und läßt den Totgeglaubten achtlos liegen.
Als Wales das Bewußtsein wiedererlangt, begräbt er seine Familie und bringt dabei die ersten zusammenhängenden Worte über die Lippen: »Der Herr hat es gegeben ... der Herr hat es genommen ...« Dann entdeckt er seinen Colt in der Asche seines Hauses und fängt an, zu üben. Geführt von einem »Bloody Bill« Anderson, taucht eine Gruppe konföderierter Vigilanten auf und enthüllt ihm die Verantwortlichen des Massakers. Nun wollen sie nach Kansas ziehen, »um eine Rechnung zu begleichen«. »Ich komm' mit Euch«, entgegnet Wales.
Auf ebenso dramatische wie ökonomische Weise hat er damit das Motiv und die emotionelle Rechtfertigung des Fremden ohne Namen erhalten. Begleitet von einem martialischen Trommelwirbel und einem Kontrapunkt aus Pistolenschüssen, verblassen die Farben des Waldes zu einem matten, leblosen Grau, und hinter dem Vorspann beginnt eine Schnittfolge aus Bürgerkriegsgefechten, unterbrochen von mehrmals wiederholten Frontalangriffen Josey Wales' und seiner Vigilanten. Als mit Ende des Vorspanns auch der Krieg vorüber ist, hat sich Wales auch das tödliche Geschick des Fremden ohne Namen angeeignet. Nun ist er ein bekannter und gefürchteter »Missouri-Guerilla«. Andersons Vigilanten beenden ihren Krieg auf einem trostlosen Hügel, um ein schwaches Lagerfeuer gekauert. Fletcher (John Vernon), ein Ex-Offizier der Konföderierten, bietet den »letzten, die durchgehalten haben«, die Chance sich in einem nahegelegenen Lager der Unionstruppen zu ergeben. Sie hätten nur den Treueeid zu schwören. »Dann setzt ihr euch wieder auf eure Pferde und reitet nach Hause.« Ein unwiderstehliches Angebot für alle außer Wales: er hat kein Zuhause mehr und sich noch immer nicht an jenem Mann gerächt, der es ihm genommen hat. Trotz einer gutgemeinten Warnung Fletchers, daß man es ihm nicht erlauben werde, weiter frei herumzuziehen, entschließt sich Wales weiterzukämpfen.

Im Lager der Union übergeben die Vigilanten ihre Waffen und entdecken dabei zu ihrer Bestürzung Terrill, nun in der Uniform eines Captains der Unionstruppen. Während sie ihren Treueeid schwören, schlagen einige Soldaten eine Plane zurück und mähen sie mit einem darunter versteckten Gatling-Maschinengewehr nieder. Wales, der das Ganze aus der Ferne beobachtet hat, greift an, erbeutet die Gatling, richtet sie auf die Unionssoldaten und flüchtet dann mit dem einzigen Überlebenden, einem jungen, von Terrill angeschossenen Vigilanten namens Jamie (Sam Bottoms).

Wales beschließt, vorerst im Indianergebiet Schutz zu suchen, bevor er mit Terrill endgültig abrechnet. Terrill und Fletcher erhalten den Auftrag, zusammen mit dem Rest der »Red Legs« Wales aufzuspüren.

So beginnt eine epische Reise, bei der der Outlaw zögernd eine neue Familie aus Außenseitern, Eigenbrötlern und Leidensgenossen, die wie er ein Opfer des Krieges und der Ungerechtigkeit geworden sind, um sich schart, bis er schließlich ein neues Zuhause findet, wieder eine idyllisch gelegene Zufluchtsstätte, diesmal jedoch an der Grenze zwischen den USA und Mexiko.

Wales und Jamie entkommen Terrill über den Missouri. Unterwegs verschlimmert sich Jamies Zustand immer weiter, was ihn aber nicht davon abhält, Wales das Leben zu retten, als er von zwei Trappern geschnappt wird, die hinter den inzwischen ausgesetzten 5000 Dollar Belohnung für seinen Kopf her sind. Als Jamie schließlich stirbt, trauert Wales um ihn. »Wenn ich mal jemand mag«, sagt er später, »ist er nicht mehr lange da«.

Er kommt allein ins Indianergebiet und stößt dort auf einen alten Cherokesen, Lone Watie (Chief Dan George), der seinen Privatkrieg mit dem weißen Mann verloren hat und deshalb ins Reservat verfrachtet wurde. Auf diesem »Pfad der Tränen« starben seine Frau und seine beiden Söhne, weshalb er der Union nun ebenso viel Haß entgegenbringt wie Wales.

Er erzählt dem Outlaw von anderen Vigilanten, die sich ebenfalls geweigert hätten, sich zu ergeben und nun von Mexiko aus arbeiten würden. Als sich Wales auf die Suche nach ihnen macht, findet er heraus, daß er in dem Indianer einen Reisegefährten gewonnen hat.

In einer kleinen Marketenderei stößt ein zweiter zu ihm: Little Moonlight (Geraldine Keans), eine Navajo-Squaw, die von ihrem Stamm verstoßen wurde, weil sie sich nicht heftig genug gewehrt

›The Outlaw Josey Wales‹ (Der Texaner) – Mit Chief Dan George

hat, als sie von Arapahos gefangen und vergewaltigt worden war. Auch ein herrenloser Hund schließt sich ihnen an.
Nach einem Revolverduell mit vier Unionssoldaten in einer Frontier-Stadt stoßen sie auf eine Bande Comancheros, die eine Wagenladung Siedler gefangengenommen hat. Als sich Lone Watie auf seinem Beobachtungsposten zufällig verrät und ebenfalls gefangengenommen wird, rettet Wales ihn und die beiden noch lebenden Siedlerinnen, Oma Sarah (Paula Trueman), eine Einheimische aus Kansas, deren Sohn bei den Red Legs gekämpft hat und für sie gefallen ist, und ihre verträumte Enkelin Laura Lee (Sondra Locke).
Gemeinsam ziehen sie in die Grenzstadt Santa Rio, wo Oma Sarahs Sohn eine Farm besitzt. Mit Hilfe eines älteren Mexikaners

und eines Cowboys aus der Stadt gründen sie dort ein neues Heim. Seit in der örtlichen Mine kein Silber mehr zu finden ist, ist Santa Rio nurmehr eine Geisterstadt, und die wenigen Zurückgebliebenen – ebensolche Eigenbrötler wie der Rest von Wales' Gruppe – sind nur zu gerne bereit, den Neuankömmlingen unter die Arme zu greifen. Sogar hier muß sich Wales allerdings noch mit einem Kopfgeldjäger auseinandersetzen, der ihn bis Santa Rio verfolgt hat.
Als die Gruppe in der kleinen Farm einzieht, sorgt der Komanchenhäuptling Ten Bears (Will Sampson) für neue Schwierigkeiten. Wie Wales ist auch Ten Bears von den betreffenden Behörden bis an diesen Ort gehetzt worden und will nun kein weiteres Eindringen in sein Gebiet mehr dulden. Wales reitet in sein Dorf und bietet ihm die Wahl zwischen einem sofortigen Duell, das er nicht gewinnen kann, und einem friedlichen Zusammenleben, »mein Wort vom Leben«. Ten Bears hat von Wales gehört und weiß von ihrem gemeinsamen Haß auf die Union. Wales' innere Überzeugung und seine augenfällige Bereitschaft, zu sterben, wenn es nicht anders geht, beeindrucken den Häuptling so sehr, daß er sich für den Frieden entscheidet.
Trotz der sich langsam entwickelnden Beziehung zu Laura Lee und den Reizen ihres neuen »Paradieses«, wie Sarah es nennt, kann Wales jedoch seine Rache nicht vergessen und entscheidet sich schließlich dafür, nach Missouri zurückzukehren. Als er die Farm verläßt, tauchen Terrill und seine Red Legs auf. Wales stellt sich ihnen entgegen, die Bewohner der Farm kommen ihm zu Hilfe. Gemeinsam bringen sie alle Red Legs bis auf Terrill um. Wales verfolgt ihn und ersticht ihn mit demselben Säbel, den Terrill damals gegen ihn erhoben hatte.
Verwundet reitet Wales in die Stadt, nur um im Saloon Fletcher zwei Texas-Rangers zu begegnen. Die Einheimischen geben Wales als einen gewissen »Mr. Wilson« aus, und einer von ihnen will sogar wissen, daß Josey Wales in Mexiko angeblich von »fünf Pistoleros« erschossen worden sei.
Fletcher erkennt den Outlaw zwar, verrät ihn aber nicht. Er will nicht glauben, daß fünf Pistoleros einen Mann wie Wales erledigen könnten, und besteht darauf, ihn nach Mexiko zu verfolgen. »Ich werde versuchen, ihm klar zu machen, daß der Krieg vorbei ist«, meint er mit einem Blick auf Wales. Nur zu deutlich tropft aus dessen mühsam verborgener Wunde Blut auf seine Stiefel. »Was sagen sie dazu, Mr. Wilson?«, fragt Fletcher anzüglich. »Ich

bin ihrer Ansicht«, entgegnet Wales, »der Krieg hat uns alle einen Teil unseres Lebens gekostet«.
Fletcher verläßt die Stadt, und Wales reitet zurück zu seinem neuen Zuhause und seiner Familie.
Für den Kritiker Philip French, dem Autor des Buches *Westerns*, war der Bürgerkrieg im Film »ein klares Surrogat für Vietnam, und die Art und Weise, wie sich die verschiedenen Außenseiter, die sich dem Flüchtling Wales auf seinen Reisen anschließen, zu einer neuen Gemeinschaft zusammenfügen, scheint wie ein Verband um jene Wunden, die der IndochinaKrieg und die sozialen Klüfte der Sechziger geschlagen hatten.«
In der Tat gibt es zahlreiche Hinweise, die diese Theorie untermauern. Als sich die Anderson-Vigilanten ergeben, ist dem Senator, der das Kommando über die Kansas Red Legs innehat, exakt jener Jargon zu eigen, der auch die Vietnam-Diskussionen amerikanischer Politiker und Militärs beherrschte. »Der Krieg ist vorbei«, meint er zu Fletcher. »Und wir haben diesen Krieg gewonnen. Und jetzt müssen wir uns bemühen, den Frieden zu gewinnen.«
Wenige Augenblicke später demonstriert er freilich die wahre Bedeutung dieser Worte, als er unbewaffnete Gefangene mit dem Maschinengewehr erschießen läßt. »Sie sind anständig verpflegt worden«, teilt er dem entsetzten Fletcher mit, »und sind dann anständig erschossen worden«.
Auch Lone Watie leidet unter der linguistischen Unredlichkeit einer scheinbar wohltätigen Kolonialmacht. »Hier im Reservat«, meint er zu Wales, »nennen sie uns einen zivilisierten Stamm. Sie nennen uns zivilisiert, weil man sehr leicht von hinten an uns herankommen kann. Der weiße Mann schleicht sich auf diese Weise schon seit Jahren an uns ran.«
Als Wales dem Indianer zum ersten Mal begegnet, trägt dieser einen Frack. Das erste Mal habe er ihn vor dem Krieg für einen Besuch in Washington angezogen, als einer der fünf Vertreter der zivilisierten Stämme. Alle hätten sie wie Abraham Lincoln aussehen wollen. Der Innenminister sei so beeindruckt gewesen, daß er ihnen einen Orden verliehen habe, »weil wir so schön zivilisiert aussahen«. Doch als sie ihm erzählt hätten, wie man ihnen ihr Land rauben würde und ihre Leute sterben würden, »hat er uns allen nur die Hände geschüttelt und hat gesagt: »Strebt immer nach Standhaftigkeit!« ... Wir haben dann noch lange darüber nachgedacht – Streben nach Standhaftigkeit. Und als wir lange

darüber nachgedacht hatten, da haben wir der Union den Krieg erklärt.«
Lone Waties immer wieder abschweifende und doch seltsam angemessene Reden sind vielleicht das Vergnüglichste an diesem Film und brachten dem 76jährigen Chief Dan George zu Recht eine Oscarnominierung ein. Wie Wales gab auch Lone Watie den Kampf nicht auf, als der Krieg vorüber war. »Aber sie haben mein Pferd festgehalten«, meint er, »und es gezwungen sich zu ergeben. Da oben in Kansas haben sie's dann sicher vor einen Wagen gespannt.« Worte verlieren ihre Bedeutung, wenn das Herz nicht aus ihnen spricht.
Noch einmal taucht dasselbe Thema in Wales' Gespräch mit Ten Bears auf, der Kernaussage des Films und das längste zusammenhängende Stück Dialog (oder Monolog), das sich Eastwood je in einem Film erlaubt hat.
»Regierungen leben nicht miteinander«, sagt er, »aber Menschen. Von Regierungen bekommt man kein offenes Wort, keinen fairen Kampf. Ich bin gekommen, um dir beides zu bieten, oder um das eine oder andere von dir zu bekommen. Ich bin gekommen, daß du mir mein Wort vom Tod glaubst und mir auch mein Wort vom Leben glaubst.«
Sein »Wort vom Leben« besteht in einem Angebot, dem Land nicht mehr abzuringen, als seine »Familie« zum Überleben braucht, und die Komanchen mit Rindern zu versorgen, wenn sie wie jeden Frühling gen Norden ziehen. Sein »Wort vom Tod« besteht in seinen Pistolen und den Gewehren von Ten Bears' Stamm. »Ich hab' dir damit nichts versprechen wollen«, fügt Wales hinzu. »Ich will dir das Leben geben, und du gibst mir das Leben. Wir Menschen müssen lernen, zusammenzuleben, ohne uns immer gleich umzubringen.«
»Es ist traurig«, entgegnet Ten Bears, »daß Regierungen von Menschen mit doppelter Zunge geführt werden. Es ist Eisen in den Worten vom Tod, die du den Komanchen sagst, und es ist Eisen in deinen Worten vom Leben. Kein Vertrag kann dieses Eisen zurückhalten. Das muß von den Menschen kommen. Das Wort von Ten Bears enthält genau dasselbe Eisen von Leben und Tod. Es ist gut, daß wir zwei Krieger zu entscheiden haben über Leben und Tod.« Und er entscheidet: »Es soll das Leben sein«.
Diese Bestätigung stellt einen enormen Fortschritt in der Entwicklung von Eastwoods Leinwandimage dar. Sie ist eine Verpflichtung – von einer Art, wie sie Harry Callahan unmöglich eingehen

›The Outlaw Josey Wales‹ – Das Wort vom Leben

konnte – zu den Werten der Menschlichkeit zwischen freien Individuen und dem Wert der Gemeinschaft, die diese Individuen aufzubauen in der Lage sind, wenn sie aus freien Stücken zur Zusammenarbeit bereit sind. Weder Callahan noch der Mann ohne Namen gehörten im Grunde irgendeiner Gemeinschaft an: Callahan gab zwar vor, unschuldige Bürger zu beschützen, doch waren diese stets nur anonyme Figuren, gesichtslose Opfer wesentlich interessanterer Bösewichte, die von Dirty Harry nur aufgrund seiner persönlichen Prinzipien und keineswegs in Ausübung eines selbstlosen Dienstes an der Öffentlichkeit erledigt wurden.

Dagegen erwächst Wales' ähnlich rücksichtsloses Verhalten aus einer tiefen, persönlichen Verpflichtung gegenüber seinen Mitmenschen. Im Gegensatz zu Callahan und dem Mann ohne Namen besitzt er sowohl eine Zukunft wie eine Vergangenheit, die seine gegenwärtigen Ziele sowohl erklären wie bestimmen. Obwohl er sich entschlossen hat, allein weiterzukämpfen, reitet er doch seinen Vigilantenfreunden zu Hilfe. Er kümmert sich um Jamie und betrauert seinen Tod sowohl in kommunaler wie persönlicher Hinsicht: »Der Junge ist in einer Zeit aufgewachsen, die

nichts als Blut und Tod kennt. Er hat sie nie in Frage gestellt. Er hat immer zu seinen Leuten gehalten, er war anständig. Ich hatte mit ihm nie irgendwelche Schwierigkeiten.«
Durch seinen zögernden Großmut gewinnt er ständig neue Reisegefährten – eine Art *running gag* des Films. Als sich ihm auch noch ein Hund anschließt, stöhnt Wales: »Warum soll er uns nicht begleiten? Die anderen kommen ja auch mit.«
Und doch zahlt ihm jeder der neu Hinzustoßenden seinen Großmut doppelt zurück, sei es, daß er ihm ein neues Ziel oder eine neue Hoffnung gibt, oder daß er ihm auch einfach nur im nächsten Gefecht hilfreich zur Seite steht.
Zudem umreißt der Film jeden von ihnen auch als Mensch auf so scharfe wie originelle Weise. Lone Watie versucht laufend, Wales gegenüber einen Vorteil zu gewinnen, auch wenn er immer wieder dabei scheitert; Little Moonlight redet unaufhörlich in einer Zunge, die Wales nicht versteht (was ihm zu einer eher schwachen Ausrede verhilft, als er Lone Watie und die Siedler vor den Comancheros rettet: »Ich könnte schon halb in Mexiko sein«, beschwert er sich, »wenn diese verrückte Squaw nicht wäre, von der ich doch kein Wort verstehe«); Oma Sarah mißtraut jedem, der nicht aus Kansas stammt; Laura Lee bezaubert Wales mit Sätzen wie »Wolken sind wie Träume, die leise durch ein leuchtend blaues Gemüt ziehen« und weckt damit seine Erinnerung an eine Zärtlichkeit, die man ihm Jahre zuvor entrissen hat.
Nachdem sie ihr Lager aufgeschlagen haben, sehen Wales und Lone Watie zu, wie sich Little Moonlight in einem kleinen Teich wäscht. Später am Abend kriecht ein offenbar erregter Wales zu ihr, nur um herauszufinden, daß sie bereits mit Lone Watie beschäftigt ist. »Stimmt was nicht?«, fragt dieser den verblüfften Outlaw und fügt dann nachdenklich hinzu: »Du hattest neulich völlig recht. Ich bin nicht so alt, wie ich geglaubt habe.«
Wales erklärt sogar die Psychologie seiner Kampftaktik. Als sich die kleine Farm auf den Angriff von Ten Bears vorbereitet, sagt er zu seinen Gefährten: »Und vergeßt nicht: Wenn die Sache schlecht für uns steht, wenn es so aussieht, als würden wir's nicht schaffen, werdet gemein. Ja wirklich. Hundsgemein sollt ihr werden. Aber wenn ihr kopflos werdet, verliert ihr den Kampf und das Leben. Es ist nun mal leider so.«
Dennoch untergraben solche Erklärungen seiner selbst keineswegs seine Fähigkeiten als Kämpfer oder die mythische Natur des Eastwood-Images, das noch nie derart beeindruckend in Sze-

Die Inkarnation dämonischen Zorns in Aktion – ›The Outlaw Josey Wales‹

ne gesetzt wurde wie hier. Wie Siegels Version von Harry Callahan nimmt auch Wales beinahe elementare Züge an, erscheint fast als eine Inkarnation dämonischen Zorns. »Wohin er sich auch wendet, da wird die Hölle sein«, verspricht der Senator, nachdem Wales die Flucht geglückt ist. »Und dort wird er auf uns warten«, fügt Fletcher hinzu. In der Marketenderei, wo Wales das erste Mal auf Little Moonlight trifft, erkennen ihn zwei Trapper. »Der Meisterschütze höchstpersönlich!«*, keucht einer. Was Wales auch prompt beweist, als er wie mit Zauberhand seine beiden, mit dem Kolben nach vorn gehaltenen Colts umdreht und die beiden Trapper erschießt.

Als er den Comancheros entgegenreitet, um Lone Watie zu retten, erscheint er nur als Silhouette, umkränzt vom Licht der Sonne, ein ebensolcher Racheengel wie der Fremde ohne Namen.

* Im Original: »Mr. Chained-blue-lightning himself!«. Etwa: »Der gezähmte Blitz höchstpersönlich!« (A. d. Ü.)

»Nun passen sie mal auf, Lady. Jetzt holt sich der Teufel sein Frühstück«, warnt Lone Watie seine Mitgefangene Oma Sarah bei diesem Anblick. Und so geschieht es auch: Wales senkt seine weiße Fahne (der »Fahnenmast« ist ein Schrotflinte), schießt vier der Comancheros von ihren Pferden, stürzt sich auf den überraschten Rest, reitet wild durch ihre Reihen und verteilt dabei den Tod aus seinen beiden Navy-Colts.

Auch den bekannt sardonischen Humor legt er an den Tag. Bei der Fahrt über den Missouri bedrängt ihn ein wortgewandter Handlungsreisender im weißen Anzug, der die schier unbegrenzten Verwendungsmöglichkeiten seines Elixiers anpreist. Wales Reaktion besteht darin, ihm eine Ladung Tabaksaft auf den Anzug zu spucken – eine Praxis, der er dem ganzen Film hindurch nachgeht und für die Eastwood Monate brauchte, bis er sie beherrschte. »Hilft's auch gegen Kautabakflecken?«, will er wissen. Wenige Minuten nachdem die Fähre Wales, Jamie und den Händler am gegenüberliegenden Ufer abgesetzt hat, setzen auch Terrill und seine Red Legs über. Jamie ist für eine schnelle Flucht. Wales dagegen gebraucht, ähnlich wie der Mann ohne Namen, seinen Kopf und holt einen Büffeltöter aus dem Sattelpack. Er hätte nicht die geringste Chance, alle Männer auf der Fähre abzuknallen, bevor sie ihn erledigen würden, spottet der Händler. »Bei uns«, spielt er sich auf, »gibt es glücklicherweise noch immer etwas, das Gerechtigkeit heißt«. »Ja, Mr. Carpetbagger*«, entgegnet Wales, »und es gibt glücklicherweise noch etwas, das Missouri-Bootsfahrt heißt«. Und mit einem einzigen Schuß durchtrennt er das Zugseil der Fähre und läßt sie mitsamt ihren Passagieren hilflos stromabwärts treiben.

Eastwoods Triumph als Regisseur bestand darin, daß er all diese verschiedenen Elemente, den Humor wie den Mythos, das Tragische wie die Selbstparodistische, die Gewalt wie die Sentimentalitäten, geschickt zu einem geschlossenen, dramaturgisch befriedigenden Ganzen zu kombinieren verstand. Sein Stil wirkt dabei nicht minder überzeugend wie in *High Plains Drifter*, wenn auch vielleicht eine Spur zu zurückhaltend. Den Einfluß Sergio Leones verraten nurmehr einige Kleinigkeiten: die raschen Schnitte zwischen den Schießübungen Wales' und der Farm, die er, zusammen mit dem Leben, für das sie steht, geistig gerade verläßt;

* »Carpetbagger« ist nicht etwa der Name des Händlers, sondern ein amerikanischer Slangausdruck für Schwindler. (A.d.Ü.)

eine Einstellung in der finalen Schlacht gegen die Red Legs, als die beiden Pistolen Wales' von unten ins Bild kommen und auf die Reiter feuern, die auf die Kamera zukommen.
Seine Ökonomie in den auf Spannung zielenden Szenen dagegen war so effektiv wie nie zuvor, sowohl was den unmittelbaren Effekt, als auch was die weitreichenderen Anspielungen betraf. Ein besonders schönes Beispiel ist die Szene, als Wales Terrill nach der Schlacht um die Farm endlich in die Enge treibt. Angemessenerweise spielt das Ganze in den Ruinen eines anderen, verlassenen Hauses. Terrill hat keine Munition mehr und preßt sich gegen eine Wand, als sein Gegner mit ausgestreckten Pistolen auf ihn zukommt. Immer und immer wieder läßt Wales den Schlagbolzen auf leere Trommeln knallen, wobei er seine Colts auch noch gegen ein anderes Paar austauscht.

Schlußszene aus ›The Outlaw Josey Wales‹ – Josey Wales wendet den Säbel, der sein Leben einst zerstört hat, gegen seinen Besitzer (Bill McKinney)

Zum einen nimmt Wales mit dieser Western-Variante eines Russischen Roulettes natürlich qualvolle Rache an einem Mann, der sein ganzes Leben zerstört hat. Andererseits stellt das Ganze aber auch ein hochdramatisches Mimodram über den blutigen Weg des Outlaws in den letzten Jahren dar; ein Weg, der im Grund nur eine Vorbereitung für diesen einzigen Augenblick war. Ohne Terrill hätte es nie einen Outlaw Josey Wales gegeben, und Wales will, daß er das erkennt. Doch als der Moment kommt, seinen Peiniger endgültig zu erledigen, tut er dies – im Gegensatz zum Mann ohne Namen oder Harry Callahan – nicht aus der Distanz. Wales hat ebensowenig Munition wie Terrill, was der Anführer der Red Legs allerdings erst dann erkennt, als ihm sein Gegner bereits dicht auf den Leib gerückt ist. Ein Kampf Mann gegen Mann beginnt, ein direktes Duell zweier Menschen: Terrill versucht, seinen Säbel zu ziehen, mit dem er Wales einst körperlich wie seelisch entstellt hatte. Dem entschlossenen Wales gelingt es, die Waffe gegen ihren Herrn zu wenden. Am Ende stirbt Terrill buchstäblich, wie er gelebt hat: durch das Schwert.

The Outlaw Josey Wales erwies sich mit Recht als Erfolg bei Kritik und Publikum. Viele Kritiker erkannten und lobten den Fortschritt, den der Film für Eastwood bedeutete. »Es ist für ihn ein völlig neues Image und ein sehr vielversprechendes dazu«, schrieb Dilys Powell in der *Sunday Times.* »Ich halte den Film für einen sehr, sehr guten Western.«

Time zählte ihn zu den besten zehn Filmen des Jahres und gab zu, daß sich Eastwood damit von seinen blutigeren, kontroverseren Rollen deutlich entfernt hatte. »Statt dessen«, schrieb Richard Schickel, »erinnert er nun an einen klassischen Typ amerikanischer Leinwandhelden: ein charakterfester Mann, nicht leicht in Rage zu bringen, aber wunderbar begabt, wenn er schließlich seine Ansichten über Gut und Böse doch verteidigen muß. Auf wohltuende, befriedigende Weise verbindet er uns in diesen Augenblicken mit unserer Filmvergangenheit, entfacht für kurze Zeit die erlöschende Glut erneut zum Leben.«

Sogar Pauline Kael gab zu, daß *The Outlaw Josey Wales* »vielleicht einen Fortschritt« darstellte.

Seit *Dirty Harry* hatte sich Eastwoods Laufbahn aus zwei erfolgreichen Einzelteilen zusammengesetzt – dem einsamen Revolverhelden im alten Westen und dem ebenso isolierten, modernen Großstadtpolizisten. Durch seine beispiellose Tiefe hatte *Josey Wales* sein Western-Image nun zur Reife gebracht. Der nächste Schritt bestand logischerweise darin, dasselbe mit seinem modernen Image zu versuchen. Und genau das war es auch, was er mit *The Gauntlet* (Der Mann, der niemals aufgibt) dann in Angriff nahm.

Obwohl Eastwood zuvor noch in dem, wie sich herausstellte, finanziell sehr einträglichen *The Enforcer* auftrat, gibt es doch einige Anzeichen dafür, daß er diesen Film vor allem auf Drängen der Warner Brothers drehte, die sich Harry Callahans frühere Erfolge zunutze machen wollten. Malpaso hatte nun in den Burbank Studios der Warner Quartier bezogen und Eastwood schuldete ihnen ein Film.
In gewisser Hinsicht kann man Eastwoods, auf zögernder Gleichberechtigung beruhende Beziehung zu Tyne Daly im dritten *Dirty Harry*-Film als ein Anzeichen seiner, mit *Josey Wales* unter Beweis gestellten neuen Reife betrachten, obwohl Inspektor Moore dabei nach ihrer Feuertaufe den Tod findet und Harry Callahan schließlich nur die Hoffnungslosigkeit bleibt. In *The Gauntlet* dagegen überlebt eine ähnliche Beziehung ihre Feuertaufe, wobei sich diese sogar als noch feuriger und spektakulärer herausstellt. Wieder einmal spielt Eastwood darin einen Inspektor, einen gewissen Ben Shockley, der mit Harry Callahan allerdings nicht sehr viel gemein hat. Callahan erzielt Resultate, Shockley nicht. Wenig mehr als ein herumtorkelnder BeinaheAlkoholiker, hat er schon längst die Hoffnung aufgegeben, den »großen Fall zu lösen« und sich damit seine Streifen zu verdienen. Inzwischen ist er nur noch »eine verblassende Zahl auf einem rostigen Polizeistern«, die sich allenfalls noch auf ihre Pension freuen kann. Und doch steht er für seine Prinzipien ebenso ein wie Callahan, wenn auch weniger brutal: »Frißt du was aus, wirst du geschnappt und eingesperrt, weil alles seine Ordnung haben muß«. Zur Polizei ist er gegangen, weil er »plötzlich anfing, einzusehen, daß die Polizisten die einzigen sind, die sich wirklich für etwas einsetzen«.
Wie Josey Wales ist auch Shockley ein einfacher Mann, der nichts weiter will, als seine Arbeit zu erledigen und eine Familie großzuziehen, auch wenn er die richtige Frau bisher noch nicht gefunden hat. Und wie Josey Wales machen die außergewöhnlichen Ereignisse, an denen er gezwungenermaßen teilnimmt, auch ihn zum Helden.
Bei Wales geriet ein historischer Zufall zum Auslöser seiner Verwandlung. In Shockleys Fall dagegen qualifiziert ihn interessan-

tererweise sein eigener Charakter für die betreffende Aufgabe. Den Auftrag, einen Zeugen aus Las Vegas abzuholen, erteilt ihm der neue Polizeichef von Phoenix/Arizona genau deshalb, weil »er seinen Job versteht«. Das ist natürlich ironisch gemeint; Shockley erhält den Auftrag aus genau dem entgegengesetzten Grund, was Commissioner Blakelock (William Price) dann auch indirekt bestätigt: »Das Ganze ist nur eine Kleinigkeit. Ein unwichtiger Zeuge für eine unwesentliche Sache.«

Das erste Mal begegnen wir Shockley, als er nach einer durchzockten Nacht im Morgengrauen durch die Straßen von Phoenix fährt, vor dem Polizeihauptquartier aus seinem Wagen taumelt und dabei eine Whiskyflasche in den Rinnstein fallen läßt. Er ist unrasiert und ungekämmt – zunächst nichts Untadeliges für einen Eastwood-Helden – und der Film spielt für eine Weile mit den Erwartungen der Zuschauer, bis langsam klar wird, daß das schäbige Äußere in diesem Fall kein Symbol von Kompetenz und Unabhängigkeit darstellt, sondern einfach nur die Tatsache andeuten soll, daß diese Figur in der Tat etwas heruntergekommen ist. Selbst seinen langjährigen Partner Josephson (Pat Hingle), der vor kurzem auf einen Schreibtischposten versetzt wurde, hat Shockley mittlerweile verloren.

Etwas besser in Schale geworfen, trifft Shockley in Las Vegas ein, um den Prozeßzeugen Gus Malley abzuholen. Prompt erlebt er den ersten einer ganzen Reihe von Schocks, die seinem Namen recht bald Ehre machen.

Gus ist ein Spitzname für Augustina: Mally (Sondra Locke) ist eine ungehobelte, Schimpfworten ganz und gar nicht abgeneigte, junge Prostituierte, die darauf besteht, daß ihr Leben in Gefahr sei. Man habe auf ihr Überleben sogar Wetten abgeschlossen. Shockley zeigt sich weder von ihrer Geschichte noch von ihrem Aussehen sonderlich beeindruckt: »Bei einer Skala von eins bis zehn«, meint er zu einem Wärter, »würde ich ihr 'ne Zwei geben. Und das aber nur, weil ich noch nie 'ne Eins gesehen hab'.«

Als er in einem Restaurant auf die Auslieferungspapiere wartet, entdeckt er auf einer Anzeigetafel die Wetten für ein Pferd namens »Mally No-Show«. Die Wettquoten klettern von Fünfzig zu Eins auf Siebzig zu Eins, als er sich danach erkundigt. Argwöhnisch läßt Shockley einen Leihwagen auf halbem Weg zum Flugplatz abstellen und schmuggelt die protestierende Gus in einem Krankenwagen aus der Polizeistation.

»Wenn – ich sage, wenn – das zutrifft, was Sie behaupten«,

Die vom Leben Enttäuschten auf der Flucht – Mit Sondra Locke in ›The Gauntlet‹ (Der Mann, der niemals aufgibt)

faucht er sie an, »dann wettet jemand, daß ich von meinem Beruf nichts verstehe. So ein Scheißer.« Was sie allerdings nicht im mindesten beeindruckt.

Kurz darauf erreichen sie den parkenden Wagen. Als der Fahrer des Krankenwagens einsteigt und ihn anläßt, explodiert er. Shockley fährt sofort weiter, gibt Gus seinen Revolver und den Rat, auf alles zu schießen, was ihnen von hinten zu nahe kommt. Ein Wagen schließt zu ihnen auf, und seine Insassen eröffnen das Feuer. Ungeschickt erwidert Gus das Feuer und schießt den Wagen von der Straße. Als ihr klar wird, daß Shockley noch immer zum Flugplatz fahren will, geht sie auf ihn los. Schließlich erklärt er sich bereit, zu ihrem Haus zu fahren.

Dort angekommen, ruft er Blakelock an und bittet um zwei Polizeiwagen, die sie zum Flugplatz eskortieren sollen. Als letztes Mittel versucht Gus, Shockley zu verführen. »Irgendwie«, meint er, als sie sich beide aufs Bett legen, »habe ich das Gefühl, Ihr Herz ist nicht bei der Sache«. Während sie ins Badezimmer

stampft, umstellen draußen Dutzende von bewaffneten Polizisten das Haus und fordern sie auf, sich zu ergeben. Verblüfft will Shockley Gus abholen und entdeckt dabei, daß sie ihre Badezimmertür verschlossen hat. Als er das Schloß aufschießt, nehmen die Polizisten den Schuß zum Anlaß, das Feuer zu eröffnen.
Mit einem bemerkenswerten Aufwand an Feuerkraft wird das Haus buchstäblich durchsiebt, bis es schließlich ganz zusammenbricht. Auf dem Fußboden kauernd, entdeckt Shockley die Tür zum Keller, von dem aus wiederum ein Weg zu einem großen Regenabflußrohr führt. Draußen wartet Gus auf ihn. Der inzwischen restlos verwirrte Shockley geht mit ihr die Straße hinunter und kidnappt einen Polizeiwagen. Der Fahrer (Bill McKinney) erzählt ihm, daß man der Polizei von Las Vegas gesagt hätte, in dem Haus befänden sich drei oder vier bewaffnete Verbrecher. Daneben verrät er Shockley auch, daß der Mob hinter Gus her sei. Shockley hält an und fordert von Blakelock eine Polizeieskorte aus Arizona an, die an der Staatsgrenze auf ihn warten soll. Auf der Weiterreise enthüllt Gus, daß sie eine höhere Schule besucht hat. Wenig später macht sie auch den Anzüglichkeiten ihres Fahrers ein drastisches Ende. Überdies rät sie Shockley zu Vorsicht bei dem nächsten Treffen. Zur Empörung des Polizisten folgt er schließlich ihrem Rat. Der Fahrer setzt sie ab, kurz bevor er an der Grenze auf die fünf wartenden Wagen trifft. Prompt wird sein Wagen von Kugeln durchlöchert.
Shockley und Gus ziehen sich in einer Höhle in der Wüste zurück und verbringen die Nacht mit heftigen Wortgefechten. Am nächsten Morgen hat sich Shockley ausgerechnet, daß zwischen dem Mob und der Polizei von Phoenix irgendeine Verbindung bestehen muß. Gus spottet über sein Schlußfolgerungstalent, gibt aber schließlich zu, daß der Prozeß in Phoenix einem Mitglied des Mobs gilt, der Gus für irgendeinen Polizisten angeheuert habe. Sie beschreibt Blakelock.
Draußen kreuzt inzwischen eine Gruppe von Hell's Angels auf. Mit einem virtuosen Bluff verjagt sie Shockley und stiehlt eines ihrer Motorräder. Mit Gus zusammen fährt er zu einer Telefonzelle und ruft von dort aus Josephson an. Er ist gerade dabei, ihm die Wahrheit über Blakelock zu verraten, als über ihm ein Hubschrauber auftaucht und das Feuer eröffnet.
Die nun folgende, spektakuläre Jagd endet damit, daß der Helikopter in eine Hochspannungsleitung fliegt und explodiert. Allerdings hat auch das Motorrad eine Kugel abbekommen. Shockley

läßt es liegen und springt mit Gus auf einen vorbeifahrenden Güterzug. Schnell finden sie heraus, daß sie ihren Güterwagen ausgerechnet mit jenen Hell's Angels teilen, denen Shockley das Motorrad gestohlen hat. Sie schlagen ihn brutal zusammen und bringen ihn fast um, bis ihnen Gus zur Ablenkung ihren Körper anbietet. Während die Angels sie vergewaltigen, kommt Shokkley wieder zu Bewußtsein, findet seinen Revolver und wirft die drei Angels aus dem Zug. In Wickenburg steigen Shockley und Gus aus dem Zug aus und warten in einem Motel auf den Bus nach Phoenix. Von ihrem Zimmer aus ruft Shockley nochmal Josephson an, teilt ihm mit, daß sie sich mit einem Bus auf den Weg ins Gerichtsgebäude machen, und beschreibt ihm auch noch ihre exakte Route. Blakelock, behauptet er, werde eine Falle vorbereiten, und er, Shockley, möchte, daß die Straßen frei seien, damit keine Unschuldigen dabei verletzt werden.

Gus versucht, ihn dazu zu überreden, mit ihr davonzulaufen oder sich zumindest in einer anderen, weniger gefährlichen Stadt der Polizei zu stellen. Shockley lehnt ab, weil er Blakelock beweisen will, daß er sich den Falschen ausgesucht hat, daß er seinen Job versteht, auch wenn er dabei draufgeht. Prompt ruft Gus ihre Mutter an und verkündet, daß sie nun endlich den richtigen Mann fürs Leben gefunden habe.

Als der Bus nach Phoenix eintrifft, entführen sie ihn, und Shokkley installiert eine behelfsmäßige Panzerplatte um den Fahrersitz. In der Zwischenzeit läßt Blakelock seine Polizisten entlang von Shockleys vorgesehener Route aufmarschieren. Der ebenfalls in das Verbrechen verwickelte, zweite Staatsanwalt Feyderspiel (Michael Cavanaugh) schlägt einen Zwei-Phasen-Plan vor und rät Blakelock, sich dabei Josephson zunutze zu machen.

Als der Bus in Phoenix eintrifft, winkt ihn Josephson zur Seite und erzählt Shockley von Feyderspiels Plan, sich durch die Hintertür ins Gerichtsgebäude zu schleichen. Doch Josephson weiß nicht, daß der ganze Plan nur ein Trick ist, um Shockley aus dem Bus ins Visier eines Scharfschützen zu locken. Der Scharfschütze drückt ab und erschießt Josephson. Shockley wird am Bein verwundet, setzt jedoch mit Gus' Hilfe den Bus wieder in Bewegung. Hinter ihrem Schild in Deckung, überstehen sie zwei Korridore unablässig feuernder Polizisten, die den Bus regelrecht durchlöchern. Auf der Treppe zum Rathaus gibt das Vehikel schließlich seinen Geist auf. Im Inneren findet gerade die Verhandlung statt, bei der Gus als Hauptzeuge auftreten soll.

Shockley klettert gerade aus dem Wrack, um seine Gefangene abzuliefern, als Blakelock aus dem Gebäude stürmt und den zahlreich versammelten Polizisten befiehlt, den Inspektor zu erschießen. Feyderspiel versucht vergeblich, ihn zurückzuhalten. Statt dessen schnappt sich Shockley einen Revolver, preßt ihn gegen Feyderspiels Schläfe und zwingt ihn dazu, die Verbindungen zwischen Blakelock und dem Mob preiszugeben. Blakelock schnappt sich ebenfalls eine Pistole und erschießt Feyderspiel und Shockley. Gus packt Shockleys Revolver und bringt Blakelock um. Als sie Shockley umarmt, schlägt er seine Augen auf: Er ist nur verwundet.
Die ganze Geschichte war schamlos überzogen – was viele Kritiker verärgerte, zumal Eastwood in seiner Eigenschaft als Regisseur gerade dieses Element voll ausgespielt hatte. Er gab eine runde Million Dollar für Spezialeffekte aus, um die skeptischen Zuschauer durch außerordentliche Detailtreue eines Besseren zu belehren, und inszenierte das Ganze mit einem sicheren Gespür für Farben und einem optischen Panache, das das Potential der spektakulären Story voll zur Geltung brachte. Etwas verstaubt, aber lebendig, entkam der Schauspieler Eastwood so aus Lagen, die einen James Bond erblassen lassen würden. Nach allen Regeln der Logik kann Shockley nicht lebend aus einem Haus entkommen, das von siebentausend Kugeln (die Anzahl der verwendeten Sprengkapseln) buchstäblich zerfetzt wird. Und die achttausend Kugeln, die seinen stahlverstärkten Bus in ein motorisiertes Sieb verwandeln, kann er ebensowenig überstehen wie die Schüsse aus einem Hubschrauber, während er auf einem Motorrad schnurstracks durch eine Wüste fährt, die ihm nicht die geringste Deckung bietet. Die Tatsache, daß ihm beides trotzdem gelingt, stärken die übermenschlichen und mythischen Züge seines Images und entlarven sie zur selben Zeit, gelingen Shockley seine wundersamen Fluchten doch in erster Linie durch blinden Zufall; wenn überhaupt, ist seine hartnäckige Entschlossenheit der einzige seiner Charakterzüge, der etwas zu diesem Erfolg beiträgt. Die Intelligenz und die Verschlagenheit des Mannes ohne Namen oder die Straßenerfahrung eines Harry Callahan gebraucht er dabei nie. Er stolpert förmlich über Gus' Fluchtweg aus ihrem Haus, ignoriert bei der Helikopterjagd die Sicherheit günstig gelegener Straßentunnels, und findet sich vor dem finalen Sperrfeuer mit dem Gedanken ab, daß er sowieso nicht überleben wird.

Was sein Image betrifft, geht all das einen Schritt über *The Outlaw Josey Wales* hinaus. Jeder von Wales' neuen Gefährten untergräbt ständig seine erklärte Absicht, gefühlsmäßig autark zu bleiben (sogar sein Hund, den er ständig mit einer gezielten Ladung Tabaksaft besudelt, kommt immer wieder zurück). Keiner jedoch macht ihm seine tödlichen Fähigkeiten als Killer streitig. Der arme Ben Shockley dagegen verliert an allen Fronten: als erfindungsreicher Held, intellektuell und emotionell. Gus' Attacken auf seine Macho-Mentalität und seine begrenzte Fähigkeit zum logischen Denken sind so akkurat wie vernichtend.
Shockleys Triumph liegt darin, daß er aus diesen Unzulänglichkeiten eine Tugend macht: Er erkennt die Wahrheit hinter Gus schonungslosem Spott und lernt daraus; er erkennt, daß sich hinter ihrer Boshaftigkeit und überlegenen Intelligenz nur Einsamkeit und eine Enttäuschung über das Leben an sich verbirgt, die es an Tiefe durchaus mit der seinen aufnehmen kann. Kein Wunder, daß sich die Frau in ihn verliebt.

›The Gauntlet‹ – Mit Pat Hingle

Shockleys Selbstverwandlung ist die eigentliche Geschichte von *The Gauntlet*. Und obwohl sehr unterhaltsam, sind all die Spezialeffekte und tollkühnen Heldentaten dabei im Grund nur Staffage, die den Film aus dem Gleichgewicht zu bringen droht. Auf seine eigene zaudernde Art gelangt Shockley so zu einer Art Verklärung seiner selbst, wie sie auch Josey Wales während seiner Laufbahn erfuhr, als er wie ein rächender, alles bezwingender Heros der Sonne entritt. Obwohl noch viel phantastischer arrangiert, geschieht Shockleys Verklärung aber doch auf eine sehr viel gewöhnlichere, menschlichere Art. Indem er Gus nach Phoenix bringt, löst er endlich »seinen großen Fall« und rechtfertigt damit, was noch wichtiger ist, jene Prinzipien, die er über den Anstrengungen und Enttäuschungen seiner Karriere fast schon aufgegeben hatte.

Für die meisten seiner Fans, von denen vermutlich nur die wenigsten je erleben würden, daß ihre Lieben von Vigilanten abgeschlachtet oder von verrückten Erpressern erschossen werden würden, war das eine wesentlich begreifbarere Leistung. Letzten Endes ist der eigentliche Gegenstand von Shockleys Heroismus nicht die kurze emotionelle Befriedigung eines Harry Callahan, der endlich einen Skorpion oder einen Bobby Maxwell vor seinem Revolver hat, sondern eine neue Art des »Wortes vom Leben« – alles, was er will, ist, seine Arbeit zu erledigen, das Gesetz zu wahren und eine Familie großzuziehen. Auf diese Art hatte Eastwood endlich eine Möglichkeit entdeckt, die mythischen und humanen Teilaspekte seines Images miteinander zu verschmelzen – ein humaner Aspekt, der bislang nur in Form von sich selbst zu Fall bringender Rage oder sardonischem Humor voll zum Vorschein gekommen war.

Gleichzeitig hatte er damit auch das romantische Dilemma von *Two Mules for Sister Sara* endgültig aufgelöst. Die Unverwundbarkeit des Superhelden konnte es sich ab jetzt leisten, durch emotionelle Bindungen kompromittiert zu werden, da nun eine innigere, humanere Form des Heldentums ans Tageslicht gekommen war. Das Macho-Image konnte verworfen werden, hatte es sich doch als überflüssig erwiesen.

So seziert der Film diesen Machismo auf bemerkenswert intelligente Weise. »Sie sind so'n typischer schlapper Bastard. Sie können wohl auch nur Frauen prügeln, zu mehr reicht's bei Ihnen nicht. Spielt den starken Mann mit den 45er-Kaliber-Fäusten«, lästert Gus, als Shockley sie auf dem Weg zum Flugplatz zu bändi-

Dreharbeiten zu ›The Gauntlet‹

gen versucht. »Jaa, das mach' ich«, grummelt Shockley unbeeindruckt. »Ihr groben Klötze. Ihr Blechsternhelden«, zetert sie weiter, als Shockley Blakelock anrufen will und sie deshalb mit Handschellen an den Überrollbügel des entführten Polizeiwagens fesselt. Die nun folgende Szene ist eine der außergewöhnlichsten und emotionsgeladensten des ganzen Films.
Der entführte Polizist ist ein »Junge vom Land«, ein Redneck-Chauvi, der für Gus ebensoviel Verachtung wie lüsternes Interesse übrig hat. Zu Shockleys Ärger will er Einzelheiten aus Gus' Berufsleben hören. Als sie ihm den Wunsch erfüllt, geilt er sich schnell an irgendwelchen Hirngespinsten über lesbische Beziehungen auf. »Ich wette, es gehört bei dir nicht viel dazu, bis die Sache läuft und du so richtig in Fahrt kommst«, keucht er. »Na los, antworte schon. Ich möchte wissen, wie es ist, eine Hure zu sein.« Für ihn ist Gus buchstäblich die Verkörperung seiner sexuellen Wunschträume: in der Öffentlichkeit zu verachten, im Privatleben zu genießen. Andere Dimensionen gibt es für ihn nicht.

Ihre Antwort ist, das Dasein als Hure mit dem Dasein als Polizisten zu vergleichen. Nach einer detaillierten Aufzählung korrupter Polizeipraktiken schließt sie: »Wie ich die Sache sehe, ist der einzige Unterschied zwischen Ihnen und mir der: Wenn ich aufhöre zu arbeiten, steige ich in ein herrliches heißes Bad und schon bin ich wieder wie neugeboren. Aber ein Bulle, besonders so ein Idiot wie Sie, der rennt, wenn der Sheriff pfeift. Und das läßt das Gehirn verrotten. Und alles Wasser dieser Erde kann das nicht wieder abwaschen ... Ich weiß, Sie mögen Frauen wie mich nicht. Wir sind etwas zu aggressiv, wir jagen Euch Angst ein. Aber nur, weil Ihr kein Hirn, sondern Dreck im Schädel habt ... Für mich sind Sie ein impotenter Schwachkopf.«
Worauf der Polizist endgültig die Beherrschung verliert, über sich und über den Wagen.
Bezeichnenderweise ist auch der Sexualakt zwischen Blakelock und Gus, von dem die ganze Story ausgeht, ein masturbatorischer. Blakelock verlangt von ihr, daß sie sich nackt auf den Bauch legt, während er einen Revolverlauf zwischen ihre Beine hält. »Es läßt sich leicht vorstellen, was er mit der anderen Hand tat«, meint sie zu Shockley. Das Ganze ist nicht nur ein ironischer Kommentar zu Eastwoods früheren Rollen und der phallischen Bedeutung von Callahans 44er Magnum, sondern verknüpft daneben auch die Macho-Sicht der Frau als Masturbationsobjekt mit Gewalt und Tod. Schließlich zahlt Gus Blakelock seine menschenunwürdige Haltung heim: sie erschießt ihn.
Shockley kann Gus' anfängliche Beleidigungen und ihre darauffolgenden Ratschläge auf eine Weise akzeptieren, wie es dem Mann ohne Namen, Callahan, Coogan oder Schwester Saras Hogan niemals möglich gewesen wäre, weil ihm die Selbstachtung dieser Figuren von Anfang an fehlt und er sich selbst nicht wichtiger nimmt als Gus. »Es kümmert niemanden, wenn ein Polizist mit einer Nutte von Las Vegas nach Phoenix fliegt«, erzählt er Gus, kurz nachdem er ihr das erste Mal begegnet ist.
Von daher ist sein Entschluß, an der Grenze von Arizona auf ihren Rat zu hören, ein sehr entscheidender; nicht einfach nur, weil er ihrer beider Leben rettet, sondern vor allem deshalb, weil Shockley dadurch gezwungen wird, das einzig Beständige in seinem Leben aufzugeben, die Struktur, an der alle seine Prinzipien hängen: die Ehrlichkeit seiner Polizeikollegen. »Sie sind zur anderen Seite übergelaufen«, giftet ihn der entführte Polizist an. »Sie haben sich eine Nutte zugelegt, Sie haben gewählt.« »Schei-

1978: Mit Sondra Locke beim Golfturnier des Ex-Präsidenten Ford

ße«, stöhnt Shockley mit einem Unterton echten Bedauerns und noch größerer Unsicherheit. Angesichts von Gus' vorangegangenen Bemerkungen über die Korruptheit der Polizei erhält dieser spezielle Fluch eine doppelte Bedeutung, die auch viele der sonstigen, oberflächlich derben Dialoge des Films kennzeichnet.
Die Wortgefechte zwischen Gus und Shockley in der Wüstenhöhle etablieren weitere Gemeinsamkeiten zwischen ihnen: beide hat man sie betrogen, beide sind geborene Verlierer – »Willkommen in den Reihen der vom Leben Enttäuschten«, triumphiert Gus – und beide sind letzten Endes Kämpfer: »Ich bin ein Konterboxer, Shockley«, verkündet Gus. »Wenn Sie zwölf Runden nicht durchstehen können, dann steigen Sie lieber aus'm Ring.« Nachdem er eine Nacht lang über die Sache nachgedacht hat, bittet er sie schließlich, ihm bei der Aufklärung des Verbrechens zu helfen, in das sie beide verwickelt sind – das erste Mal, daß ein Eastwood-Held eine Frau ehrlich um etwas bittet.
Von diesem Moment an trägt auch Shockley seinen Teil zu der Beziehung bei, die sich bald zu einer echten, auf Gleichberechtigung beruhenden Partnerschaft entwickelt. Dadurch, daß er die Hell's Angels verscheucht, was Gus zunächst wie eine grenzenlo-

se Dummheit vorkommt, erntet er schließlich auch ihre Anerkennung wegen seiner Courage und seiner Unverfrorenheit. Langsam wird Shockley so zum Helden – einem verletzlichen allerdings, der sich seiner eigenen Grenzen nur zu bewußt ist. Als Gus wissen will, ob er mit dem gestohlenen Motorrad überhaupt umgehen kann, entgegnet er: »Es ist zwar schon 'n paar Jahre her, aber ich schaff's schon noch.« Und bald schon bringt er sie vor den Kugeln des Hubschrauber-Scharfschützen in Sicherheit, und sie rettet im Gegenzug sein Leben, indem sie das einsetzt, von dem sie am meisten versteht: ihre eigene Sexualität. Aus ihnen ist ein Team geworden.

Als Regisseur demonstrierte Eastwood mit *The Gauntlet* nicht nur das größte visuelle Gespür seit *High Plains Drifter*, sondern auch eine ungewohnte Subtilität. Don Siegels Sinn für Tempo und Ökonomie hatte er schon seit langem aufgesogen. Nun machte er sich daran, das Talent seines alten Mentors für thematische Allusionen unter Beweis zu stellen.

Sanft und ironisch unterstrich er Shockleys Verklärung mit religiöser Metaphorik. Als die Polizei von Las Vegas das Haus von Gus demoliert, sucht sich die Kamera eine Leuchtschrift mit den Worten »God Makes House Calls« aus dem Hintergrund heraus. Eine ähnliche Leuchtschrift ist zur Hand, als der Wagen des entführten Polizisten durchsiebt wird. »God Gives Eternal Life« blinkt sie in der Dunkelheit. Und als Shockley die Hell's Angels austricksen will, verkündet er, daß er überall erscheinen kann, wenn er den Verdacht hat, daß ein »schweres Verbrechen« begangen worden ist, »weil ich den Polizeistern habe und den Revolver. Und ich kann die Liebe von Jesus ausstrahlen mit Hilfe meiner sanften Augen«.

Auf ähnlich ironische Art nehmen die reich verzierten Springbrunnen vor dem Polizeihauptquartier in Las Vegas Gus' Bemerkung vorweg, daß sie am Ende in ein hübsches Bad steigen könne und dann wieder wie neugeboren sei. Shockley ist aus einem solchen Winkel aufgenommen, daß es aussieht, als wate er direkt durch sie hindurch.

Shockleys Schlagwort, vergleichbar Harry Callahans »Ein Mann muß seine Grenzen kennen« in *Magnum Force*, taucht zum ersten Mal bei seiner Unterhaltung mit Josephson auf. »Ja, ja, ja ...« stöhnt er, als sein früherer Partner wie eine Glucke um ihn herumhüpft, darauf besteht, daß er sich vor seinem Treffen mit Blakelock erst mal auf Vordermann bringt, und sich wünscht, daß er genügend Zeit hätte, Shockley selber schnell noch zu rasieren. Offensichtlich ist die Beziehung zu seinem Ex-Partner zu diesem Zeitpunkt die einzige emotionelle Bindung Shockleys überhaupt. »Ja, ja, ja ...« wiederholt Shockley gegenüber Gus, als sie auf den Güterzug aufspringen wollen und sie befürchtet, daß sie es nicht schaffen. »Ja, ja, ja ...« ist auch der letzte Satz des Films, als der Detektiv auf den Treppen des Gerichtsgebäudes die Augen aufschlägt und kund tut, daß seinem neuen Leben mit Gus nun trotz allem nichts mehr im Weg steht.

So mangelhaft der ganze Film auch war, markierte *The Gauntlet* doch eine außergewöhnliche Entwicklung in Eastwoods Leinwand-Image. Der Held, dessen Verwegenheit bislang auf übermenschlichen Fähigkeiten beruhte, war in einen Helden umgewandelt worden, der zwar nach wie vor als Gegenstand allgemeiner Bewunderung dienen konnte, dabei aber doch so unvollkommen wie der Rest der Menschheit war. Ohne seine mythischen Obertöne anzutasten, hatte er sich zu seiner Menschlichkeit bekannt. Mehr als jeder andere Faktor ist Eastwoods Fähigkeit zu derart dynamischen Wandlungen innerhalb der Grenzen seines Superstardaseins der Grund dafür, daß es ihm gelang, über zehn Jahre lang die Kinos in aller Welt zu beherrschen. Mit *The Gauntlet* und *The Outlaw Josey Wales* hatte er sich einen neuen, fruchtbaren Karriereweg gebahnt. Das erste Stop auf diesem neuen Weg jedoch verblüffte praktisch jedermann.

11. Der Superheld als Mensch

*Every Which Way But Loose * Escape from Alcatraz * Bronco Billy * Any Which Way You Can * Firefox * Honkytonk Man*

Von seinem ersten »Fehltritt«, Sergio Leones Angebot anzunehmen, bis hin zu seinem Entschluß, einen obskuren Roman zur Grundlage von *The Outlaw Josey Wales* zu machen, hatte Eastwood während seiner ganzen Karriere dazu geneigt, sich auf gefährliches, aber immer wieder profitables Neuland vorzuwagen und dabei auch das schwierigste und aussichtsloseste Material zu vergolden. Selbst nach diesen Maßstäben aber war der Folgefilm zu *The Gauntlet* ein ausgesprochen exzentrisches Projekt. Eastwood sollte einen Trucker und Freizeitboxer spielen, dessen engster Freund ein ausgewachsener Orang-Utan namens Clyde war. So flog die subtile Ironie von *The Gauntlet* aus dem Fenster und wich der ungebremsten Burleske. Eastwoods erste Komödie spielte nicht nur unter den Rednecks von Kaliforniens halbindustrialisiertem San Fernando-Tal, sondern übernahm dabei auch deren derben Humor sowie deren Vorliebe für Country & Western-Klänge.

Alle Geschäftspartner Eastwoods rieten ihm von dem Projekt ab. Andrerseits hatte ihm sein Agent und damaliger Geschäftsführer seinerzeit auch von *Per un pugno di dollari* abgeraten. Wieder einmal erwies sich Eastwoods Riecher als der bessere. Von der Kritik im allgemeinen mit Ablehnung, wenn nicht gar mit Unglauben, bedacht, spielte *Every Which Way But Loose* (Der Mann aus San Fernando) beinahe 52 Millionen Dollar ein und erwies sich damit nicht nur als der kommerziell erfolgreichste Film des Stars überhaupt, sondern auch als einer der dreißig erfolgreichsten Filme aller Zeiten. Als der Film Weihnachten 1978 anlief, gelang es nur *Superman* (Superman) und seinen spektakulären Trickeffekten (Eastwoods Film hatte überhaupt keine), noch mehr Zuschauer in die Kinos zu locken.

Im Rückblick erscheinen Eastwoods Gedankengänge heute sehr viel weniger exzentrisch. In *Smokey and the Bandit* (Ein ausgekochtes Schlitzohr) hatte Burt Reynolds, sein Freund und Rivale im Macho-Rennen Hollywoods, 1977 eine sehr ähnliche Redneck-Rolle übernommen und damit an der Kasse, zu seiner eigenen Überraschung, nicht nur Eastwoods Riesenerfolg *The Enforcer* überrundet, sondern auch den drittgrößten Hit des ganzen Jahres gelandet. Überdies war Eastwood klar, daß seine begeistertsten und treuesten Fans im Mittelwesten saßen, dem konservativen Herzstück Amerikas. Zusätzlichen Zugkraft verlieh er seinem Film dann noch mit einem Soundtrack, auf dem unter anderem Songs von Country & Western-Stars wie Charlie Rich, Eddie Rabbitt oder Mel Tillis zu hören waren, sowie durch den Orang-Utan Clyde – ein Risiko für jeden Schauspieler, für den Tiere und Kinder traditionsgemäß ein rechter Fluch waren; zugleich aber auch ein raffinierter Versuch, jene Jugendlichen ins Kino zu locken, die für Eastwoods normale Filme noch nicht alt genug waren.

Wie immer bereitete er sich auf seine Rolle gründlich vor. Bei Al Silvani, der auch schon Sylvester Stallone auf seinen Hit *Rocky* (Rocky) vorbereitet hatte, nahm er Boxunterricht, und lernte daneben auch mit Manis umzugehen, einem elfjährigen, 75 kg schweren Orang-Utan, der hinterher den Part von Clyde übernehmen sollte.

Wieder übergab er die Regie an James Fargo, weil er als Schauspieler diesmal genug damit zu tun hatte, mit Clyde, dem Affen, fertigzuwerden. Gleichzeitig enthüllte dieser Entschluß aber auch seine entspanntere Haltung gegenüber dem Filmemachen. *The Gauntlet* hatte Eastwood bewiesen, daß er seine Deckung ohne Schaden fallen lassen konnte und seinen Beruf zwar nicht minder professionell, aber immerhin nicht ganz so ernst auszuüben brauchte. Und *Every Which Way But Loose* ist in der Tat ein sehr unbeschwerter Film.

Eastwood spielte Philo Beddoe, eine Art Ben Shockley der Arbeiterklasse: kaum aufgeweckter und mit denselben unkomplizierten, mitunter etwas einfältigen Moralvorstellungen. Seine »Familie« ist eine zurechtgestutzte Version von Josey Wales' ungewöhnlicher Sippschaft – sein Kumpel Orville Boggs (Geoffrey Lewis), ein sympathischer Automechaniker und Schrottwagenverwerter, der nebenher Philos Boxkämpfe arrangiert; Clyde, den Phil bei einem Kampf gewonnen und aus einem Wüstenzoo befreit hat, und der nun als etwas unorthodoxer Sparringspartner fungiert; und Ma Boggs (Ruth Gordon), Orvilles schrullige Mutter, die sich ständig über die schlechten Manieren des Orang-Utans (insbesondere seine merkwürdigen Vorstellungen in

Trio Infernal – › Every Which Way But Loose ‹ (Der Mann aus San Fernando) mit Clyde und Geoffrey Lewis

Punkto Stubenreinheit) und seine Vorliebe für ihre Süßigkeiten beschwert.
Die lockere, episodische Geschichte dreht sich um Philos vergebliche Versuche, der jungen Country & Western-Sängerin Lynn Halsey-Taylor (Sondra Locke) den Hof zu machen. Als er ihr das erste Mal im Palomino, der ersten C & W-Bar des ganzen San Fernando-Tals, begegnet, hat er zwar keine größeren Probleme sie kennenzulernen. Auf der Fahrt zu ihrem Trailer entdeckt er allerdings, daß sie mit einem Freund namens Schyler zusammenlebt. Lynnes muntere Behauptung, daß ihr Abenteuer mit Philo ihrem Freund nichts ausmachen werde, beeindruckt den Trucker

nicht im mindesten. »Ganz schön emanzipiert«, murmelt er im Gehen.

Trotzdem blüht ihre Beziehung langsam auf und sie sehen einander immer häufiger. Lynne erzählt Philo, daß sie gerade 7000 Dollar spare, um ihre eigene Country & Western-Bar aufzumachen, und daß ihr Schyler dabei helfe. Philo gibt ihr schließlich 2000 Dollar aus seiner eigenen Tasche, damit sie sich von Schyler trennt. Unmittelbar darauf hinterläßt sie Philo einen knappen Abschiedsbrief und bricht in ihre Heimatstadt Denver auf. Leicht verwirrt, aber nicht entmutigt, macht sich Phil zusammen mit Orville und Clyde an die Verfolgung. Seinerseits verfolgen ihn wiederum zwei verschiedene Gruppen, die sich Philo bei seinen zahlreichen Schlägereien zum Feind gemacht hat – die »Schwarzen Witwen«, eine Bande von angegrauten, unfähigen Hell's Angels, sowie Herb und Putnam, zwei Polizisten außer Dienst.

Unterwegs gabelt sich auch Orville an einem Obststand eine Freundin auf – Echo (Beverly D'Angelo).

Auf einer Landstraße trifft Philo zufällig auf Lynne und sie verbringen die Nacht miteinander. Am nächsten Abend aber läßt sie ihre gemeinsame Verabredung platzen. Mittlerweile haben seine Feinde Philo eingeholt. Er übertölpelt Herb und Putnam, als sie ihn beim Angeln überfallen, und boxt sich seinen Weg aus einer Falle, die ihm die Hell's Angels in Georgetown stellen – wobei ihm Orville, der in der Zwischenzeit ihre Motorräder mit einem Müllabfuhrwagen beiseite räumt, tatkräftig zur Seite steht.

Endlich in Denver angekommen, spürt Philo Lynne in einer Country & Western-Bar auf und geht dazwischen, als sie sich gerade einen anderen Mann aufreißen will. Wütend gibt sie zu, daß sie ihn seit ihrer ersten Begegnung loswerden und Philo, wie soviele andere, mit ihrem Charme nur um sein Geld betrügen wollte. Philos Liebeserklärung macht sie nur noch wütender. In einem plötzlichen, ebenso gegen ihn wie gegen sich selbst gerichteten Wutanfall geht sie auf ihn los. Philo rührt keinen Finger zu seiner Verteidigung und geht.

Unterdessen hat Orville einen Kampf mit dem lokalen Boxmatador arrangiert, einem gewissen Tank Murdoch, dessen legendäre Fähigkeiten schon den ganzen Film hindurch zur Sprache gekommen waren. Er entpuppt sich als alternder, fetter Versager, der nur noch von seinem einstigen Ruhm zehrt. Philo steht kurz vor einem leichten Sieg, als ihm klar wird, daß eine Heimniederlage vor den Augen seiner Fans den Mann zerbrechen würde. Er

schmeißt den Kampf bewußt und kehrt mit Orville, Echo und Clyde nach Hause zurück, vorbei an Herb, Putnam und den deprimierten Hell's Angels.
Wie bei Ben Shockley entstehen auch Philos Schwierigkeiten vor allem aus seinem eigenen Charakter. »Du hältst dich wohl für ganz besonders schlau«, schreit ihn eine wütende Lynne an. »Warum bist du überhaupt gekommen? Konntest du nicht verschwinden wie alle anderen auch? Nein, du mußt hier auftauchen und alles kaputtmachen!« »Für so besonders schlau halt' ich mich gar nicht«, gibt Philo zu. »Denn ich bin ja wohl der einzige Idiot, der mehr von dir gewollt hat als Ins-Bett-Gehen.«
Das Ganze ist Ausdruck seines simplen Vertrauens in die Menschen und versetzt das Mädchen nur noch mehr in Rage, weil er damit exakt den Punkt trifft. In Philo greift Eastwood so einmal mehr den Faden jener alltäglichen Menschlichkeit auf, der ihn bislang von Wales' Monolog vom »Wort des Lebens« zu Shok-

Mit Co-Star Clyde und Regisseur James Fargo bei den Dreharbeiten zu ›Every Which Way But Loose‹

kleys Prinzipienbekenntnis im Motelzimmer von Wickenburg geführt hatte. Dem Ausgang der Geschichte angemessen, wendet sich Eastwoods entsprechender Monolog in diesem Film an Clyde. »Du hältst mich sicher für verrückt, daß ich wie ein Blöder hinter einem Mädchen herrase, das ich eigentlich überhaupt nicht kenne«, erzählt er ihm des Nachts an einem einsamen Lagerfeuer nahe eines murmelnden Bachs. »Ich bin eben nicht wie Orville. Bei mir dauert's, bis ich 'n Mädchen kennenlerne. Und noch länger dauert's, bis sie mich kennenlernt ... Ich hab' keine Angst vor'm andern Mann, aber wenn ich die Liebe einer Frau mit einem anderen teilen soll, dann wird mir auf einmal ganz flau im Magen.«

An diesem Punkt schneidet der Film auf Lynne, die in einer Bowlingbahn gerade einen doppelten Triumph feiert: Sie räumt die letzten drei Kegel auf ihrer Bahn ab und kommt mit einem gutaussehenden Zuschauer ins Gespräch. Ihre Gefühlskälte zerschmettert Bindungen mit Leichtigkeit, doch als sie Philo auf der Straße begegnet, in einem Motel mit ihm ins Bett geht und der Regen am Fenster herunterinnt, verbindet das Geräusch des fließenden Wassers die Szene mit Philos »Geständnis« gegenüber Clyde und deutet damit an, daß sie für kurze Zeit Philos aufrichtige Gefühle und sein Vertrauen in die Menschen teilt.

Bezeichnenderweise ist der einzige Kampf, bei dem Philo offensichtlich körperlichen Schmerz empfindet, jener mit Lynne.

Dennoch ist ihre Beziehung nur ein schwacher Abklatsch der Beziehung zwischen Shockley und Gus Malley und sorgt am Ende nur für einen faden Nachgeschmack, der nicht ganz zu dem derben Humor des restlichen Films passen will.

Sein mythisches Format behält Eastwood, wenn auch maßstabgerecht verkleinert, bei. Seine Boxkämpfe, die er ohne Ausnahme gewinnt, sind überzeugend choreographiert und gestatten Philo, seine scheinbar authentischen Fähigkeiten überzeugend unter Beweis zu stellen. Seine Gegner sind eine reale Bedrohung für ihn: einer versucht gar, die drohende Niederlage mit einem Fleischerhaken abzuwenden. Der Burleske bedient sich der Film nur bei seinen Kämpfen mit den eher komischen Figuren. Seinen Sieg über Herb und Putnam feiert Philo mit entblößter Brust und Tarzan-Schrei (»Ich glaub', er verkehrt schon zu lange mit Clyde«, lautet Orvilles Kommentar) und seiner letzten Schlacht mit den zwölf »Schwarzen Witwen« gehen einige Takte aus Morricones Musik für *Il buono, il brutto, il cattivo* voraus.

›Every Which Way But Loose‹ – Mit Sondra Locke

Die zufälligen Schlägereien wiederum sind in Tom & Jerry-Manier inszeniert: möglichst viel Sachschaden und möglichst wenig echte Verletzungen. Ausnahmslos geht es dabei um die ständigen, immer wieder zum Scheitern verurteilten Versuche der »Schwarzen Witwen«, ihre Gefährlichkeit zu beweisen. Nacheinander fallen sie dabei Philo, in einem Cafe streitsüchtigen Truckern und sogar Ma Boggs zum Opfer, die sich zwar bitter darüber beschwert, daß Orville und Philo eine »alte, schutzlose Dame« allein lassen, aber ohne Umschweife eine riesige Schrotflinte zückt und das Feuer eröffnet, als die Schwarzen Witwen auf der Suche nach Philo ihre Veranda demolieren.
Daneben finden sich in der Geschichte noch einige nützliche, aber keineswegs überstrapazierte Doppelungen. Philos hartnäkkige Jagd nach Lynne findet ihr Gegenstück in Ma Boggs' ebenso

hartnäckigen Bemühungen, endlich ihren Führerschein zu machen, was ihr dann schließlich auch gelingt, als ein älterer Prüfer sie ins Herz schließt. Orvilles Beziehung zu seiner neuen Freundin ist ein klares »Echo« der Beziehung zwischen Philo und Lynne und sorgt daneben auch für einen vielsagenden Kontrast, was den Gebrauch von Schußwaffen angeht: Als Philo einen Kampf gewinnt und die Gegner sich weigern, die Wetten auszubezahlen, belehrt sie Echo mit einem Revolver und einer kurzen Demonstration ihrer Schießkünste eines Besseren – für das Team ist sie ein deutlicher Gewinn. Lynne dagegen überredet Schyler, Philo mit einer Schrotflinte zum vorzeitigen Abbruch ihrer Beziehung zu bewegen, und verrät damit ihre Verschlagenheit, ihre Bereitschaft zum Mißbrauch anderer Leute und ihre latente Gefährlichkeit: als die Flinte losgeht, geschieht das dicht genug, um auch sie selbst in Gefahr zu bringen.
Die Rednecks verwendet der Film dabei nur als Quelle seines Humors, nicht als seine Zielscheibe, wie er schon in einer der ersten Szenen deutlich macht: Als Philo im Palomino versucht, ein Mädchen aufzureißen, entpuppt sie sich als Soziologie-Studentin, die gerade eine Arbeit über die »Country & Western-Mentalität« schreibt. Auf eine entsprechende Frage Philos antwortet sie: »Ja, wenn der Text dieses Songs einen Ausgangspunkt bieten kann, dann liegt sie so etwa zwischen schwachsinnig und stinknormal.«
Philos Rache besteht darin, daß er sich von Orville ein falsches Gebiß besorgt und es in die Fischsuppe des Mädchens schmuggelt. Natürlich taucht das Gebiß auf dem nächsten Löffel wieder auf. Kreischend macht das Mädchen einen flotten Abgang. »Die blöde Ziege hat'n Anfall gekriegt«, grinst Philo und gibt das Gebiß zurück.
Der Humor des Films bewegt sich kaum auf der subtilen, subversiven Ebene eines *The Gauntlet*, bekennt sich aber auch dazu. Eastwood hatte absichtlich versucht, sein Publikum zu vergrößern, was ihm auch blendend und ohne Aufgabe seines schauspielerischen Niveaus gelang. Er hatte sein Image nun soweit ausgebaut, daß er mit geringstem Aufwand mehr als je zuvor zum Ausdruck bringen konnte. In seinem nächsten Film sollte er das bis zum Äußersten treiben.

Die Lichter von San Francisco leuchten in der Abenddämmerung. Ströme von Autoscheinwerfern flimmern über die Golden

Gate Bridge. Die Kamera fährt nach links, durch die Tragseile der Brücke hinaus auf die Bucht von San Francisco. Es fängt an zu regnen. Begleitet von einem dumpfen Trommelwirbel fängt sie einen tristen, einsamen Felsen eine Meile vor der Küste ein. Alcatraz. Fast dreißig Jahre lang Amerikas angeblich ausbruchssicheres Hochsicherheitsgefängnis. Angeblich, denn am 11. Juni 1962 entkamen drei Bankräuber, Frank Morris und die beiden Brüder John und Clarence Anglin, aus ihren Zellen und verschwanden in dem eiskalten Wasser und den reißenden Strömungen rund um den Felsen. Seither hat man nie wieder etwas von ihnen gehört. So beginnt *Escape from Alcatraz* (Flucht von Alcatraz), East-

›Every Which Way But Loose‹ – Philo mischt die »Schwarzen Witwen« auf

woods zweiundzwanzigste Hauptrolle, sein fünfter Film unter der Regie Don Siegels. Siegel hatte die Filmrechte an J. Campbell Bruces Buch über die einzige, jemals geglückte Flucht aus Alcatraz erworben, weil die Figur des Frank Morris einen besonderen Reiz auf ihn ausübte. In Wirklichkeit der hochintelligente Sohn einer ledigen Tänzerin, die ihn mit drei Jahren ausgesetzt hatte, kam Morris dem typischen Siegel-Helden ziemlich nahe: ein fehlerbehafteter Einzelgänger, ein begabter Individualist im Kampf mit dem System, in einer Umgebung operierend, wo der Ehrenkodex des Verbrechers mit jenem der autoritären Gesellschaft in direktem, fortwährendem Konflikt steht.

Ein sehr ähnliches Thema hatte Siegel 1954 in seinem B-Film-Klassiker *Riot in Cell Block 11* (Terror in Block 11) abgehandelt, auch wenn er damals noch größeren Wert auf Gefängnisreform und die Einstellung Außenstehender zum Leben in Gefängnis gelegt hatte. *Escape from Alcatraz* dagegen drang buchstäblich ins Innere vor, führte bereits in seiner ersten Szene weg vom hellen Licht der Außenwelt in eine hermetisch abgeschlossene Welt, die nur gegen Ende kurz verlassen wird. »Von diesem Tag an wird ihre Welt nur das sein, was in diesem Gebäude passiert«, teilt der Gefängnisdirektor (Patrick McGoohan) dem frisch eingelieferten Morris mit.

Der Film behandelt die Auswirkungen einer Gefangenschaft auf das Individuum und die Haltung der Gefängniswärter. Den Grund für den Gefängnisaufenthalt der einzelnen Sträflinge erwähnt er dabei nie, kritisiert ihn auch nur ansatzweise. Welche Verbrechen Morris das erste Mal ins Gefängnis brachten, erfährt man nicht; nur, daß er die Gefängnisregeln übertreten hat: seine einzige Vergangenheit ist das Gefängnis. »Von woher haben sie dich verlegt?«, will ein Mitgefangener wissen. »Atlanta«, antwortet Morris. »'ne schöne Stadt, Atlanta.« »Ich hab' sie nie gesehen.« Als man ihn fragt, was er für eine Kindheit hinter sich hat, antwortet er »'ne kurze«.

Es gibt keine Aufstände, keine hysterischen Zusammenbrüche, keine Schießereien und nur sehr wenig Gewalt. Das Augenmerk des Films gilt dem Gemütszustand seines Helden und seiner Mitgefangenen sowie den Details der raffiniert eingefädelten Flucht, die er – soweit bekannt – mit einer derartigen Authentizität reproduziert, daß Siegel darauf bestand, den überwiegenden Teil des Films in Alcatraz selbst zu drehen. Eine halbe Million Dollar wurde für die Restaurierung der verfallenen Zellenblöcke ausge-

Innenleben – › Escape from Alcatraz ‹ (Flucht von Alcatraz)

geben, und viele dieser Verbesserungen führt man heute den Touristen vor, dem einzigen Besuch, den der Felsen inzwischen noch erlebt.
Von entscheidender Bedeutung war die Wahl des richtigen Hauptdarstellers, würde Morris doch fast zwei Stunden lang im Bild sein und dabei mit sehr wenig Dialog auskommen müssen.

Andeutungen – schlichte »Präsenz« – waren verlangt. Eastwood stürzte sich förmlich auf die Gelegenheit. Das Ergebnis war die ruhigste und doch eloquenteste Darstellerleistung seiner gesamten Laufbahn.

Typische »Eastwood-Momente« gibt es kaum: eine gewalttätige Szene unter der Dusche allenfalls, als Wolf (Bruce M. Fischer), ein brutaler Psychopath, Morris zu seiner nächsten »Braut« machen will, worauf ihm dieser sein Knie in den Magen rammt, ein Stück Seife in den Mund steckt und ihm für seinen obszönen Vorschlag buchstäblich den Mund wäscht.

Auch Eastwoods bekannt lakonischer Zynismus klingt nur selten an, etwa als er English begegnet, einem Neger, der in Alabama für den Mord an zwei Weißen verurteilt wurde, obwohl er dabei in Notwehr gehandelt hatte. »Sag mal«, will Morris wissen, nachdem ihm English seine Geschichte erzählt hat, »Weiße umlegen. Hast du das jetzt hinter dir?« »Wieso?«, fragt English. »Nur 'ne Frage«, wendet sich Morris ab. »Ich hab' mir überlegt, daß ich dir demnächst nicht mehr den Rücken zudrehen werde.«

Später im Gefängnishof setzt er sich zu Morris auf die höchste einer Reihe von Stufen, nur, um zu erfahren, daß die Stufen so etwas wie eine interne Rangordnung darstellen: Je weiter oben, desto höher das Prestige – das Privileg der obersten Stufe ist der Blick über die Gefängnismauer auf einen schmalen Küstenstreifen. Morris brummt verständnisvoll und setzt sich auf die Stufe unter English. »Ich würd' sagen, es gibt zwei Gründe, warum du dich nicht auf meine Stufe gesetzt hast«, schließt der Neger. »Entweder du hast einfach Schiß, oder du bist 'n Niggerhasser. Also was ist es, Junge? Hast du Schiß, hä?« »Nein«, entgegnet Morris nach einer Kunstpause. »Ich hasse nur Nigger.« Er ist der einzige Weiße auf den Stufen.

Für den Rest des Films erscheint Eastwood als durchweg überzeugende Mischung aus Selbstbeherrschung und granitenem Gleichmut, angeborenem Stolz und vorsichtiger Gutmütigkeit; ein loyaler Freund, aber auch eine stumme Bedrohung für seine Gegner; ebenso unabhängig wie Harry Callahan oder der Mann ohne Namen, ohne sich jedoch in dieser Haltung von einer entsprechend arrangierten Geschichte bestätigen zu lassen. Mit geduldiger Sorgfalt, allen äußeren Einwirkungen zum Trotz, festigt er seinen Gemütszustand. Selbstbeherrschung ist seine einzige Überlebenschance, und Eastwood sorgt dafür, daß wir das auch erkennen und zu würdigen wissen.

Wie Ben Shockley triumphiert er gegen eine enorme Übermacht – im Grunde sogar noch gegen eine ungleich größere – konnte man Shockley doch nur körperlich auslöschen. Morris dagegen bedroht der Tod von Geist und Seele. Trotz der detaillierten Schilderung seiner Flucht dreht sich der Film in Wirklichkeit um seinen persönlichen Triumph über den, von einem Gefängnisaufenthalt heraufbeschworenen Gemütszustand.

Die Größe dieser Aufgabe macht der Film von Anfang an klar. Durch Dunkelheit und peitschenden Regen zur Gefängnisfähre geführt, wird Morris dort mit Händen und Füßen an die käfiggleiche Kabine gefesselt. Beengende Kamerawinkel, die düstere Beleuchtung, das Schweigen der Wachen und Jerry Fieldings eintönige, an schweres Industriegerät erinnernde Musik schaffen ein desorientierendes Klima. Morris' erster Eindruck vom Felsen ist ein gleißender, aus der Dunkelheit hervorstechender Suchscheinwerfer.

Im Inneren des Zellenblocks gleiten Gittertüren auf elektrisches Kommando auf und zu. Morris muß sich ausziehen, wird von einem Arzt untersucht und schließlich splitternackt durch einen düsteren, schier endlosen Zellenkorridor geführt. Als seine Zellentür hinter ihm ins Schloß knallt, gibt ein Wächter den ersten Satz von sich, der keinen Befehl oder irgendeine absolut nötige Erklärung darstellt: »Willkommen auf Alcatraz.« Ein Donnerschlag unterstreicht seine Worte.

Morris' erste Begegnung mit dem Direktor betont die hier regierende Unmenschlichkeit ein weiteres Mal. »Wir machen hier aus keinem einen guten Bürger«, bekommt er zu hören, »aber aus jedem einen guten Gefangenen ... Alcatraz wurde gebaut, damit alle faulen Eier in einem Nest bleiben. Und man hat bewußt mich ausgewählt, um sicherzugehen, daß der Gestank aus diesem Nest nicht einfach entweicht ... Niemand ist bisher die Flucht von Alcatraz gelungen, und es wird nie einer schaffen.«

Als Morris seinen Mitgefangenen begegnet, findet er jedoch heraus, daß die menschliche Natur selbst in dieser freudlosen Umgebung zu gedeihen vermag. Negativ im Falle Wolfs, der ihn forschend über den Frühstückstisch hinweg beäugt, aber auch positiv im Fall von Lackmus (Frank Ronzio), einem Leimschnüffler mittleren Alters, der sich insgeheim eine Maus als Haustier hält, und Doc (Roberts Blossom), einem älteren Sträfling, der schon seit zwanzig Jahren einsitzt und nur für seine Gemälde lebt. Symbol seines Überlebenswillens sind die Chrysanthemen, die er

züchtet und die auch in seinem Selbstporträt auftauchen: »Die gehören zu meinem Inneren. Die können sie nicht hinter Gitter und Mauern sperren«.
Nachdem Morris Wolf unter der Dusche zusammengeschlagen hat, greift ihn der Psychopath im Hof mit einem Messer an. Beide werden mit Einzelhaft bestraft und in eine kahle, fensterlose Zelle im D-Block verlegt. Nach seiner Rückkehr freundet sich Morris mit dem Neuankömmling Charley Marsh (Larry Hankin) an, einem Mann, der nur des Wagendiebstahls schuldig ist, sich in seinem vorigen Gefängnis jedoch die Wächter zum Feind gemacht hat.
Bei einer zufälligen Durchsuchung entdeckt der Direktor in Docs Zelle ein Porträt von ihm. Obwohl das Bild seine Megalomanie perfekt wiedergibt und ihm sichtlich schmeichelt, bestraft er die angebliche Frechheit Docs trotzdem und entzieht ihm seine Malerlaubnis. »Es ist keine Einschränkung«, befiehlt er einer Wache, »es ist ein endgültiges Verbot«.
Die Folgen dieser Endgültigkeit zeigen sich kurz darauf, als sich Doc in der Tischlerei vor allen Augen die Finger abhackt. Wütend überreicht Morris einer Wache die abgehackten Finger und findet kurz darauf in der Tasche seines Overalls die zerdrückte Chrysantheme, die ihm Doc zuvor noch zugesteckt hat.
Für den Direktor ist Docs Selbstverstümmelung sein bislang größter Sieg: Die Seele des alten Mannes ist ausgelöscht, der Gefängnisaufenthalt hat seinen schlimmsten Tribut gefordert. Just zu diesem Tiefpunkt entdeckt ein vor sich hin brütender Morris aber auch den Schlüssel für die Flucht. Wie das Gefängnis dabei versagt hat, den Sträflingen den letzten Rest an Menschlichkeit zu nehmen, versagt nun auch das Material, aus dem es besteht. Nach und nach hat die Salzluft den Stahl und den Zement des Zellenblocks zerfressen. Morris findet heraus, daß die Wand um das Belüftungsgitter in seiner Zelle abzubröckeln beginnt und er dabei relativ leicht nachhelfen kann.
Als kurz darauf die beiden Anglin-Brüder John (Fred Ward) und Clarence (Jack Thibeau) auftauchen, die Morris aus einem früheren Gefängnis her kennt, verrät er ihnen seinen Fluchtplan. Wenn es ihnen gelänge, die Belüftungsgitter in ihren Zellen abzumontieren, könnten sie durch den Belüftungsschacht aufs Dach ihres Zellenblocks klettern, sich von da aus auf den Boden herunterlassen, über einen Stacheldrahtzaun klettern und das offene Meer erreichen. Dann würden sie sich mit Klebstoff abge-

› Escape from Alcatraz ‹

dichtete Regenmäntel als Schwimmwesten anziehen und versuchen, die auf der anderen Seite der Bucht gelegene Angel Island zu erreichen.
Um zu verhindern, daß man ihre Flucht allzu schnell entdeckt, würden sie Pappköpfe in ihre Betten legen und die Gitter mit einer Pappmache-Tarnung abdecken, solange sie noch dran arbeiten.
Die Brüder sind mit dem Plan einverstanden und ziehen auch noch Charlie Marsh ins Vertrauen. Mit sehr viel Einfallsreichtum und Mut zum Risiko überwinden sie die zahlreichen Probleme, die sich ihnen in den Weg stellen. Inzwischen erreicht die Auseinandersetzung zwischen den Gefangenen und dem Direktor einen neuen Höhepunkt, als dieser eine von Docs Chrysanthemen vom Tisch entfernen läßt, weil sie angeblich gegen die Vorschrift verstoßen. Außer sich vor Wut springt Lackmus auf und stirbt an

einem Herzanfall. »Einige Männer sind dazu bestimmt, Alcatraz nie zu verlassen«, lautet der Kommentar des Direktors, »ich meine lebend«. Morris entschließt sich, Dienstagnacht die Flucht zu wagen.
Unterdessen beschließt der Direktor allerdings, Morris und Marsh am Dienstagmorgen in andere Zellen zu verlegen. Als Wolf aus dem D-Block entlassen wird und einen erfolglosen Mordanschlag auf ihn verübt, verlegt Morris die Flucht auf Montagabend vor. Die Flucht glückt ohne Schwierigkeiten, obwohl Marsh im letzten Augenblick die Nerven verliert und zurückbleibt. Morris und die Anglins schwimmen in die Nacht hinein.
Am nächsten Morgen fliegt der Direktor mit dem Hubschrauber nach Angel Island, wo man Clarence Anglins Brieftasche entdeckt hat. Eine ausgedehnte Suche beginnt. Auf einem Felsen am Strand findet der Direktor eine Chrysantheme. Chrysanthemen, so sagt man ihm, wüchsen nicht auf Angel Island.
»Sie sind ertrunken«, betont er nachdrücklich, als er nach Washington zurückbeordert wird.
Trotz der Brillianz von Eastwoods Spiel und Siegels Inszenierung hat der Film durchaus seine Schwächen, besonders in den enttäuschend spannungsarmen Szenen um die eigentliche Flucht. Sicher kann man einwenden, daß die Flucht vom Thema her belanglos ist, Morris seinen Sieg bereits dadurch errungen hat, daß er die Möglichkeit zur Flucht bewiesen hat, die Flucht selbst seine Leistung also nur noch abrundet, eine Art Coda darstellt. Das Drehbuch allerdings weist eine andere Struktur auf, verwendet vielmehr sehr viel Zeit für jede einzelne Phase der Flucht, obwohl sie dann doch ohne die geringsten Hindernisse abläuft, in rein dramatischer Hinsicht also ganz und gar nicht befriedigt.
Während der Drehbuchautor im Grunde nur den Direktor als sadistischen Repräsentanten einer repressiven Autorität darstellt (die »Bullen« behandeln die Sträflinge im allgemeinen gut), legt er, was die Gefangenen anbetrifft, etwaige Zweifel stets zu ihren Gunsten aus. Entweder sind ihre Verbrechen entschuldbar wie bei English, der Strafe absolut nicht angemessen wie bei Charley Marsh, oder sie bleiben gleich von vornherein im Dunkeln.
Dieser Art moralischer Anonymität unterstreicht natürlich das Thema des Films: die Tatsache, daß die Figuren Gefangene sind, ist sehr viel wichtiger als das Warum. In einem derart realistischen Rahmen aber riecht das Ganze dennoch nach absichtlicher Manipulation des Zuschauers, ganz besonders, als Doc die Chry-

santhemen in seinem Selbstporträt auf etwas klischeehafte Art erklärt. Ursprünglich sollte Alcatraz dreihundert von Amerikas Erzverbrechern beherbergen. Da jedoch niemals soviele von ihnen gleichzeitig ihre Haftstrafe verbüßten, lief es schließlich darauf hinaus, daß man Verbrecher wie Charley Marsh nach Alcatraz abschob, die eine derart harte Strafe wohl kaum verdient hatten. All das erwähnt der Film jedoch mit keinem Wort, obwohl es seine Thesen an sich unterstützen würde.
Vom Klischee verfolgt ist schließlich auch die Darstellung des Direktors, der wenig mehr zu tun hat, denn als Sprachrohr für die harte Haltung des Regimes zu fungieren. Zu Patrick McGoohans Ehre muß man jedoch sagen, daß er in seinen eindimensionalen Dialogen durchaus den beginnenden Größenwahn, die moralischen Zweifel und die feste Entschlossenheit seiner Figur anzudeuten weiß. Der vielsagendste Touch ist vielleicht, daß ihm Docs Porträt tatsächlich gefällt, er beim Ansehen sogar die etwas verzerrten Züge des Bildes annimmt, den Mann aber schließlich

Der Ausbruch in Gefahr – Wolf (Bruce M. Fischer) will sich an Morris rächen

doch bestraft. Gerade dadurch, daß er seiner Figur soviel Substanz verleiht, gibt sich McGoohan allerdings auch nur zu klar als »Star« zu erkennen, was wiederum kaum zu der verinnerlichten Art des Films und Eastwoods eigenem Spiel paßt.
Dessen ungeachtet, hatte *Escape from Alcatraz* seinen enormen Erfolg durchaus verdient. Allein an den amerikanischen und kanadischen Kinokassen übertraf er die Einspielergebnisse von Eastwoods und Siegels letztem Hit *Dirty Harry* um beinahe vier Millionen Dollar. Daneben erhielten Eastwood und Siegel auch glänzende Kritiken. »Die kühle, filmische Grazie von *Alcatraz* paßt ideal zu den Stärken seines Stars«, schrieb Frank Rich in der *Time.* »In einer Zeit, da Hollywoods Unterhaltung immer übertriebener wird, beweist Eastwood, daß weniger mitunter wirklich mehr sein kann.«
Vielleicht das größte Lob kam jedoch von Vincent Canby der in der *New York Times* den mythischen, im Grund nicht analysierbaren Kern von Eastwoods Talent erkannte. »Wie kein anderer Schauspieler außer ihm wird Eastwood den Erfordernissen der Rolle und des Films gerecht. Ich bin mir nicht sicher, ob man das noch als Schauspielen bezeichnen kann. Auf jeden Fall ist er allerdings das Monument, das in dieser Landschaft alles andere überragt.«
Eastwoods neue Reife hatte ihm erlaubt, sein Image soweit auszudehnen, daß es auch Auftritte in ernsten Dramen und Klamotten umfaßte. Sein nächster Zug bestand darin, eine Vereinigung der beiden neuen Betätigungsfelder zu versuchen. Als Vehikel suchte er sich dabei wieder eine Komödie aus; allerdings eine, die weniger mit den derben Scherzen eines *Every Which Way But Loose* gemein hatte als mit den subtilen Ironien eines *The Gauntlet* und *The Outlaw Josey Wales.*
Eastwood entschied sich, sein nächstes Projekt wieder einmal selbst zu inszenieren und zog sich dafür auf bekanntes und bewährtes Gebiet zurück. *Bronco Billy* (Bronco Billy) war ein Western, ein moderner allerdings, und spielte in Oregon und Idaho, jenen Bundesstaaten im mittleren Westen, wo Eastwood seit jeher am beliebtesten war. Und einmal mehr umgab er sich dabei mit vertrauten Gesichtern – Sondra Locke, Geoffrey Lewis, Bill McKinney und Sam Bottoms.
Eastwood selbst spielte die Titelrolle des Bronco Billy, des Besitzers einer fahrenden Wildwest-Show, dessen Darsteller eine ebenso bizarre und eigenwillige »Familie« bildeten wie die von

Josey Wales. Da gab es Two Gun Left Le Bow (Bill McKinney), einen einarmigen ehemaligen Bankangestellten, der sich seine Arbeit mit nach Hause genommen hatte und dafür ins Gefängnis geworfen worden war; Doc Lynch (Scatman Crothers), den Zirkusdirektor, der wegen Praktizierens ohne Lizenz ebenfalls eine Zeitlang im Gefängnis verbracht hatte; Häuptling Big Eagle (Dan Vadis), einen ehemaligen Räuber und jetzigen Möchtegern-Schriftsteller, dessen »legendärer Klapperschlangentanz, den kein Bleichgesicht je zuvor gesehen hat«, stets unweigerlich mit einem Schlangenbiß endet; seine Frau Running Water (Sierra Pecheur), keine Indianerin trotz ihres Namens; und zu guter Letzt auch noch den fahnenflüchtigen Lasso Leonard James (Sam Bottoms), der sich einst vor Vietnam gedrückt hatte.
Bronco selbst ist ein ehemaliger Schuhverkäufer aus New Jersey, der seinen Job erst mit 31 aufgegeben hatte, obwohl er zeit seines Lebens Cowboy werden wollte. Auch er ist ein Ex-Sträfling, der für den Mordversuch an seiner ehebrecherischen Frau sieben Jahre im Gefängnis gesessen hat. Seine Ansichten sind ebenso unkompliziert wie jene Philo Beddoes, und fast alle seine Sätze bestehen aus irgendwelchen Western-Klischees. »Verschwindet aus meinem Wagen, ihr geldgierigen Geier«, knurrt er, als ihn seine Angestellten vorsichtig darauf ansprechen, daß er sie seit sechs Monaten nicht mehr bezahlt hat. »Ich laß' mich von euch nicht überfallen wie von einem blutrünstigen Wolfsrudel.« »Na, was sagst du zu diesen endlosen Weiten«, lautet sein Kommentar zu einer besonders öden Landschaft. »Da kann man noch atmen und sich frei bewegen.« Seine besondere Zuneigung gilt den Kindern, seinen »kleinen Freunden«, wie er sie nennt, die er mit feierlicher Stimme vor »Alkohol und Zigaretten« warnt. Eine sanfte, aber verheerende Ironie untergräbt beinahe jeden seiner Charakterzüge. Als er eine Handvoll Kinder dabei ertappt, wie sie die pistolenförmigen Türgriffe und den Elchkopf auf dem Kühler seines großen roten Kabrios bewundern, türmt er sich im Gegenlicht auf wie eine Parodie von Josey Wales mit Stetson. »Hände hoch oder ich schieße!«, befiehlt er. Der erste Schreck der Kinder wandelt sich sehr schnell zu Ehrfurcht, als ihnen klar wird, wer er ist.
»Jetzt hört mal zu«, erklärt Billy. »Eigentlich mag ich keine Kinder, die einfach die Schule schwänzen. Jedes Kind in Amerika sollte zur Schule gehen, wenigstens bis zur achten Klasse.« Die Kinder sehen sich verlegen an. »Aber heute ist doch Samstag,

Bronco Billy. Weißt du das denn nicht?«, entgegnet ein Mädchen. »Da ist keine Schule.« Billy bleibt nur noch der ungeschickte Rückzug. »Ach ja. Ich bin gestern die halbe Nacht durchgeritten. Im Sattel kommt man leicht mit der Zeit durcheinander, wißt ihr.«
Billys eigene Zirkusnummer leidet etwas darunter, daß er einfach keine geeignete Assistentin finden kann, die sich von ihm auf ein kreisendes Rad binden lassen will, damit er die Luftballons um sie herum zum Platzen bringen kann: erst mit einem Revolver, dann mit einem Messer.
Zu Beginn des Films kündet ein Schrei davon, daß Big Eagles Klapperschlangentanz wieder einmal schiefgelaufen ist. »Ich versteh' nicht, warum der Trottel nicht auf seine Nummer mit dem brennenden Pfeil umsteigt«, stöhnt Billy – und ein Anflug von komischem Verhängnis überschattet unseren ersten Eindruck der Wildwest-Show.
Kurz darauf zerrt Billy seine schlotternde neue Assistentin in die Arena. »Sind das echte Kugeln?«, will sie wissen. »Nur Schrotpatronen. Dringen nicht allzu tief ein«, erklärt Billy. »Aber keine Sorge. Ich schieße nie daneben.«
Man schnallt die Assistentin fest und der »Todesmut am Glücksrad« beginnt. »Miß Mitzi«, verkündet er, »möchten Sie eine Augenbinde?« »Nein, Bronco Billy«, gibt sie etwas nervös zurück. »Sie sind der beste Schütze im ganzen Westen.« »Wie Sie wollen«, deklamiert Billy. »Dann werde ich eine umbinden.«
Die Katastrophe bleibt denn auch nicht aus: Billys Messer streift das Bein der Assistentin. Schnelle Großaufnahmen – vom Publikum, von den Zirkusleuten, von Billys Pferd – unterstreichen das entsetzte Aufstöhnen (und Aufwiehern). Dennoch ist Billys scheinbare Einfalt, ähnlich wie bei Ben Shockley und Philo Beddoe, mehr als nur reine Komödie, wie seine Beziehung zu Antoinette Lily (Sondra Locke), einer reichen Erbin aus New York, deren zynische Großstadtmanieren in direktem Gegensatz zu denen Billys stehen, schnell ans Tageslicht bringt.
Das erste Mal kreuzen sich ihre beiden Wege, als sie mit einem gewissen John Arlington (Geoffrey Lewis) just in jener kleinen Stadt im Mittelwesten den Bund der Ehe eingeht, wo auch Billys Wildwestshow ihre Zelte aufgeschlagen hat. Für die verzogene, herrschsüchtige Antoinette ist es in erster Linie eine Geschäftsheirat, muß sie doch vor ihrem dreißigsten Geburtstag verheiratet sein, um ihr Erbe ausbezahlt zu bekommen. So macht sie aus

Todesmut am Glücksrad – › Bronco Billy ‹ (Bronco Billy)

ihrer Abscheu vor ihrem geistig unterbelichteten, geldgierigen Ehemann denn auch kein großes Hehl – bis er sie während der Flitterwochen schließlich kurzerhand sitzenläßt.
Ohne Geld, Kleider oder Paß läuft sie in einer Garage Billy in die Arme, der ihr seine Hilfe anbietet, falls sie solange als seine Assistentin fungiert, bis er einen geeigneten Ersatz gefunden hat. Schon sehr bald kriegen sie sich in die Haare. Antoinette weigert sich, mit Billy »Bar-Room Buddies« im Duett zu singen, schießt ebensogut wie er, macht seine Nummer in aller Öffentlichkeit gnadenlos lächerlich und tut ihn als »ungebildeten Zirkuscowboy« ab.
Als sie bei der nächstbesten Gelegenheit aus der Show aussteigt, muß sie jedoch erfahren, daß John Arlington unter Mordanklage

im Gefängnis sitzt. Nach ihrem plötzlichen Verschwinden hatte ihre Stiefmutter und Alleinerbin Irene (Beverlee McKinsey) keine näheren Ermittlungen anstellen lassen und Arlington statt dessen über ihren Anwalt Edgar Lipton (William Prince) eine halbe Million Dollar angeboten, wenn er den Mord gesteht und dabei auf zeitweilige Unzurechnungsfähigkeit plädiert. Was Arlington unter der Bedingung, daß er zu nicht mehr als drei Jahren verurteilt wird, denn auch angenommen hat.
Antoinette kehrt zu Billy zurück und gibt vor, daß sie von nun an allen seinen Befehlen nachkommen werde. Langsam begreift sie dabei, daß Billy mehr ist als nur ein »ungebildeter Zirkuscowboy«. »Wie sind Sie nun wirklich?«, will sie wissen, nachdem er ihr von seinem Leben erzählt hat. »Ich bin, wie ich sein möchte«, entgegnet er ihr einfach nur. Später erklärt ihr Running Water Billys Philosophie etwas ausführlicher: »Wissen Sie denn nicht, was den Reiz in Billys Wildwest-Show ausmacht?«, fragt sie. »Da kann man alles sein, was man will. Man geht einfach hinaus und wird es ... Und solange Sie nicht wissen, wer Sie sein möchten, werden Sie nie sehr weit kommen.«
Doch Antoinette bringt der Show offenbar kein Glück. Als Lasso Leonard wegen Trunkenheit und ungebührlichem Benehmen verhaftet wird und dabei herauskommt, daß er vor neun Jahren Fahnenflucht begangen hat, besticht Billy den korrupten Sheriff, ihn wieder freizulassen, und muß dabei ungeheure Demütigungen in Kauf nehmen. Als während einer Vorstellung dann auch noch das Zelt abbrennt, beschließt die mittellose Truppe, einen Zug zu überfallen. Das Unternehmen endet erbärmlich: der einzige Passagier, der sie überhaupt bemerkt, ist ein kleiner Junge, der seine dösende Mutter vergeblich auf die »Cowboys und Indianer« aufmerksam zu machen versucht. Die nächste Anlaufstelle ist ein Heim für kriminelle Geisteskranke – eine der zahlreichen Anstalten, für die Billy umsonst auftritt.
Ein wesentlicher Teil der Patiententherapie besteht darin, amerikanische Flaggen anzufertigen, und Billy überredet den Anstaltsleiter Dr. Canterbury (Woodrow Parfrey) ihm für einige Lektionen im schnellen Umgang mit dem Trommelrevolver ein neues Zelt zusammenzunähen.
Lasso macht das Heim nervös. »Die meisten Leute hier sind genauso normal wie du und ich«, tadelt Doc. »Das ist auch kein Trost«, entgegnet Lefty. Doch Docs Worte enthalten mehr Wahrheit, als er denkt. Einer der Insassen ist John Arlington, der

allen Beteuerungen Edgar Liptons zum Trotz doch lebenslänglich bekommen hat.
Er erkennt Antoinette und erzählt seine Geschichte Dr. Canterbury, der ihn Billy und Antoinette vorstellt. »Wenn einer meiner Patienten Wahnvorstellungen hat«, erklärt der Doktor, »konfrontiere ich ihn immer mit den Fakten«. Zu seiner gelinden Überraschung bestätigt Antoinette die Geschichte ohne Umschweife. Billy ist nicht minder überrascht, haben er und Antoinette doch eben erst miteinander geschlafen.
Die Medien stürzen sich auf den Fall und Antoinette wird in Windeseile zurück in ihr New Yorker Penthouse gebracht. Einsam und unglücklich, verübt sie dort einen Selbstmordversuch, während sich Billy und seine Truppe aus Angst vor einer Entführung-

Mit Scatman Crothers bei den Dreharbeiten zu ›Bronco Billy‹

sanklage erst einmal versteckt halten. Im letzten Augenblick ruft Running Water Antoinette an und gesteht ihr, wie sehr Billy sie brauche. Sie spuckt die Schlaftabletten aus und macht sich sofort auf den Weg.

In der Zwischenzeit geht Billy mit seiner Wildwestshow wieder auf Tournee. Als er gerade den »Todesmut am Glücksrad« vorführen will, taucht Antoinette in dem neuen, aus hunderten von amerikanischen Flaggen bestehenden Zelt auf. Wieder vereint ziehen sie zu donnerndem Applaus ihre Nummer durch. Am Ende wendet sich Billy direkt an die Kamera: »Und meinen kleinen Freunden hier möchte ich zum Abschied noch etwas sagen. Eßt morgens immer brav Euren Haferbrei und hört auf Eure Mamma und euren Pappa. Hütet Euch vor der Lüge und vergeßt nie zu beten, bevor ihr schlafen geht. Und nun, wie unsere Freunde in Mexiko sagen: Adios amigos!«

Bronco Billy ist Eastwoods ruhigster und komischster Film: ein modernes Märchen, schmackhaft gemacht durch seine völlige Ungezwungenheit und seine ständige Selbsterniedrigung. Oberflächlich betrachtet, mag das Ganze als die endgültige Zerstörung seines eigenes Images erscheinen. Dennoch steckt eine solide Grundlage unter dem Humor. Träume, so deutet der Film an, mögen unwirklich und und unzuverlässig sein, sind aber zugleich auch ein Teil des großen American Dream, jenes Traumes, der einst die Landschaft beseelte, durch die Billy nun zieht und den er in seiner Wildwestshow, wenn auch ungeschickt, hochleben läßt. Billy und seine Kumpane mögen naiv und nicht sehr helle sein, doch ihre Tugenden stehen außer Frage: Entschlossenheit, Mut, Treue und Loyalität.

Als Billy Antoinette beschreibt, wie er seine Frau mit seinem besten Freund erwischt hat, schockiert er sie damit. »Was haben Sie mit ihm gemacht?«, flüstert sie. »Ich hab' geschossen«, entgegnet er, »auf meine Frau«. »Was?«, keucht sie. »Und was war mit ihm«. »Er war mein bester Freund«, antwortet Billy. Liebe »von ganzem Herzen . . . genügt manchmal leider nicht.« Ganz im Gegensatz zu jener Liebe, die Billys seltsame »Familie« zusammenhält; ihre Einheit prägt das Überleben, nicht die Romantik. Isoliert in ihrem New Yorker Penthouse, umgeben von menschlichen Haien, die nicht weniger fromme Klischees von sich geben als Bronco Billy, sich dabei jedoch nie träumen ließen, daß man sie ihnen abkauft, fällt es Antoinette nicht schwer, sich für Billys weise Einfalt zu entscheiden.

Verteidiger des American Dream – ›Bronco Billy‹

Bronco Billy begeisterte die Kritiker mit seiner Genialität und seinem subtilen Humor. Stets gern für politische Anspielungen zu haben, bezeichnete Philip French vom *Observer* den Film als »Fabel über das geplagte Amerika unter Präsident Carter, das Bedürfnis nach Gemeinschaftsgeist sowie die Restauration von Selbstvertrauen und positiven Werten.«
In der *Times* deutete David Robinson an, daß die Kluft zwischen

dem Bild, das sich Billy und seine jungen Zuschauer von ihm machen, und der ungleich tristeren Wirklichkeit auch eine Metapher für den Star Eastwood selbst darstellen könnte. Tatsächlich ist die Hollywood-Welt der Stars und Sternchen ja auch eines der besten Beispiele des American Dream.
An der Kinokasse dagegen fand der Film eine weniger enthusiastische Aufnahme. Ein Publikum, das den derben Humor eines *Every Which Way But Loose* erwartete, mußte *Bronco Billy* ganz zwangsläufig enttäuschen.
Allem äußeren Anschein nach ist Bronco Billy ein Idiot ohne irgendwelche besonderen Fähigkeiten (wie etwa Philo Beddoes Boxtalent), die seine geistige Beschränktheit wieder aufheben könnten. Als Billy seine Schießkünste bei einer tatsächlichen Gefahr unter Beweis stellt – zwei bewaffnete Räuber überfallen die Bank, in der er gerade einen Drei-Dollar-Scheck einlöst –, spielt der Film im selben Augenblick die Gefahr herunter: Billy zieht und schießt erst dann, als einer der Räuber einen Jungen zu Boden stößt und dabei dessen Sparschwein zu Bruch geht. Mit verheerenden Folgen: »Mann, Klasse!« staunt der Junge, während Billys Kugeln den Revolver des Bankräubers durch die Luft wirbeln.
Wenn Eastwood den Film ursprünglich auch als Neuauflage relativ sicheren Materials geplant haben mochte, glich er im Rahmen seiner Karriere doch eher einem seiner gewagteren und anerkennenswerteren Experimente. Mit seinem nächsten Film dagegen zog er sich auf den sichersten Grund zurück, den er in der unsicheren Welt des Unterhaltungskinos überhaupt nur finden konnte: eine Fortsetzung zu *Every Which Way But Loose* mit dem Titel *Any Which Way You Can* (Mit Vollgas nach San Fernando).

Mit der Regie seines zweiten Philo Beddoe-Abenteuers betraute Eastwood Buddy van Horn, einen Regie-Neuling, der die letzten fünfzehn Jahre als Second-Unit-Regisseur und Stuntkoordinator bei seinen Filmen mitgearbeitet hatte. Das Ergebnis war ein glatterer, flotterer Film, in dem die Betonung vor allem auf den spektakulären Stunts lag. Stanford Shermans Skript baute den Humor des Originals aus, verlieh den Figuren und ihrem Hintergrund stärkere Konturen und sorgte für ein strafferes Plot. Ansonsten blieb das Rezept im wesentlichen gleich: Burleske mit Actioneinschüben, untermalt von bekannten Musikern wie Ray Charles, Fats Domino und Glen Campbell.

Im Vergleich zum etwas einfältigen Prügelkomiker des Originals gibt sich der Philo Beddoe in *Any Which Way You Can* deutlich besonnener. Noch immer zielt er zwar auf Prügelkomik, statt bloßer Muskelkraft bedient er sich dabei jedoch gelegentlich auch anderer, mitunter recht einfallsreicher Hilfsmittel. Wieder bekommen dabei die Schwarzen Witwen das meiste Fett ab; etwa als sie sich an einer roten Ampel neben Philos Truck aufreihen und Philo und Clyde dumm anmachen. Philos Antwort besteht in dem Kommando »Nach rechts, Clyde« – ein Befehl, der, wie der Film gleich zu Anfang etabliert hat, dazu führt, daß die geballte Faust des Orang-Utans aus dem rechten Seitenfenster schießt. Diesmal landet sie am Kinn der nächsten »Witwe«, der im Umfallen prompt seinen neben ihm stehenden Kollegen umreißt, bis schließlich die ganze Motorradparade wie ein Kartenhaus zusammenfällt.
Weniger glaubwürdig wird es freilich etwas später, wenn Philo die Witwen unter den Sprüharm einer Asphaltiermaschine lockt. Als er in einer Sackgasse schließlich umdrehen muß, sind die von Kopf bis Fuß geteerten Rocker gerade dabei, sich in Statuen zu verwandeln, bis sie unter wüsten Drohungen einer nach dem anderen umfallen. Philos Boxkämpfe dagegen behandelt der Film nun mit wesentlich größerem Ernst. Statt eines nur vor Ort bekannten Schlägers, der eben zufällig alle seine Kämpfe gewinnt, ist er nun einer der bekanntesten Champs der alternativen Sportszene, deren sonstige illegale Aktivitäten unter anderem in Wettkämpfen zwischen Klapperschlangen und Mungos bestehen. Philos Ruhm hat sich im ganzen Land verbreitet, und in der Hauptsache dreht sich die Geschichte um seinen Meisterschaftskampf. Damit erhält natürlich auch die mythische Seite von Eastwoods Image neuen Auftrieb. Philo Beddoe ist nun ein Antiheld des Sports, ein Volksheld wie auch Josey Wales oder der Mann ohne Namen, der zwar gegen alle Regeln verstößt, aber letzten Endes doch den ganzen Ruhm erntet. Als die beiden Titelanwärter aufeinandertreffen, ist es ein Kampf zweier einander Ebenbürtiger, die sich gegenseitig schätzen und respektieren und sich der Gefahren ihres Sports voll bewußt sind (Philos Gegner Jack Wilson hat bereits einen seiner Gegner verstümmelt und einen anderen umgebracht), aus einer fast abstrakten Achtung vor den Werten ihres Handwerks aber dennoch gegeneinander antreten. Um Geld geht es ihnen dabei nicht: der Kampf findet erst dann statt, als alle Wetten bereits abgesagt sind.

›Any Which Way You Can‹ (Mit Vollgas nach San Fernando) – Mit William Smith

Selbst auf die Fundamente des Boxsports geht der Film mitunter ein. So erlebt man nicht nur das angemessen harte Trainingsprogramm Philos, sondern gewinnt auch einige Einblicke in die masochistischen Gefahren dieses Sports. Als Philo zu Anfang des Films klar wird, daß er den Schmerz zu genießen beginnt, entschließt er sich sogar zum Aufhören, auch wenn dieser Entschluß – zum Glück für die Geschichte – nicht von langer Dauer ist. Ohne von den komischen Elementen abzulenken, verleiht die Geschichte damit der Figur des Philo Beddoe größere Geltung und eröffnet daneben auch dem Schauspieler Eastwood in dramatischer Hinsicht größere Möglichkeiten. Obwohl Philo nach den bitteren Erfahrungen in *Every Which Way But Loose* zweifellos Anspruch auf größere Vorsicht in Liebesangelegenheiten hatte, verzichtet die Fortsetzung auf alle tragischen Untertöne. Nach einem ersten Boxkampf und seiner Entscheidung, endgültig aufzuhören, söhnt sich Philo wieder mit Lynne HalseyTaylor aus. Im wesentlichen geht diese Aussöhnung dabei auf das Konto

Clydes, dessen Rolle im Vergleich zum Original deutlich ausgebaut wurde. Neben seinem Blinkerkunststück darf er so u.a. im Palomino ein Bier trinken, eine massive Bronzestange verbiegen und damit einen großmäuligen Cowboy bremsen, zwei Autos verschrotten, ein Kleid anziehen, einen Flitzer überbieten, mit einem Strohhut unter die Dusche gehen und es schließlich auch noch lautstark mit einem OrangUtan-Weibchen treiben. Daneben beweist er einen sehr ausdrucksstarken Mittelfinger, darf zu Philo und Lynne ins Bett steigen und hat zudem noch den merkwürdigen, etwas peinlichen Tick, sein Geschäft auf den Vordersitzen diverser Polizeiwagen zu verrichten. Verglichen mit dem im Rückblick beinahe zahmen Original-Clyde wird dieser Riesenaffe Philos Beschreibung von ihm als »freiem Menschen« durchaus gerecht.

›Any Which Way You Can‹ – Clyde verschrottet den Wagen der Gauner

Die Romantik wiederum verkommt zur reinen Süßlichkeit und paßt sich derb dem burlesken Ton des Films an. Grotesker Höhepunkt dabei ist eine Szene, als im selben Motel vier verschiedene Bettabenteuer gleichzeitig stattfinden. Im Zimmer neben Philo und Lynne machen sich Clyde und seine provisorische Gefährtin Bonnie, die ihm Philo aus einem Zoo besorgt hat, ans laute Liebesspiel. Philo, der das Ganze mitanhört, entschließt sich, Clydes Methoden nachzuäffen und hängt sich an den Kronleuchter. Auch Luther und Loretta Quince (Logan und Anne Ramsey), ein älteres Ehepaar im anderen Zimmer neben Clyde, werden Ohrenzeugen seiner Aktivitäten. Luther interpretiert die Geräusche als Gipfel menschlicher Leidenschaft und fühlt sich inspiriert, seiner Ehe etwas von dem längst verlorenen Zauber zurückzugeben. Prompt verrenkt er sich die Bandscheibe. Inzwischen wird der voyeuristische Nachtportier bei seinem vergeblichen Versuch, einen Blick auf Clyde und Bonnie zu erhaschen, von einer indignierten Ma Boggs erwischt, die Philo vor einer Handvoll Gangster warnen will. Für beide ist es Liebe auf den ersten Blick, und der Nachtportier träumt sogleich von einer Bo Derek mit Mas Gesicht, die in ein Zeitlupe einen wunderschönen Strand entlangläuft. Als Clyde schließlich mit einem uneleganten Salto zu seiner sittsamen Bonnie ins Bett hüpft, weiß man wirklich nicht mehr so genau, wer denn nun eigentlich wen nachäfft.
Doch die Liebe (und Sondra Locke) spielt bald keine große Rolle mehr, als Lynne von Gangstern entführt wird. James Berkman (Harry Guardino) und Patrick Scarfe (Michael Cavanaugh), zwei Spieler aus New York, bieten Philo 25.000 Dollar, wenn er mit Jack Wilson (William Smith) in den Ring steigt. Philo ist zunächst einverstanden, läßt den Kampf wegen Wilsons Ruf aber dann doch platzen, nachdem er sich wieder mit Lynne versöhnt hat. Daraufhin bringen die Spieler Lynne in ihre Gewalt und halten sie solange versteckt, bis Philo am Austragungsort des Kampfes, einem Skiort in Wyoming namens Jackson Hole, eintrifft.
Philo, Orville und Clyde machen sich auf den Weg nach Wyoming, schon wieder verfolgt von den Schwarzen Witwen, die ganz versessen darauf sind, die Niederlage ihres Erzfeinds zu erleben. In Jackson setzt sich Wilson mit Philo in Verbindung und erfährt zu seiner Bestürzung, daß man Philo zu dem Kampf gezwungen hat. Die beiden Schläger tun sich zusammen, finden mit Hilfe von Clyde und Orville – der sich dabei eine Kugel einfängt – heraus, wo man Lynne versteckt hält, und befreien sie.

Daraufhin wird der Kampf abgesagt und die Sport- und Wettfans, die nun die Stadt bevölkern, machen sich wieder auf die Heimreise. Um ihre eigene Neugier zu befriedigen, wollen Philo und Wilson jedoch herausfinden, wer denn nun wirklich der bessere Boxer von beiden ist, und fangen an, zu kämpfen. Ihr Fight führt sie durch die ganze Stadt und lockt enorme Zuschauermassen an. Ohne sein Wissen retten die Schwarzen Witwen Philo dabei vor den Kugeln von Beckmans Freunden, haben sie doch ihre Motorräder auf seinen Sieg verwettet, weil Beddoe ihrer Ansicht nach der bessere Boxer ist. »Krieg ist Krieg«, meint ihr Anführer Cholla (John Quade), »und Geschäft ist Geschäft«.
Philo bricht sich seinen Arm und für einen Moment sieht es so aus, als ob er den Kampf verlieren würde. Doch Philo will nicht aufgeben, kämpft mit einer Faust weiter und schlägt seinen Gegner mit letzter Kraft k.o. Der Höhepunkt des Films spielt in einem öffentlichen Park, als ein blutverschmierter, halbverkrüppelter Philo durch einen Torbogen aus lauter Stierhörnern, die man so ineinander verflochten hat, daß sie beinahe einer Dornenkrone gleichen, seinem Sieg entgegentaumelt: Zwar umrahmen komische Bemerkungen aus den Reihen der Zuschauer ihren Kampf, doch der Kampf selbst hat etwas Episches, für Eastwood Typisches. Mit dem Meistertitel in der Tasche zieht sich Philo ins Privatleben zurück und beginnt ein neues Leben an der Seite von Clyde und Lynne. Orville, dank seiner Schußwunde nun ein frischgebackener »Held«, tritt in den Armen einer hübschen Krankenschwester seinen Genesungsurlaub an, und auch die Schwarzen Witwen, denen Philos Sieg einen schönen Batzen Geld beschert hat, schließen endlich Frieden mit ihrem ehemaligen Erzfeind.
Rechtzeitig zu Weihnachten 1980 in die Kinos gebracht, trat *Any Which Way You Can* schnell in die kommerziellen Fußstapfen seines Vorläufers und spielte in Amerika und Kanada beinahe 40 Millionen Dollar ein. Ende 1981 war er schließlich der sechsterfolgreichste Film des Jahres und Eastwoods zweitgrößter Erfolg überhaupt.
Dem Muster seiner Laufbahn treu bleibend, ließ Eastwood auf diesen kommerziellen Erfolg nun ein neues, in zweierlei Hinsicht ungewöhnliches Experiment folgen. Der eine Teil des Experiments war hauptsächlich geschäftlicher Natur. Mit *Bronco Billy* hatte Malpaso eine neue Produktionsfirma, Robert Daley Productions, in die Welt gesetzt, die Eastwoods Partner die Gelegen-

heit verschaffen sollte, sich auch mit solchen Projekten zu beschäftigen, an denen der Star nicht persönlich beteiligt war. So fungierte Daley bei *Bronco Billy* und *Any Which Way You Can* daher nur als ausführender Produzent, während man den eigentlichen Produzentenposten Fritz Manes übertragen hatte.
Bei Eastwoods neuem Projekt *Firefox* (Firefox) schied Daley dann endgültig aus. Daraufhin ernannte Eastwood Manes zum ausführenden Produzenten und übernahm neben Regie und Hauptrolle erstmals auch die Produktion bei einem seiner Filme. Für den Star, der sich seit jeher für alle Teilbereiche des Filmemachens interessiert hatte, war das ein durchaus logischer Schritt. Zugleich bedeutete die neue Verantwortung aber auch eine zusätzliche Belastung für ihn, die sich im fertigen Film schließlich auch bemerkbar machen sollte.
Der zweite Teil des Experiments war die *Firefox*-Geschichte selbst, die sich um den Diebstahl eines neuen sowjetischen Kampfflugzeugs drehte, einer MIG-31 mit dem Kodenamen »Firefox«, die bis zu sechsfache Überschallgeschwindigkeit erreichte, gegen jegliche Radarabtastung völlig abgeschirmt und daneben auch noch mit einem gedankengesteuerten Waffensystem ausgerüstet war. Obwohl das Ganze auf dem authentischen Diebstahl einer sowjetischen »Foxbat« und neuesten Entwicklungen auf dem Gebiet elektronischer Gedankenabtastung beruhte, war die Grundidee doch reine Science-Fiction. Eastwood wußte nur zu gut, daß die größten Kassenschlager der späten Siebziger – *Star Wars* (Krieg der Sterne), *Close Encounters of the Third Kind* (Unheimliche Begegnung der dritten Art), *Superman* – aus dem Bereich der Science-Fiction kamen und allesamt um ein enormes Aufgebot noch nie dagewesener Spezialeffekte herum aufgebaut waren. Während seiner ganzen Laufbahn hatte er sich stets an den gerade aktuellen Genres wie Polizeifilm, Kumpelfilm oder Redneck-Klamotte versucht, und es sprach absolut nichts dagegen, dasselbe nicht noch einmal zu versuchen.
Gleichzeitig schlug er mit dieser Entscheidung aber auch einen der wesentlichsten Grundsätze seit der Gründung von Malpaso in den Wind – nämlich den, daß kein Film mehr als 4 Millionen Dollar kosten dürfe. Ganz zwangsläufig hatte ihn die Inflation in den letzten zehn Jahren dazu gezwungen, sein eigenes Diktum gelegentlich zu übertreten, obwohl sich das Budget von *Every Which Way But Loose* auf vier Millionen Dollar belaufen hatte und das von *Bronco Billy* nur um eine Million darüberhinaus ge-

Mit seinem neuen › executive producer ‹ Fritz Manes

gangen war. Die Spezialeffekte für *Firefox* jedoch, darunter eine Luftschlacht am Höhepunkt des Films, ließen das Budget des Films auf 18 Millionen Dollar schnellen. Das waren drei Millionen Dollar mehr als das gesamte amerikanische Bruttoeinspiel von *Bronco Billy.* Der Film mußte ganz einfach ein enormer Erfolg werden, wollte er auch nur seine Produktionskosten wieder hereinholen.

Eastwood griff wieder auf ein Rezept zurück, das ihm schon einmal zu einem relativ bescheidenen Erfolg verholfen hatte. Wie *The Eiger Sanction* ging auch *Firefox* auf einen Romanbestseller zurück. Seinen Reiz bezog Craig Thomas flotter Thriller zwar eher aus den technischen Details des erfundenen Jets denn seinen Figuren oder der authentischen Schilderung der russischen Schauplätze. Dennoch hatte der Held des Romans einiges mit Eastwoods neuer Leinwandfigur gemein: Mitchell Gant ist ein

ausgezeichneter Kampfflieger, dem seine Erlebnisse im Vietnam-Krieg einen schweren Nervenzusammenbruch beschert haben. Obwohl er fließend Russisch spricht und auch über die bekannten Details der mysteriösen Firefox bestens im Bilde ist, neigt er, besonders bei Anspannung, gelegentlich doch zu Rückfällen. Seelisch ist er ebenso fehlerbehaftet, wie dies Josey Wales in gefühlsmäßiger und Ben Shockley in intellektueller Hinsicht waren. Ähnlich wie in ihrem Fall jedoch formen die ihm abverlangten Entbehrungen schließlich seinen Charakter um und befähigen ihn zu seinen Heldentaten.
Eastwoods Filmausgabe dieses Helden setzte Gants Vietnam-Trauma in präzisere Bilder um: Periodische Flashbacks enthüllen, daß er einst vom Vietkong gefangengenommen wurde und einen Napalm-Angriff auf ein kleines vietnamesischen Mädchen miterleben mußte; einen Alptraum, den er auch zu Beginn des Films durchlebt, als ein Militärhubschrauber vor seinem abgelegenen Blockhaus in Alaska landet. Ein zitternder Gant erfährt von der Firefox-Mission und wird dezent daran erinnert, daß sein derzeitiger Zufluchtsort auf Regierungsboden steht, er ihn also jederzeit verlieren könnte, wenn er nicht kooperieren will.
In London erfährt er von Kenneth Aubrey (Freddie Jones), dem Chef des britischen Geheimdienstes, die Einzelheiten des Plans. Er werde die Identität eines gewissen Leon Sprague, eines internationalen Drogenschmugglers, annehmen und nach Rußland fliegen. In Moskau würden britische Agenten dann mit ihm Kontakt aufnehmen und ihn in die Firefox-Geheimbasis einschleusen. Dort würden ihm schließlich einige der Firefox-Konstrukteure weiterhelfen, jüdische Dissidenten, von denen der Westen auch die technischen Details des Flugzeugs erfahren hätte.
Mit Brille, falschem Schnurrbart und grauem Haar verkleidet, fliegt Gant nach Moskau. Am selben Abend spaziert er an der Moskva entlang, sich voll im Klaren, daß er ständig vom KGB beobachtet wird. Drei Männer kommen auf ihn zu, Pavel Upenskoy (Warren Clarke), der echte Sprague und ein zweiter Russe. Zu Gants Überraschung bringen Upenskoy und sein Begleiter Sprague um, stecken Gants Papiere in seine Taschen und werfen die Leiche in den Fluß.
Als der KGB am Tatort eintrifft, glauben sie, daß der eben eingetroffene Sprague von einem Drogenring ermordet wurde. Unterdessen flüchten Upenskoy und Gant in die U-Bahn. Gant nimmt die falsche Identität des echten Sprague, die eines amerikani-

schen Touristen namens Michael Grant, an und entledigt sich seiner Brille und des Schnurrbarts. Auf der Suche nach Spragues Mördern riegeln Polizei und KGB jedoch die U-Bahn ab. Als Gant auf einer Toilette schließlich von einem KGB-Mann vernommen wird, verliert er die Nerven und erwürgt den Mann mit einem Handtuch.

Verkleidet gegen böse Russen – › Firefox ‹ (Firefox)

Obwohl der entsetzte Upenskoy bereits das Schlimmste befürchtet und Gant deshalb rücksichtslos zusammenstaucht, gelingt den beiden Männern die Flucht in ein Lagerhaus, wo sie sich die Nacht über verstecken. Am nächsten Morgen brechen sie in einem Lieferwagen zur Firefox-Basis auf. Gants neue Identität ist die eines gewissen Glazunov, einem Angestellten Upenskoys, der an diesem Tag in seiner Wohnung bleibt.

Oberst Kontarsky (Kenneth Colley), der für die Sicherheit der Firefox zuständige KGB-Offizier, läßt Upenskoys Lieferwagen verfolgen. Als das Täuschungsmanöver auffliegt, verhaftet er den echten Glazunov in seiner Wohnung. Glazunov weigert sich, den Namen seines Ersatzmanns preiszugeben und stirbt bei der Folterung. Kontarsky weiß zwar von dem Verrat der Dissidenten und will sie nach dem Jungfernflug der Firefox verhaften lassen, bringt jedoch den Fremden in Upenskoys Wagen nicht damit in Beziehung und läßt ihn vorerst nur beobachten.

Bei Einbruch der Nacht erreichen Gant und Upenskoy Bilyarsk, den Standort der Firefox-Basis. Ohne daß es die Verfolger vom KGB bemerken, springt Gant aus dem Lieferwagen. Kurz darauf schleust ihn Semelovsky (Ronald Lacey), der Anführer der Dissidenten, in die Basis ein. In der Uniform eines Geheimdienstoffiziers dringt er in den Firefox-Hangar ein und wartet in den Personalquartieren auf den Testpiloten Voskov (Kai Wulff). Als Voskov schließlich eintrifft, schlägt ihn Gant bewußtlos, legt seine Fliegermontur an und geht auf das startbereite Flugzeug zu. Im selben Augenblick inszenieren Semelovsky und die Dissidenten ein Ablenkungsmanöver, um den zweiten Prototyp der Firefox zu zerstören. Während sie im Kugelhagel sterben, klettert Gant ins Cockpit der ersten Firefox und hebt unter den Augen des eben eingetroffenen Premierministers ab.

Um seine Verfolger zu täuschen, fliegt Gant für ein Rendezvous mit einer russischen Linienmaschine zunächst nach Süden. Kaum außer Sicht, schwenkt er nach Norden, dem Polarkreis entgegen. Geschickt trickst er die, nun gegen ihn gerichtete russische Luftverteidigung aus und landet schließlich auf einer Eisscholle in der Barent-See, wo ein amerikanisches Atom-U-Boot seine Maschine wieder auftankt. Mittlerweile ist auch die zweite Firefox wieder flugtüchtig. Voskov macht sich an die Verfolgung und liefert Gant über der Arktis ein Luftgefecht. Gant schießt den Russen ab und schwenkt in Richtung Heimat.

Theoretisch hatte die Kombination aus spektakulären Tricks und

›Firefox‹ – Im Cockpit des Wundervogels

einem genuin, statt einfach nur ironisch gebrochenen Helden Eastwood vermutlich durchaus überzeugt. In der Praxis freilich funktionierte sie nicht. Einmal abgesehen von seinen Flugkünsten, auf die er ständig hinweist, aber erst gegen Ende des Films unter Beweis stellt, erfährt man von Gant im Prinzip nur seine Schwächen. Gegen einen weiteren seiner Grundsätze verstieß Eastwood noch dadurch, daß er sich aller »Eastwood-Momente« ganz bewußt enthielt. Die meiste Zeit ist der ohne eigenes Zutun von Alaska über London nach Rußland beförderte Gant nichts weiter als ein vor Angst schlotternder Feigling, und als er sich an den Firefox-Kontrollen dann plötzlich zum Superhelden mausert, wirkt das weder glaubhaft noch überzeugend.
Zum einen liegt das am Drehbuch: Als Gant Voskov schließlich abschießt, tut er das mit einer solchen Leichtigkeit, daß die ganzen heftigen Bemühungen der beiden Gegner im vorangegangenen Luftgefecht im Grunde überflüssig scheinen. Zudem ist es auch nicht gerade einfach, eine glaubwürdige schauspielerische

Leistung abzuliefern, wenn man Kopf bis Fuß in einer Fliegermontur steckt und noch dazu in einem engen Cockpit hockt. In Eastwoods Karriere ist *Firefox* fast so etwas wie ein ironischer Zirkelschluß, eine Rückkehr zu seiner kleinen Nebenrolle in *Tarantula*, wo er einen ähnlich anonymen Kampfflieger spielte.
Schwerer wiegt jedoch, daß sich die simple Zeichnung Gants auch auf den Rest des Films erstreckt. Niemand zweifelt auch nur einen Augenblick am moralischen Recht des Westens, die Firefox zu stehlen. Oberst Kontarsky und seine KGB-Genossen sind pure Klischees: nazigleiche Schläger, die in jeden Kriegsfilm passen würden, ohne daß man dazu an ihren Uniformen sehr viel ändern müßte. Und als der Premier (Stefan Schnabel) den Weg der gestohlenen Firefox verfolgt, wechselt seine Stimmung so schnell zwischen tiefer Befriedigung über die Allgewalt der sowjetischen Luftverteidigung und ebenso intensivem Ärger, als Gant sie wieder einmal austrickst, daß die Szenen die Grenzen jeder Glaubwürdigkeit und absichtlichen Komik sprengen.
Einzig die von Ronald Lacey und Nigel Hawthorne gespielten Dissidenten in Bilyarsk vermitteln so eine Spur menschlicher Tragik hinter den Verkleidungen und Heldentaten. Gelegentlich verströmt auch Eastwood etwas von seinem alten Zauber, wenn auch sehr viel seltener. Offenbar war der Produzent Eastwood seinem Hauptdarsteller weit weniger zugetan als der Regisseur Eastwood. Selbst wenn *Firefox* nichts weiter sein wollte als ein Thriller, hatten sich Eastwoods Filme bis dato doch nur selten mit einer einzigen Ebene begnügt: Im Rahmen seines Images jedenfalls hatte er bislang eine bemerkenswerte thematische Bandbreite bewiesen. So scheint es äußerst unwahrscheinlich, daß die plumpe Schwarzweißmalerei des Films – gute Alliierte gegen böse Russen – Absicht war, eine Art *Bronco Billy* ohne dessen Ironie. Sehr viel plausibler erklärt sich die Verschwommenheit des Ausdrucks da schon aus der Vermutung, daß sich der Schauspieler mit seiner neuen Dreifachrolle einfach zuviel zugemutet hat. Selbst die Spezialeffekte konnten den Film da nicht mehr retten. So sensationell die Firefox am Boden aussah, glich sie in der Luft doch eher einem Flüchtling aus der *Raumpatrouille Orion*. Wohl wirkten ihre Bewegungen vor einem Hintergrund aus Wolken, Meer und Eis dabei authentisch. Dennoch war der Anblick eines modernen Jets in stetiger Aktion für die meisten Zuschauer etwas völlig Ungewohntes, nicht Reales: Die kunstvollen Luftgefechte der beiden Firefox' gehörten in eine andere Welt.

Nichtsdestoweniger war in einem Actionfilm mit einem – wenn auch noch so zahmen – Eastwood in der Hauptrolle der Zuschauerappeal praktisch von vornherein bereits eingebaut. *Firefox* kam im Juni 1982 in die amerikanischen Kinos, spielte bis Januar 24 Millionen Dollar ein und entpuppte sich schließlich als der elfterfolgreichste Film des ganzen Jahres. Seine Produktionskosten holte der Film damit bequem wieder herein, wenn auch der Profit vergleichsweise zu wünschen übrig ließ. Eastwood hatte sein Wort gegenüber den Fans gehalten. Er war nun 52 Jahre alt, immer noch der Welt beliebtester Filmstar, und hatte mehr Geld, als er überhaupt zählen konnte – trotz einer Abfindung für Maggie, die sich angeblich um die 10 Millionen Dollar bewegte. Nach allen einschlägigen Eastwood-Regeln hätte sich diesem Versuch am SF-Genre nun ein solider, sicherer Erfolg anschließen sollen. Statt dessen machte er sich jedoch unmittelbar nach Abschluß von *Firefox* an sein bislang vielleicht waghalsigstes Experiment: der Geschichte eines versoffenen, schwindsüchtigen Country & Western-Sängers im Amerika der großen Depression.

›*Firefox*‹

Honkytonk Man (Honkytonk Man), bei dem er wieder einmal Produktion, Regie und Hauptrolle übernahm, beginnt mit einer dräuenden Katastrophe: Emmy (Verna Bloom) und Virgil (Matt Clark), ein Farmer-Ehepaar aus Oklahoma, bereiten ihre Farm auf einen bevorstehenden Tornado vor. Rasche Schnitte und Bruce Surtees' düstere Farben verleihen der Sequenz atmosphärische Dichte, erinnern an die Einleitung von *The Outlaw Josey Wales*. Statt die Psyche der Figuren zu verwüsten, kündet der Kataklysmus diesmal freilich nur von der Ankunft des Helden, seinem Seelenzustand und seinem Schicksal. »Tot?«, fragt einer der Farmer, als Red Stovell (Eastwood), Emmys Bruder, nach Abzug des Tornados aus seinem Wagen fällt. »Nein, stockbesoffen«.
Red ist, wie sich herausstellt, von der Grand Ole Opry zu einem Probeauftritt eingeladen worden und hat auf seinem Weg nach Nashville bei Emmy einen Zwischenstop eingelegt. Während er sich auf der Farm erholt, freundet er sich mit Emmys Sohn Whit (Kyle Eastwood) an und erzählt ihm auch von seinem Geldnöten. Schließlich wagen sich die beiden sogar an einen Hühnerdiebstahl. Als Red deshalb verhaftet wird und Whit ihn aus dem Gefängnis herauspaukt, gibt Emmy ihren Widerstand auf und erlaubt ihrem Sohn gegen den Willen ihres Mannes, Red nach Nashville zu begleiten.
Wieder beginnt so eine ziellose Odyssee, bei der der Held nach und nach eine ungewöhnliche »Familie« an sich bindet: Whits Großvater (John McIntire), der in sein Elternhaus in Tennessee zurückkehren will; Marlene (Alexa Kenin), die Gespielin eines Schuldners namens Arnspriger (Barry Corbin), der Red erst zu einem Versicherungsbetrug anstiften will und schließlich bei einem Pokerspiel sein ganzes Geld an Red verliert; Whit selbst, der auf Reds Betreiben bei einer Nutte seine Unschuld verliert.
Als Reds große Chance endlich kommt, macht sie seine Tuberkulose zunichte. Sein Auftritt im Grand Ole Opry endet in einem hartnäckigen Hustenanfall. Allen ärztlichen Ratschlägen zum Trotz, weigert sich Red jedoch, sich in ein Sanatorium einliefern zu lassen. Der Grund ist ein Plattenvertrag, für Red die letzte Chance, ein Zeugnis seiner selbst zu hinterlassen. Mit letzter Kraft nimmt er seine erste Platte auf und stirbt kurz darauf. In einer Szene von beinahe Ford'scher Qualität begraben ihn Whit und Marlene und machen sich danach gemeinsam auf den Weg nach Kalifornien.
In verschiedener Hinsicht gleicht *Honkytonk Man* den Filmen aus

Das große › myth-debunking ‹ – › Honkytonk Man ‹ (Honkytonk Man)

Eastwoods Reifeperiode. Konzentrierten sich *Bronco Billy* und die Beddoe-Filme dabei jedoch auf Komik, neigt sich *Honkytonk Man* in Richtung Drama und verwurzelt seine komischen Untertöne in tragischer Realität statt der überzogenen Traumwelt eines *The Gauntlet*. Red Stovalls Heroismus findet sich nicht in irgendwelchen Heldentaten, sondern darin, daß er sich seine Träume bewahrt, in sich selbst und in seiner Musik, obwohl die Welt um ihn herum zerbricht. Wie *Bronco Billy* ist auch *Honkytonk Man* beherrscht vom Glauben an den American Dream: Red mag außerstande sein, ihn für sich selbst zu verwirklichen, kann ihn aber immerhin an seinen Neffen weitergeben und damit für seinen Fortbestand sorgen.

Die Kritik reagierte auf den Film mit gemischten Gefühlen. »Eine zähe, triste Fabel, in der der Schauspieler selten Gelegenheit bekommt, jene Bravour zu demonstrieren, die seine Fans von ihm erwarten«, schrieb *Variety*. »Ein volkstümelnder, langweili-

›Honkytonk Man‹ – Red Stovall in der Grand Ole Opry

ger Film, der die Geduld von Eastwoods Fans erheblich auf die Probe stellen dürfte«, fügte der *Motion Picture Product Digest* hinzu. Ganz anderer Ansicht war dagegen *Time*, vielleicht der beste Richter über den amerikanischen Massengeschmack: »Clint Eastwood ist ein wunderbar altmodischer Film geglückt; ein Film, so einschmeichelnd wie eine von Reds Honky-Tonk-Melodien, der nicht nur den schlichten Werten schlichter Menschen im Amerika der Depression, sondern auch dem süßen Geist der Country & Western-Musik einen treuherzigen Tribut entbietet ... Sowohl als Schauspieler wie Regisseur war Eastwood noch nie so lakonisch wie hier ... Honkytonk Man zelebriert Beharrlichkeit, nicht Talent oder grob schraffiertes Heldentum.«
So eindrucksvoll dem Film das auch gelang, war Eastwoods Ver-

such, sein mythisches Image endgültig abzulegen, dennoch zum Scheitern verurteilt. Der Grund für den Erfolg eines *The Outlaw Josey Wales* oder *The Gauntlet* hatte darin bestanden, daß sich in Josey Wales und Ben Shockley bewußt Elemente seiner früheren Figuren wiederfanden. Red Stovall dagegen hatte keinen Präzedenzfall, operierte in einem Vakuum. So war es kein Wunder, daß sich *Honkytonk Man* schließlich als Eastwoods größter kommerzieller Flop seit Jahren herausstellte: Ende 1983 hatte der Film gerade eben 2,8 Millionen Dollar eingespielt.
Eastwood blieb nichts anderes übrig, als das Experiment noch einmal zu wiederholen. Die Art und Weise, wie er dabei vorging, verblüffte freilich wieder einmal jedermann. Statt *The Gauntlet* als Ausgangspunkt zu nehmen, kehrte er zu den Wurzeln zurück und versuchte zunächst, die mythische Ursubstanz wieder herzustellen.

›Honkytonk Man‹ – Mit seinem Sohn Kyle

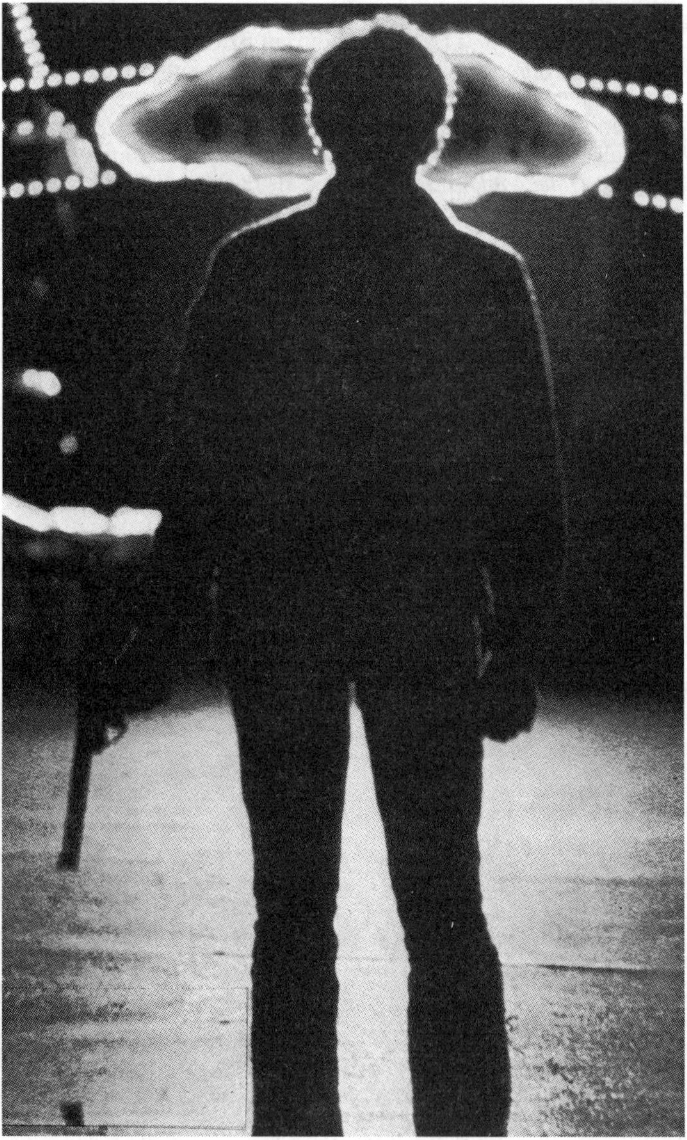

12. Schnelldurchlauf

*Sudden Impact * Tightrope * City Heat*

Ein sichtlich gealterter Harry Callahan betritt ein kleines Restaurant und bestellt sich einen Kaffee. Die anderen Gäste, einige Schwarze und eine Handvoll weißer Mittelklassebürger, sehen ihn nervös an. Unmittelbar nachdem er das Lokal wieder verlassen hat, springen die Schwarzen auf und ziehen ihre Waffen. Wie von Geisterhand taucht Callahan im Hintereingang auf. Die Bedienung, erklärt er den verblüfften Räubern, habe ihm zuviel Zucker in den Kaffee geschüttet und deshalb sei er zurückgekommen. »Und noch etwas: Werft die Kanonen hin! Wir werden Euch sonst hier nicht rausspazieren lassen.« Der Anführer der Verbrecher traut seinen Ohren nicht: »Wer ist wir, Drecksack?« »Smith und Wesson und ich, mein Junge«, gibt Callahan zurück und fegt sein Gegenüber mit einer Kugel durchs Fenster.
In wenigen Sekunden ist alles vorbei. Als sich der letzte der Verbrecher eine Frau aus Geisel nimmt, kommt Callahan mit ausgestreckter Magnum drohend auf ihn zu. »Na, los doch«, fordert er den schwitzenden Neger heraus. »Make My Day!«
Sieben Jahre nach *The Enforcer* die Figur des Dirty Harry ein drittes Mal aufleben zu lassen, war für Eastwood zunächst sicher eine reine kommerzielle Entscheidung, eine Möglichkeit, die enormen Verluste seines *Honkytonk Man* wieder aufzufangen. Dennoch traf er mit *Sudden Impact* (Dirty Harry kommt zurück) wieder einmal den Zeitgeist. Der neue *law-and-order*-Advokat im Weißen Haus ebnete Dirty Harry einen neuen Weg: wie dessen Programm zur moralischen Erneuerung des Landes packte nun auch Callahan das Übel an der Wurzel an: Zum ersten Mal in seiner Karriere zog der Supercop aufs Land, bekämpfte die Korruption und das Verbrechen in den Vorstädten.
Sudden Impact beginnt mit einem mysteriösen Ritualverbrechen. Auf einer abgelegenen Küstenstraße in der Nähe der Golden Gate Bridge hat eine Unbekannte ihren Begleiter mit zwei Schüssen in Kopf und Hoden hingerichtet. Harry Callahan, nach einigen unliebsamen Zwischenfällen bei Chef und Mafia in Ungnade gefallen, wird in die Heimatstadt des Toten, San Paulo, geschickt, um dort einige Nachforschungen anzustellen. Kurz nach seiner

›Sudden Impact‹ (Dirty Harry kommt zurück) – Spiegelbilder ...

Ankunft werden zwei Männer nach demselben *modus operandi* erschossen.

Während seiner Ermittlungen freundet sich Callahan mit der blonden Malerin Jennifer Spencer (Sondra Locke) an, die wie er die Laxheit der modernen Justiz zutiefst verabscheut und ganz unverhohlen der Selbstjustiz das Wort redet. Wie sich schnell herausstellt, ist Jennifer die Täterin: Sie und ihre Schwester Beth sind vor zehn Jahren auf dem Rummelplatz von San Paulo von fünf Männern vergewaltigt worden. Seither leidet Beth an einem schweren Trauma; für Jennifer Grund genug, ihre Peiniger von einst einen nach dem anderen zu erschießen.

Ein Gruppenfoto im Büro des Sheriffs (Pat Hingle) enthüllt Callahan schließlich die Zusammenhänge. Als er daraufhin die Anführerin der Vergewaltiger, eine Lesbierin namens Ray Parkins

... ohne negative Gegenstücke

(Audrie J. Neenan), aufsucht und dabei von einem weiteren der Männer, Micky (Paul Drake), angegriffen wird, verhaftet er den Psychopathen. Kurz darauf trifft Jennifer ein und schießt Parkins über den Haufen. Kaum in Untersuchungshaft, stellt jedoch ein Unbekannter Kaution für Micky. Zusammen mit zwei Freunden ermordet Micky Callahans Partner und schlägt den Inspektor brutal zusammen.

Unterdessen dringt Jennifer ins Haus ihres nächsten Opfers ein, dem inzwischen nach einem Selbstmordversuch gelähmten Sohn des Sheriffs, der seinerzeit den Fall vertuscht hatte. Dabei wird sie von Micky überrascht. Der Psychopath erschießt den Sheriff, schleppt Jennifer auf den Rummelplatz und will sie dort wieder vergewaltigen. In letzter Sekunde rettet ihr Callahan das Leben. Als die Polizei Jennifers Waffe bei dem toten Micky ent-

deckt, halten sie ihn für den Ritualmörder. Callahan läßt den Fall auf sich beruhen.
Mehr noch als seine Vorläufer ist der Dirty Harry in *Sudden Impact* ein wandelnder Anachronismus, ein »Neandertaler«, eine »wandelnde Kampfmaschine«, eine »aussterbende Gattung im Zeitalter der Verantwortungslosigkeit«. »Wie oft noch, Callahan?«, stöhnt sein Vorgesetzter, als wieder einmal ein Mordprozeß wegen seiner illegalen Ermittlungsmethoden platzt. »Ein sechster Sinn genügt da nicht. Sie können sie nicht einfach festnehmen, nur weil sie irgendeinen Riecher hatten. Auf ihre Nase können Sie sich heute nicht mehr verlassen.« Eastwood selbst war sich dessen nur zu bewußt und versuchte in seiner Eigenschaft als Regisseur den Schaden, den seine Filme seit *The Enforcer* indirekt am Mythos der Figur angerichtet hatten, dadurch zu beheben, daß er den neuen Dirty Harry völlig undifferenziert zu einem übernatürlichen Todesboten hochstilisierte: Als er gegen Ende des Films auf dem Rummelplatz auftaucht, verleiht ihm das Gegenlicht einen blauen Heiligenschein. Einmal tötet er sogar allein durch seine Worte, als er durch einige grundlose Beschuldigungen einen älteren Gangsterboß in den Herzinfarkt treibt.
Seine ganze Fragwürdigkeit offenbart *Sudden Impact* indes dadurch, daß er Callahans Methoden durch nichts legitimiert als bloße Worte: »Ihre Methoden sind unkonventionell, zart ausgedrückt«, gesteht einer seiner Vorgesetzten, »aber erfolgreich«. Dennoch stehen sie hier in keinem Verhältnis zum Anlaß. *Sudden Impact* enthält kein einziges negatives Pendant zu Harry Callahan, keinen Skorpion oder Bobby Maxwell, und der unbeholfene, weil hoffnungslose überzeichnete Versuch des Drehbuchs, Micky in der letzten halben Stunde zu einem solchen aufzubauen, scheitert nicht nur in dramaturgischer Hinsicht.
Parallel dazu gibt der Film mit seinem Versuch, in Jennifer Spencer ein menschliches Spiegelbild des mythischen Callahan aufzubauen (interessanterweise entlarvt er sie durch einen zerbrochenen Spiegel in Ray Parkins' Wohnung), nicht nur die letzte kritische Distanz zum Thema Selbstjustiz auf, sondern zeichnet damit auch zugleich ein ausgesprochen ärgerliches Frauenbild. Im Grunde kann Jennifer Callahan nur deshalb nicht kastrieren, weil er die größere Waffe hat: eine neue 44er Magnum Automatic, deren phallischen Charakter der Film in mehreren Sequenzen überdeutlich zur Schau stellt.

Den Rest gab *Sudden Impact* dann noch Eastwoods erstaunlich unbeholfene Inszenierung, die sich fortwährend an Versatzstükken aus seinen früheren Filmen – etwa einem ständig furzenden Hund namens Freßsack als Gegenstück zu dem Orang-Utan Clyde aus den Beddoe-Abenteuern – delektiert und sich daneben noch durch schlechtes Timing auszeichnet: Eine Verfolgungsjagd im Bus durch San Paulo ist nur ein fader Abklatsch einer ähnlichen Sequenz aus *The Gauntlet.*
Just diese Grobschlächtigkeit war es jedoch offenbar, wonach das Publikum verlangte: An der Kinokasse spielte *Sudden Impact* 34,6 Millionen Dollar ein und übertraf damit seine drei Vorläufer um Längen.
Sehr schnell stellte sich allerdings heraus, daß Eastwood seinen Mythos nur deshalb wieder restauriert hatte, um ihn im nächsten

›Tightrope‹ (Der Wolf hetzt die Meute) – Mit Jennifer Beck (l.) und seiner Tochter Alison

Film umso wirksamer entlarven zu können. Im Gegensatz zu *The Gauntlet* entschloß er sich jedoch, dabei nicht auf eine neue Kunstfigur auszuweichen, sondern direkt in den Kern seiner Schöpfung vorzudringen, Dirty Harry und seine negativen Spiegelbilder, die im Grunde erst seine Existenz rechtfertigten, in einer Figur zu vereinen. Das Resultat war einer von Eastwoods interessantesten, wenn auch nicht hundertprozentig gelungenen Filmen.

Die äußere Handlung von *Tightrope* (Der Wolf hetzt die Meute) beschränkt sich dabei auf ein Minimum: Wes Block (Eastwood), ein Polizist, geschieden, zwei Töchter, überführt einen ehemaligen Kollegen und jetzigen Brauereiarbeiter als Verantwortlichen hinter den S&M-Morden im französischen Viertel von New Orleans. Seine eigentliche Spannung bezieht der Film in erster Linie aus der Wesensverwandtschaft zwischen Polizist und Mörder, die er gleich zu Anfang andeutet, als er von den Turnschuhen des Täters auf die Turnschuhe Blocks überblendet. Wenig später wird dann die Bedeutung dieser Überblendung klar: Bei Tageslicht seinen beiden Töchtern ein liebender Vater, zieht sich Block des Nachts selbst ins Bordellviertel zurück, wo er genau denselben Sexualpraktiken huldigt wie der Mörder.

Tightrope ist ein faszinierendes Netz der Doppelungen und Zweideutigkeiten, ein Film über Charaktermasken und innere Spannungen: den Drahtseilakt (walking the tightrope) zwischen den lichten und dunklen Seiten des Ichs, die Regisseur und Drehbuchautor Richard Tuggle mit einigen dichten Metaphern geschickt zu illustrieren weiß. Als der Killer sich das erste Mal bei Block meldet und ihn treffen will, endet die (ergebnislose) Jagd in einem schwach beleuchteten Lagerhaus voll bedrohlicher Karnevalspuppen. Und als der Killer seinen nächsten Mord ankündigt, steckt die Nachricht im abnehmbaren Kopf einer Spielzeugpuppe.

Indem *Tightrope* seine innere Zwiespältigkeit – die Frage, ob Wes Block tatsächlich der Killer ist – für den Zuschauer relativ rasch auflöst, verschiebt er das Interesse auf die inneren Konflikte Wes Blocks. »Eine dunkle Seite steckt in jedem von uns«, formuliert sie eine Polizeipsychologin noch einmal aus. »In dir, in mir und jedem Mann auf der Straße. Manche haben sie unter Kontrolle, andere leider nicht. Der Rest von uns hat große Mühe, nicht die Balance zu verlieren.«

Blocks Rettung kommt in der Gestalt Beryl Thibodeauxs (Gene-

›Tightrope‹ – Wes Block im Kampf mit seinem bösen Ich

vieve Bujold), der Leiterin eines Frauenzentrums, die sich während seiner Ermittlungen in ihn verliebt. Beryl weiß von seinen heimlichen Gelüsten und konfrontiert ihn schließlich damit. In Blocks Schlafzimmer legt sie sich spielerisch eine Handschelle um den Arm und fordert ihr verstörtes Gegenüber auf, auch noch die andere Handschelle zuschnappen zu lassen. Nach längerem Zögern schließt Block die Handschelle wieder auf. In derselben Nacht hat er einen Alptraum, indem er sich selbst als Killer sieht: der Beginn seiner Kur. Kurz darauf findet er den entscheidenden Hinweis auf die wahre Identität des Mörders.
Als Mann, der durch seine eigene (rot ausgeleuchtete) Hölle zu gehen hat, lieferte Eastwood dabei sowohl eine differenzierte Charakterstudie wie eine zersetzende Analyse der Dirty Harry-Figur ab. »Wenn Hollywood-Schauspieler gegen ihren Typ spielen, können sie sich der Kritikerhymnen und der Oscarnominie-

rungen sicher sein«, schrieb *Time.* »Aber das ist gar nichts, wenn man es mit dem Risiko vergleicht, das Eastwood hier auf sich genommen hat, nämlich jenes, die geheime Pathologie seines Images zu sezieren: grausam, dominierend, sexistisch.«
Um als endgültige Demontage Dirty Harrys angesehen werden zu können, blieb die Auflösung von Tightrope allerdings zu oberflächlich und klischeehaft, neigte Richard Tuggle auch zu sehr zur Effekthascherei. Sicher mag man einwenden, daß das Jekyll & Hyde-Motiv der Geschichte die Splatterfilm-Ästhetik des Films in gewissem Sinn rechtfertigte. Dennoch tat Tuggle hier des Guten entschieden zuviel. Blitz und Donner, Großaufnahmen flüchtender Füße, eine Flucht über einen Friedhof, ein abgetrennter Arm, als der Killer schließlich unter einem Zug stirbt: solche Schockmomente rücken *Tightrope* mitunter arg in die Nähe von Filmen wie *Friday the 13th* (Freitag, der 13.), lenken vom inneren Drama weg auf Äußerlichkeiten.
Vielleicht waren es diese Schwächen, die Eastwood unmittelbar nach *Tightrope* – der im übrigen bei Kritik und Publikum gleichermaßen Anklang fand und bis Jahresende 1984 22,5 Millionen Dollar einspielte – dazu bewogen, sich ein weiteres Mal mit Dirty Harry auseinanderzusetzen; wenn auch nur am Rand und mit der Waffe des Humors statt der der Psychoanalyse. *City Heat* (City Heat – Der Bulle und der Schnüffler) war dabei insofern ein ungewöhnliches Projekt für ihn, als er sich nach langer Zeit wieder einmal das Rampenlicht teilen mußte. Nachdem der Stern Burt Reynolds', der ihm lange Zeit die Position als beliebtester Schauspieler Amerikas streitig gemacht hatte, inzwischen am Sinken war, willigte Eastwood im Frühjahr 1984 schließlich ein, zusammen mit seinem einstigen Rivalen in einem jener hollywoodtypischen, ganz nach Marktchancen kalkulierten *packages* aufzutreten. Doch *City Heat* stand unter einem unglücklichen Stern: Kurz nach Beginn der Dreharbeiten schied Regisseur Blake Edwards (und mit ihm die halbe Besetzung) wegen »künstlerischer Differenzen« aus und wurde durch den wenig inspirierten Routinier Richard Benjamin ersetzt. Als Folge davon ist der Film nie das, was er eigentlich hätte sein können, riecht gelegentlich nach purer Rezeptkocherei.
City Heat, ein ironisches Gangsterfilm-Pastiche, spielte im Kansas der Dreißiger und verwickelte die beiden Stars in ein reichlich undurchsichtiges Plot um einige Geschäftsbücher, an denen zwei Gangsterbanden überdurchschnittliches Interesse zeigen. Rey-

nolds trat darin als großmäuliger Schwätzer Mike Murphy auf, der vor kurzem die Polizei verlassen, eine eigene Privatdetektei gegründet und sich damit den Zorn seines ehemaligen Freundes Leutnant Speer (Eastwood) zugezogen hat. Der »gutmütige Charismawettstreit« (Variety), in der die Gangster einmal Murphys reiche Freundin Caroline (Madeline Kahn) und ein andermal Speers neue Liebe Addy (Jane Alexander) entführen, um die Geschäftsbücher wieder in ihren Besitz zu bringen, lebte dabei in erster Linie von Wortgefechten und gewährte seinen beiden Hauptdarstellern insofern optimalen Freiraum, als er das eigentliche Plot zumeist an die Nebendarsteller wie Richard Roundtree und Madeline Kahn delegierte. Unmittelbares Vorbild von *City Heat* waren wohl die italienischen Radaufilme mit Terence Hill

›Tightrope‹ – Der verwirrte Bulle und die Retterin (Geneviève Bujold)

Gangsterfilm-Pastiche – Mit Burt Reynolds in › City Heat ‹ (City Heat – Der Bulle und der Schnüffler)

und Bud Spencer, auch wenn der Film selbst durchaus höhere Ambitionen hatte. Einmal reden sich Murphy und Speer sogar mit »Stan« und »Ollie« an.

Vorsichtig wie er war, gönnte sich Eastwood dabei zwar gelegentlich ein Lächeln und nahm in manchen Szenen auch den »Mann ohne Namen« oder Dirty Harry auf den Arm, schreckte ansonsten aber (im Gegensatz zu Burt Reynolds) davor zurück, sich vollends der Lächerlichkeit preiszugeben. Speer gibt sich kühl und unbeteiligt, lauert aber förmlich auf jede Gelegenheit zum Eingreifen und hilft dabei auch gerne nach; sei es dadurch, daß er seinen Wagen mitten in einer wilden Schießerei abstellt oder daß er sich, wenn alles andere versagt wie in der letzten Sequenz des

Films, selbst den Kaffee übers Hemd leert. Worauf sein Gesicht versteinert, sein rechtes Auge einen nervösen Tick entwickelt, und er mit gewohnter Allgewalt dazwischenfährt.
Seine achtjährige Entwicklung von *Dirty Harry* zu den Beddoe-Filmen hatte er so mit nur drei Filmen innerhalb eines einzigen Jahres noch einmal durchlaufen. *Sudden Impact*, *Tightrope* und *City Heat* zeigten im Schnelldurchlauf noch einmal den Wandel seiner Figur vom puren Mythos zu seiner ironischen Brechung. Ansonsten freilich brachten alle diese Filme Eastwood im Grunde keinen Schritt weiter, beraubten ihn im Gegenteil sogar einer seiner beiden Leinwandfiguren: *Tightrope* hatte Dirty Harry endgültig decouvriert. Ganz folgerichtig griff Eastwood in seinem nächsten Film daher auf den Mann ohne Namen zurück.

13. Ein Grüner ohne Namen

Pale Rider

Ende der Siebziger fristete der Western nurmehr ein Mauerblümchendasein im Schatten der alles überrollenden Science-Fiction-Welle. Nicht einmal sein Hauptdarsteller Steve McQueen konnte den melancholischen Spätwestern *Tom Horn* (Ich, Tom Horn) im Sommer 1980 vor einem schnellen Tod an der Kinokasse bewahren. Ein knappes halbes Jahr später machte dann der katastrophale Mißerfolg von Michael Ciminos 44 Millionen-Dollar-Projekt *Heaven's Gate* (Heaven's Gate), der ein ganzes Studio in den Ruin trieb, den Western für die nächsten vier Jahre endgültig zu einem Genre non grata. Insofern war es vielleicht Eastwoods größtes Experiment in seiner ganzen Laufbahn, als er im September 1984 mit den Dreharbeiten zu einem neuen Western anfing, dessen Skript nun schon seit einiger Zeit in den Schubladen von Malpaso lag: *Pale Rider* (Pale Rider – Der namenlose Reiter). »Wenn man mich fragt, warum ich zu diesem Zeitpunkt einen Western inszeniert habe«, lautete seine für ihn typische Begründung für diesen ungewöhnlichen Entschluß, »so muß ich sagen, daß es für mich überhaupt keinen aktuellen Anlaß für diesen Entschluß gab. Ich hatte also nicht vor, ein Filmgenre zu retten. Mir gefiel einfach die Geschichte, und ich hatte Lust, sie zu erzählen. Vielleicht gab es andere, unbewußte Motivationen, aber zuallererst gefiel mir das Drehbuch, und ich verspürte das Bedürfnis, es zu realisieren. Ich glaube nicht an Marktanalysen oder Zuschauertrends. Ich verlasse mich ganz einfach auf meinen Instinkt.«

Pale Rider spielt zur Zeit des kalifornischen Goldrausches in der zweiten Hälfte des 19. Jahrhunderts. Wie in *Josey Wales* tritt Eastwood dabei wieder einmal als Katalysator einer Mikro-Gesellschaft auf, in diesem Fall einer kleinen Gruppe von Goldgräbern, die ihre Claims im Carbon Canyon gegen die Übernahmeversuche der LaHood-Bergbaugesellschaft verteidigen.

Als Hull Barret (Michael Moriarty), der Wortführer der Goldgräber, nach einem brutalen Überfall in die Stadt reitet und dort von LaHoods Männern zusammengeschlagen wird, taucht plötzlich ein Fremder (Eastwood) auf. Ohne viele Worte, aber mit um so

Der namenlose Racheengel als Öko-Shane – ›Pale Rider‹

überzeugenderer Schlagkraft, erteilt der Fremde LaHoods Schlägern eine Lektion.

Aus Dank lädt Barret den Fremden in die Siedlung der Goldgräber ein. Für seine Verlobte Sarah (Carrie Snodgress) ist der Fremde zunächst nichts weiter als ein Revolverheld. Beim Abendessen erleben sie jedoch eine Überraschung: Der Fremde ist ein Prediger, vielleicht sogar die Antwort auf die Gebete von Sarahs Tochter Megan (Sydney Penny), und erklärt sich ohne Umschweife bereit, den Siedlern bei ihrer Arbeit zu helfen.

Als Coy LaHood (Richard Dysart), der Besitzer der Bergbaugesellschaft, von dem geheimnisvollen Fremden erfährt, dem es in kürzester Zeit gelingt, die bereits zerfallende Gemeinschaft der Goldgräber wieder zusammenzuschweißen, macht er ihm ein letztes Angebot: 1000 Dollar für jeden Claim. Die Alternative wären Marshall Stockton und sechs Deputys, bezahlte Killer, die je-

dermann zu seinem »Recht« verhelfen, solange er nur genügend dafür bezahlt.
Als der Prediger den Siedlern das Angebot überbringt, sind die meisten dafür, es anzunehmen. Barret gelingt es schließlich, seine Freunde umzustimmen: »Natürlich kann man wo anders neu anfangen, um Schwierigkeiten zu vermeiden. Aber bevor wir uns dafür entscheiden aufzugeben, sollten wir uns fragen, wieso wir eigentlich hier sind. Wenn es uns nur ums Geld geht, dann sind wir auch nicht besser als LaHood, finde ich . . . Wenn wir jetzt verkaufen, für wieviel verkaufen wir dann unsere Würde das nächste Mal?«
Kurz darauf reitet der Prediger wieder fort. Mit dem Verschwinden ihres moralischen Rückhalts schlägt auch die Stimmung unter den Goldgräbern rasch wieder um. LaHood läßt die Quelle sprengen, die den Carbon Canyon mit Wasser versorgt; der frisch

›Pale Rider‹ – Carrie Snodgress (l.) und Sydney Penny

eingetroffenen Stockton und seine sechs Deputys erschießen einen der Siedler, Spider (Doug McGrath), auf offener Straße.
Die Siedler denken bereits ans Aufgeben, als der Prediger zurückkehrt – ohne Priesterrock, dafür bis an die Zähne bewaffnet. Er rettet Megan vor den Zudringlichkeiten Josh LaHoods und erklärt den verblüfften Goldgräbern, daß er am nächsten Morgen in die Stadt reiten werde, um endgültig mit Stockton und seinen Deputys abzurechnen: »Ein Mann ist eine leichte Beute. Aber wenn ihr zusammenhaltet, werdet ihr mit allen LaHoods dieser Welt fertig. Was auch immer morgen passieren wird, denkt an meine Worte.«
Am nächsten Morgen macht sich der Prediger auf den Weg in die Stadt. Gegen seinen Willen begleitet ihn Barret. Als sie LaHoods Minenanlage in die Luft jagen, gelingt es dem Prediger jedoch mit einem kleinen Trick, Barret loszuwerden und alleine in die Stadt zu reiten. Dort stellt er sich Stockton und den sechs Deputys, erschießt sie allesamt und reitet dann wieder in die eisigen Berge zurück.
Pale Rider ist vielleicht der erste echte Öko-Western überhaupt. »Is' wie in der Hölle«, sagt Megan, als ihr Josh LaHood ihre Abbautechniken erklärt und die Kamera mit einem beinahe strafenden Blick auf den dreckigen Erdrinnsalen und den armdicken Wasserstrahlen hängen bleibt, mit denen LaHood den Berg penetriert. Die natürlichen Abbaumethoden der Goldschürfer mögen angehen. Was jedoch LaHood betrifft, bleibt der Natur nichts weiter, als seinen Sünden gewissermaßen die kalte Schulter zu zeigen; majestätische, von Bruce Surtees in blassen Farben eingefangene Winterlandschaften, in denen der Mensch zu einem Nichts schwindet.
Eastwoods Prediger mag dabei die Fähigkeiten des Manns ohne Namen haben, was den Umgang mit Revolver (und Nußbaumholz) angeht. Im Gegensatz zu ihm beherrscht er seine Umgebung jedoch nicht, ist vielmehr ein Teil von ihr: Seine Aufgabe besteht darin, die Goldschürfer zu bestätigen und zu Ebenbildern seiner selbst heranzubilden. »Ich habe dieses Land erschlossen«, versucht LaHood den Prediger zu überzeugen. »Ich habe diese Stadt zu dem gemacht, was sie ist. Ich habe Arbeitsplätze geschaffen. Ich habe mir dieses Reich mit meinen eigenen Händen geschaffen. Und ich habe nie jemanden um Hilfe gebeten. Diese Siedler, Prediger, stehen dem Fortschritt im Weg.« »Deren Fortschritt oder Ihrem«, entgegnet der Prediger kühl.

›Pale Rider‹ – Mit Michael Moriarty

Ganz folgerichtig rettet Hull den Prediger, diesen Vertreter der Natur, im Showdown vor der tödlichen Kugel Coy LaHoods. Und Megan, die den Prediger erst heraufbeschwört, ihn dann aus kindlicher Eifersucht heraus für kurze Zeit verbannt – »Sie lieben meine Mutter, das ist es! Hoffentlich sterben Sie und kommen in die Hölle!« – und schließlich nach einem Aufenthalt in LaHoods Hölle doch zu seinem Glauben bekehrt, wird in einer atemberaubenden Einstellung am Ende quasi Teil einer wilden Berglandschaft.

Dennoch hat der Prediger durchaus mehr als nur diesen einen Daseinsgrund: Der zweite Erzählstrang in *Pale Rider* ist eine Rachegeschichte von kühler, einfacher Strenge. Der Prediger ist auch – so deutet der Film zumindest an – ein Geist, seinerzeit von Stockton ermordet und nun darauf aus, »eine alte Rechnung zu begleichen«. Die Kargheit der Moralität kommt dabei fast der von *High Plains Drifter* gleich. Wie Lago ist auch LaHoods Stadt nur eine Ansammlung völlig deplaziert wirkender Häuser inmitten einer (diesmal allerdings schneebedeckten) Wildnis. »Und ich hielt inne und sah ein fahles Pferd«, liest Megan aus der Bibel, als die Antwort auf ihre Bitte um ein Wunder das erste Mal vor ihrem Haus auftaucht. »Und der darauf saß, dessen Name war Tod. Und die Hölle folgte ihm nach.«

Beide Ebenen läßt der Film schonungslos aufeinanderprallen. Von der ersten Sequenz an, einer Parallelmontage aus LaHoods wild dahinreitender Posse und dem friedlich ihrem Lebenserwerb nachgehenden Goldschürfern, ist *Pale Rider* beherrscht von harten Schnitten und starren Einstellungen. Kamerafahrten gibt es kaum, die erste davon, als der namenlose Reiter auf das Gebet Megans hin in einer Überblendung das erste Mal erscheint.

Augen, so sagt man, seien die Spiegel der Seele. Die Augen des Predigers aber, die Lösung des Vexierspiels aus Natur und Übernatürlichem, erkennen seine Gegenüber nur sehr selten. Und tauchen sie einmal aus dem ständigen Halbdunkel des Films auf, ist der Effekt doch nur zutiefst verstörend. »Seine Augen«, meint LaHood zu Stockton. »Ja, seine Augen. Die waren irgendwie merkwürdig.«

Letzten Endes entlarven sich die verschiedenen Anspielungen und Querverweise des Films dann aber doch als überflüssige Dreingabe. Die Konsequenzen seiner Dialektik zieht *Pale Rider* nicht, kann sie vermutlich auch gar nicht ziehen. »Was liegt Ihnen denn an diesen Steinklopfern, Prediger?«, fragt LaHood. »Nichts. Es sind nur Freunde«. Im Gegensatz zu Josey Wales jedoch verwandelt die Begegnung mit der Gemeinschaft den Prediger keineswegs: Ungerührt reitet er nach dem Showdown wieder fort. Und als er sich zu sehr mit der Gemeinschaft involviert, mit der vom Leben enntäuschten Sarah ins Bett geht, mahnt ihn eine geisterhafte Stimme aus der Natur. »Wer sind Sie wirklich?«, will Sarah wissen. »Ist das denn so wichtig?«, entgegnet der Prediger. Mehr noch als *High Plains Drifter* bleibt *Pale Rider* so ein absichtlich unklarer Film: intellektuell erfahrbar, aber nicht über den Bauch genießbar.

Auch Eastwood war sich dessen offenbar bewußt und versuchte, die intellektuelle Langatmigkeit des Films mit einigen Eastwood-Momenten aufzulockern: Szenen, in denen er mit der typischen Lässigkeit des Manns ohne Namen einem riesenhaften Gegner (Richard Kiel) einen Schlaghammer in die empfindlichen Stellen

rammt und drei von LaHoods Männern mit ihren eigenen Nußbaumschlägern aufmischt und dabei den bewährten sardonischen Humor (»Man spielt nicht mit Streichhölzern«) an den Tag legt.
Wie sich schnell herausstellen sollte, hatten ihn seine Instinkte nicht getrogen: *Pale Rider* spielte im Sommer 1985 an den amerikanischen Kinokassen über 40 Millionen Dollar ein, wenn der Erfolg auch mehr auf eine geschickt mit den Erwartungen an einen Eastwood-Western spielende Werbekampagne es auf die eigentlichen Qualitäten des Films zurückging.
Bleibt die Frage, welche Wege ihm nun noch offenstehen. Nach seinen beispiellosen Erfolgen in künstlerischer wie kommerzieller Hinsicht hat es der inzwischen 55jährige im Grund nicht nötig, überhaupt irgendwelche neuen Wege zu beschreiten. Sein Platz in der Kinogeschichte ist ihm mittlerweile sicher. Dennoch, Eastwood zeigt nicht die geringsten Anzeichen dafür, daß er langsam seinen Enthusiasmus für das Filmemachen einbüßt.
Seit einigen Jahren schon deutet er nun immer wieder an, sich demnächst vielleicht vom Schauspielen ganz auf die Regie zu verlegen zu wollen. Bislang hat ihn sein gesunder Geschäftssinn allerdings davon abgehalten, sich nach *Breezy* den Auftritt in einem weiteren seiner Filme völlig zu versagen. Sein nächstes Experiment könnte ein Film sein, in dem er zwar Regie führt, aber nicht selbst auftritt; ebensogut könnte es aber auch etwas gänzlich Unerwartetes sein. Seine Unberechenbarkeit ist seit langem Eastwoods Stärke. »Von Zeit zu Zeit«, sagte er einmal, »muß man seinen Verstand abschalten und etwas Neues versuchen. Risiken eingehen.« Risiken ist er nun seit seinem ersten Flug nach Rom eingegangen; Risiken, die nur die wenigsten Superstars überhaupt in Erwägung ziehen, geschweige denn zu einem erfolgreichen Abschluß bringen würden. In der Vergangenheit war das Eastwoods größte Stärke, und es gibt keinen Grund dafür, warum sie es nicht auch in der Zukunft sein sollte. Es ist durchaus möglich, daß das Beste von Clinton Eastwood, diesem Schauspieler, Regisseur und Produzenten in Personalunion, erst noch bevorsteht.

Filmographie

Clint Eastwoods Filme

Die Abkürzungen bedeuten:

B Buch
D Darsteller
K Kamera
M Musik
P Produktionsfirma (Produzent)
R Regie
V Videoverleih

Die Jahreszahlen bezeichnen das Uraufführungsjahr des Films.

1. **Revenge of the Creature** (Die Rache des Ungeheuers)

USA 1955. *P* Universal (William Alland). *R* Jack Arnold. *B* Martin Berkeley. *K* Charles S. Westbourne. *M* Herman Stein. *D* John Agar (Clete Ferguson), Lori Nelson (Helen Dobson), John Bromfield (Joe Hayes), Robert B. Williams (George Johnson), Nestor Paiva (Lucas), Grandon Rhodes (Jackson Foster), Dave Willock (Lou Gibson), Charles Cane (Polizeichef), Brett Halsey (Pete), CLINT EASTWOOD (Jennings). 82 Minuten. 3-D.

2. **Francis in the Navy**

USA 1955. *P* Universal (Stanley Rubin). *R* Arthur Lubin. *B* Devery Freeman. *K* Carl Guthrie. *M* Joseph Gershenson. *D* Donald O'Connor (Lt. Peter Sterling/Slicker Donevan), Martha Hyer (Betsy Donevan), Richard Erdman (Murph), Myrna Hansen (Helen), David Janssen (Lt. Anders), Jim Backus (Commander Hatch), Paul Burke (Tate), Leigh Snowden (Appleby), CLINT EASTWOOD (Jonesy). 80 Minuten.

3. **Lady Godiva** (Die nackte Geisel)

USA 1955. *P* Universal (Robert Arthur). *R* Arthur Lubin. *B* Oscar Brodney, Harry Ruskin. *K* Carl Guthrie. *M* Joseph Gershenson. *D* Maureen

O'Hara (Godiva), George Nader (Leofrie), Victor McLaglen (Grinald), Rex Reason (Harold), Torin Thatcher (Godwin), Eduard Franz (Edward), Leslie Bradley (Eustace), Henry Brandon (Bejae), Arthur Shields (Gastwirt), CLINT EASTWOOD (erster Sachse). 89 Minuten. Technicolor.

4. **Tarantula** (Tarantula)

USA 1955. *P* Universal (William Alland). *R* Jack Arnold. *B* Robert M. Fresco, Martin Berkeley. *K* George Robinson. *M* Henry Mancini. *D* John Agar (Dr. Matt Hastings), Mara Corday (Stephanie Clayton), Leo G. Carroll (Prof. Gerald Deemer), Nestor Paiva (Sheriff Jack Andrews), Eddie Parker (Paul Lund), Ross Elliott (Birch), Raymond Bailey (Townsend), Ed Rand (John Nolan), Bert Holland (Barney Russell), CLINT EASTWOOD (Erster Pilot). 80 Minuten.

5. **Never Say Goodbye** (Nur Du allein)

USA 1956. *P* Universal (Albert J. Cohen). *R* Jerry Hopper. *B* Charles Hoffman (nach dem Stück von Luigi Pirandello). *K* Maury Gertsman. *M* Frank Skinner. *D* Rock Hudson (Dr. Michael Carrington), Cornell Borchers (Lisa), George Sanders (Victor), Ray Collins (Dr. Balley), David Janssen (Dave), Shelley Fabares (Suzy Carrington), Raymond Greenleaf (Kelly Andrews), Frank Wilcox (Dr. Barnes), CLINT EASTWOOD. 96 Minuten. Technicolor.

6. **Star in the Dust** (Noch heute sollst Du hängen)

USA 1956. *P* Universal (Albert Zugsmith). *R* Charles Haas. *B* Oscar Brodney (nach dem Roman von Lee Leighton). *K* John L. Russell jr. *M* Frank Skinner. *D* John Agar (Sheriff Bill Jorden), Mamie van Doren (Ellen Ballard), Richard Boone (Sam Hall), Coleen Gray (Nellie Mason), Leif Erickson (George Ballard), James Gleason (Orval Jones), Randy Stuart (Nan Hogan), CLINT EASTWOOD. 80 Minuten. Technicolor.

7. **The First Traveling Saleslady**

USA 1956. *P* RKO (Arthur Lubin). *R* Arthur Lubin. *B* Stephen Longstreet, Devery Freeman. *K* William Snyder. *M* Irving Gertz. *D* Ginger Rogers (Rose Gillray), Barry Nelson (Charles Masters), Carol Channing (Molly Wade), David Brian (James Carter), James Arness (Joel Kingdom), CLINT EASTWOOD (Jack Rice), Robert Simon (Cal), Frank Wilcox (Marshall Duncan). 92 Minuten. Technicolor.

8. **Escapade in Japan** (Verschollen in Japan)

USA 1957. *P* Universal (Arthur Lubin). *R* Arthur Lubin. *B* Winston Miller. *K* William Synder. *M* Max Steiner. *D* Teresa Wright (Mary Saunders), Cameron Mitchell (Dick Saunders), Jon Provost (Tony Saunders), Roger Nakagawa (Hiko), Philip Ober (Lt. Col. Hargrave), Kuniko Miyake (Michiko), Susumu Fujita (Kei Tanaka), Katsuhito Haida (Capt. Hibino), CLINT EASTWOOD. 90 Minuten. Technicolor.

9. **Ambush at Cimarron Pass**

USA 1958. *P* Regal (Herbert E. Mendelson). *R* Jodie Copelan. *B* Richard G. Taylor, John K. Butler. *K* John M. Nickolaus jr. *M* Paul Sawtell, Bert Shefter. *D* Scott Brady (Sgt. Matt Blake), Margia Dean (Teresa), Baynes Barron (Corbin), Key Mayer (Cpl. Schwitzer), John Mamier (Zach), Keith Richards (Nathan), John Merrick (Nathan), Frank Gerstle (Sam Prescott), CLINT EASTWOOD (Keith Williams). 73 Minuten. Regalscope.

10. **Lafayette Escadrille**

USA 1958. *P* Warner Bros. (William A. Wellman). *R* William A. Wellman. *B* A.S. Fleischman. *K* William Clothier. *M* Leonard Rosenman. *D* Tab Hunter (Thad Walker), Etchika Choureau (Renee), Bill Wellman jr. (Bill Wellman), Jody McCrea (Tom Hitchcock), Dennis Devine (Red Scanlon), Marcel Dalio (Ausbilder), David Janssen (Duke Sinclair), Paul Fix (General), Veola Vonn (Madame), Will Hutchins (Dave Putnam), CLINT EASTWOOD (George Moseley). 96 Minuten.

11. **Per un pugno di dollari** (Für eine Handvoll Dollar)

Italien 1964. *P* Jolly-Film/Ocean-Prod./Constantin (Arrigo Colombo, Giorgio Papi). *R* Sergio Leone. *B* Sergio Leone, Duccio Tessari, Victor A. Catena, G. Schock (nach Akira Kurosawas *Yojimbo*). *K* Massimo Dallamano. *M* Ennio Morricone. *D* CLINT EASTWOOD (Joe), Gian Maria Volonte (Ramon Rojo), Marianne Koch (Marisol), Jose Calvo (Silvanito), Wolfgang Lukschy (John Baxter), Sieghardt Rupp (Esteban Rojo), Antonio Prieto (Benito Rojo), Margarita Lozano (Consuelo Baxter), Josef Egger (Piripero), Daniel Martin (Julian), Benito Stefanelli (Rubio), Mario Brega (Chico). 100 (88) Minuten. Techniscope. Technicolor. *V* Taurus.

12. **Per qualche dollaro in piu** (Für ein paar Dollar mehr)

Italien 1965. *P* P. E. A./Arturo Gonzales/Constantin (Alberto Grimaldi). *R* Sergio Leone. *B* Sergio Leone, Luciano Vincenzoni (nach einer Story von Fulvio Marzella und Sergio Leone). *K* Massimo Dallamano. *M* Ennio Morricone. *D* CLINT EASTWOOD (Monco), Lee van Cleef (Col. Mortimer), Gian Maria Volonte (Indio), Rosemarie Dexter (Mortimers Schwester), Klaus Kinski (Wild), Josef Egger (Prophet), Luigi Pistilli (Groggy), Mario Brega (Nino), Mara Krupp (Frau des Hoteliers), Panos Papadopoulos, Benito Stefanelli, Roberto Camardiel. 130 (121) Minuten. Techniscope. Technicolor. *V* Taurus.

13. **Il Buono, il Brutto, il Cattivo** (Zwei glorreiche Halunken)

Italien 1966. *P* Produzioni Europee Associate (Alberto Grimaldi). *R* Sergio Leone. *B* Age-Scarpelli, Luciano Vincenzoni, Sergio Leone. *K* Tonino delli Colli. *M* Ennio Morricone. *D* CLINT EASTWOOD (Joe), Eli Wallach (Tuco), Lee van Cleef (Sentenza), Aldo Giuffre (Nordstaaten-Offizier), Mario Brega (Hauptmann Wallace), Luigi Pastilli (Pater Ramirez), Rada Rassimov (Maria), Angelo Novi (Mönch), Chelo Alonso (mexikanische Bäuerin). Enzo Petito, Claudio Sarchilli, Sandro Sarchilli. 182 (159) Minuten. Techniscope. Technicolor. *V* Warner Home Video.

14. **Le Streghe** (Hexen von heute)

Italien 1966. *P* Dino de Laurentiis Cinematografica/Les Productions Artistes Associes (Dino de Laurentiis). *K* Giuseppe Rotunno. *M* Piero Piccioni. **Episode 1** *R* Luchino Visconti. *B* Giuseppe Patroni Griffi, Cesare Zavattini. *D* Silvana Mangano (Gloria), Annie Girardot (Valeria), Francisco Rabal (Valerias Mann), Massimo Girotti (Sportler). **Episode 2** *R* Mauro Bolognini. *B* Age-Scarpelli. *D* Silvana Mangano (Frau), Alberto Sordi (LKW-Fahrer). **Episode 3** *RB* Pier Paolo Pasolini. *D* Silvana Mangano (Assurda Cai), Toto (Giancicato Mino), Ninetto Davoli (Baciu). **Episode 4** *R* Franco Rossi. *B* Franco Rossi, Luigi Mani. *D* Silvana Mangano (Nuncia), Pietro Tordi (Pater). **Episode 5** *R* Vittorio de Sica. *B* Cesare Zavattini, Fabio Carpi, Enzo Muzii. *D* Silvana Mangano (Giovanna), CLINT EASTWOOD (ihr Mann), Valentino Macchi (Mann im Stadion), Armando Bottin (Nembo Kid), Gianni Gori (Diabolik). 121 Minuten. Technicolor.

15. **Hang ’em High** (Hängt ihn höher)

USA 1967. *P* Leonard Freeman Prod./Malpaso (Leonard Freeman). *R* Ted Post. *B* Leonard Freeman, Mel Goldberg. *K* Leonard South, Richard H. Kline. *M* Dominic Frontiere. *D* CLINT EASTWOOD (Jed Cooper), Ed Begley (Captain Wilson), Pat Hingle (Richter Adam Fenton), Arlene Golonka (Jennifer), James MacArthur (Priester), Charles McGraw, L. Q. Jones, Jack Ging, Dennis Hopper, James Westerfield, Bruce Dern, Mark Lenard. 114 Minuten. DeLuxe. *V* Warner Home Video.

In his own way he is, perhaps,
the most dangerous man who ever lived!
A FISTFUL OF DOLLARS
is the first motion picture of its kind.
It won't be the last!
CLINT EASTWOOD A FISTFUL OF DOLLARS
MARIANNE KOCH
JOHN WELS / W. LUKSCHY / S. RUPP / JOE EDGER
SERGIO LEONE
HARRY COLOMBO and GEORGE PAPI
TECHNICOLOR
UNITED ARTISTS

16. **Coogan's Bluff** (Coogans großer Bluff)

USA 1968. *P* Universal (Don Siegel). *R* Don Siegel. *B* Herman Miller, Dean Riesner, Howard Rodman (nach einer Story von Herman Miller). *K* Bud Thackery. *M* Lalo Schifrin. *D* CLINT EASTWOOD (Walt Coogan), Lee J. Cobb (McElroy), Susan Clark (Julie), Tisha Sterling (Linny Raven), Don Stroud (Ringerman), Betty Field (Mrs. Ringerman), Tom Tully (Sheriff McCrea), Melody Johnson (Millie), James Edwards (Jackson), Rudy Diaz (Running Bear), David F. Doyle (Pushie), Louis Zorich (Taxifahrer). 94 Minuten. Technicolor.

17. **Where Eagles Dare** (Agenten sterben einsam)

GB 1968. *P* Winkast Films (Elliott Kastner). *R* Brian G. Hutton. *B* Alistair McLean (nach seinem Roman). *K* Arthur Ibbetson. *M* Ron Goodwin. *D* Richard Burton (John Smith), CLINT EASTWOOD (Lt. Morris Schaffer), Mary Ure (Mary Ellison), Patrick Wymark (Col. Turner), Michael Hordern (Vizeadmiral Rolland), Donald Houston (Christiansen), Peter Barkworth (Berkeley), Robert Beatty (Cartwright Jones), William Squire (Thomas), Derren Nesbitt (Major von Hapen), Anton Diffring (Col. Kramer), Brook Williams (Sgt. Harrod). 155 Minuten. Panavision 70. Metrocolor. *V* MGM/UA.

18. **Paint Your Wagon** (Westwärts zieht der Wind)

USA 1969. *P* Paramount/Alan Jay Lerner Prod. (Alan Jay Lerner). *R* Joshua Logan. *B* Paddy Chayefsky (nach dem Musical von Alan Jay Lerner und Frederick Loewe). *K* William A. Fraker. *M* Frederick Loewe, Andre Previn. *D* Lee Marvin (Ben Rumson), CLINT EASTWOOD (Pardner), Jean Seberg (Elizabeth), Harve Presnell (Unglückswillie), Ray Walston (Mad Jack Duncan), Tom Ligon (Horton Fenty), Alan Dexter (Pfarrer), William O'Connell (Horace Tabor), Ben Baker (Haywood Holbrook), Alan Baxter (Mr. Fenty), Paula Trueman (Mrs. Fenty), Robert Easton (Atwell). 164 (137) Minuten. Panavision 70. Technicolor.

19. **Two Mules for Sister Sara** (Ein Fressen für die Geier)

USA 1969. *P* Universal/Malpaso (Martin Rackin, Carroll Case). *R* Don Siegel. *B* Albert Maltz (nach einer Story von Budd Boetticher). *K* Gabriel Figueroa. *M* Ennio Morricone. *D* Shirley MacLaine (Sara), CLINT EASTWOOD (Hogan), Manolo Fabregas (Col. Beltran), Alberto Morin (General LeClaire), Armando Silvestre (1. Amerikaner), John Kelly (2. Amerikaner), Enrique Lucero (3. Amerikaner), David Estuardo (Juan), Ada

Carrasco (Juans Mutter), Poncho Cordoba (Juans Vater), Jose Chavez (Horacio). 116 Minuten. Panavision. Technicolor. *V* CIC.

20. **Kelly's Heroes** (Stoßtrupp Gold)

USA/Jugoslawien 1970. *P* The Warriors Company/Avala Films (Gabriel Katzka, Sidney Beckerman). *R* Brian G. Hutton. *B* Troy Kennedy Martin. *K* Gabriel Figueroa. *M* Lalo Schifrin. *D* CLINT EASTWOOD (Kelly), Telly Savalas (Big Joe), Don Rickles (Speckbacke), Donald Sutherland (Spinner), Carroll O'Connor (General Colt), Hal Buckley (Maitland), Stuart Margolin (Little Joe), Fred Pearlman (Mitchell), Tom Troupe (Job), Gavin McLeod (Moriarity), Gene Collins (Babra), Perry Lopez (Petchuko). 146 Minuten. Panavison. Metrocolor. *V* MGM/UA.

21. **The Beguiled** (Betrogen)

USA 1970. *P* Universal/Malpaso (Don Siegel). *R* Don Siegel. *B* John B. Sherry, Grimes Grice (nach dem Roman von Thomas Culliman). *K* Bruce Surtees. *M* Lalo Schifrin. *D* CLINT EASTWOOD (John McBurney), Geraldine Page (Martha Farnsworth), Elizabeth Hartman (Edwina Dabney), Jo Ann Harris (Carol), Darleen Carr (Doris), Mae Mercer (Hallie), Pamelyn Ferdin (Amy), Melody Thomas (Abigail), Peggy Drier (Lizzie), Pattye Mattick (Janie). 105 Minuten. Technicolor. *V* CIC.

22. **Play Misty for Me** (Sadistico – Wunschkonzert für einen Toten)

USA 1971. *P* Universal/Malpaso (Robert Daley). *R* CLINT EASTWOOD. *B* Jo Heims, Dean Riesner (nach einer Story von Jo Heims). *K* Bruce Surtees. *M* Dee Barton. *D* CLINT EASTWOOD (Dave Garland), Jessica Walter (Evelyn Draper), Donna Mills (Tobie Williams), John Larch (Sgt. McCallum), Jack Ging (Frank Dewan), Irene Hervey (Madge Brenner), James McEachin (Al Monte), Clarice Taylor (Birdie), Don Siegel (Murphy), Duke Everts (Jay Jay), George Fargo (Man), Mervin W. Frates (Locksmith). 102 Minuten. Technicolor. *V* CIC.

23. **Dirty Harry** (Dirty Harry)

USA 1971. *P* Warner Bros./Malpaso (Don Siegel). *R* Don Siegel. *B* Harry Julian Fink, Rita M. Fink, Dean Riesner (nach einer Story von Harry J. und Rita M. Fink). *K* Bruce Surtees. *M* Lalo Schifrin. *D* CLINT EASTWOOD (Harry Callahan), Harry Guardino (Lt. Bressler), Reni Santoni (Chico), John Vernon (Bürgermeister), Andy Robinson (Scorpio), John Mitchum (De Georgio), Mae Mercer (Mrs. Russell), Lyn Edgington (Norma), Ruth Kobart (Busfahrerin), Woodrow Parfrey (Mr. Jaffe), Josef

Sommer (Rothko), William Paterson (Bannerman). 101 Minuten. Panavision. Technicolor. *V* Warner Home Video.

24. **Joe Kidd** (Sinola)

USA 1972. *P* Universal/Malpaso (Robert Daley). *R* John Sturges. *B* Elmore Leonard. *K* Bruce Surtees. *M* Lalo Schifrin. *D* CLINT EASTWOOD (Joe Kidd), Robert Duvall (Frank Harlan), John Saxon (Luis Chama), Don Stroud (Lamarr), Stella Garcia (Helen Sanchez), James Wainwright (Mingo), Paul Koslo (Roy), Gregory Walcott (Mitchell), Dick van Patten (Hoteldirektor), Lynne Marta (Elma), John Carter (Richter), Pepe Hern (Priester). 87 Minuten. Panavision. Technicolor. *V* CIC.

25. **High Plains Drifter** (Ein Fremder ohne Namen)

USA 1972. *P* Malpaso/Universal (Robert Daley). *R* CLINT EASTWOOD. *B* Ernest Tidyman. *K* Bruce Surtees. *M* Dee Barton. *D* CLINT EASTWOOD (Der Fremde), Verna Bloom (Sarah Belding), Mariana Hill (Callie Travers), Mitchell Ryan (Dave Drake), Jack Ging (Morgan Allen), Stefan Gierasch (Bürgermeister Jason Hobart), Ted Hartley (Lewis Belding), Billy Curtis (Mordechai), Geoffrey Lewis (Stacy Bridges), Scott Walker (Bill Borders), Walter Barnes (Sheriff Sam Shaw), Paul Brinegar (Lutie Naylor). 105 Minuten. Panavision. Technicolor. *V* CIC.

26. **Breezy** (Begegnung am Vormittag)

USA 1973. *P* Universal/Malpaso (Robert Daley). *R* CLINT EASTWOOD. *B* Jo Heims. *K* Frank Stanley. *M* Michel Legrand. Songs Marilyn und Alan Bergman. *D* William Holden (Frank Harmon), Kay Lenz (Breezy), Roger C. Carmel (Bob Henderson), Marj Dusay (Betty Tobin), Joan Hotchkis (Paula Harmon), Jamie Smith Jackson (Marcy), Norman Bartold (Mann im Wagen), Lynn Dorden (Harmons Freundin), Shelley Morrison (Nancy Henderson), Dennis Oliviers (Bruno), Eugene Peterson (Charlie). 106 Minuten Panavision. Technicolor.

27. **Magnum Force** (Calahan)

USA 1973. *P* Malpaso (Robert Daley). *R* Ted Post. *B* John Milius, Michael Cimino (nach einer Story von John Milius). *K* Frank Stanley. *M* Lalo Schifrin. *D* CLINT EASTWOOD (Harry Callahan), Hal Holbrook (Lt. Neil Briggs), Mitchell Ryan (Charlie McCoy), David Soul (Ben Davis), Felton Perry (Early Smith), Robert Urich (John Grimes), Kip Niven (Red Astrachan), Tim Matheson (Phil Sweet), Christine White (Carol Mc-

Coy), Richard Devon (Carmine Ricca), Tony Giorgio (Frank Palancio), Albert Popwell (Zuhälter). 122 Minuten. Panavision. Technicolor. *V* Warner Home Video.

28. **Thunderbolt and Lightfoot** (Die Letzten beißen die Hunde)

USA 1974. *P* Malpaso (Robert Daley). *RB* Michael Cimino. *K* Frank Stanley. *M* Dee Barton. *D* CLINT EASTWOOD (John »Thunderbolt« Doherty), Jeff Bridges (Lightfoot), George Kennedy (Red Leary), Geoffrey Lewis (Goody), Catherine Bach (Melody), Gary Busey (Curly), Jack Dodson (Bankmanager), Gene Elman/Lila Teigh (Touristen), Burton Gilliam (Welder), Roy Jenson (Dunlop), Claudia Lennear (Sekretärin). 115 Minuten. Panavision. DeLuxe. *V* Warner Home Video.

29. **The Eiger Sanction** (Im Auftrag des Drachen)

USA 1975. *P* Universal/Malpaso (Robert Daley). *R* CLINT EASTWOOD. *B* Warren B. Murphy, Hal Dresner, Rod Whitaker (nach dem Roman von Trevanian). *K* Frank Stanley. *M* John Williams. *D* CLINT EASTWOOD (Jonathan Hemlock), George Kennedy (Ben Bowman), Vonetta McGee (Jemima Brown), Jack Cassidy (Miles Mellough), Heidi Brühl (Anna Montaigne), Thayer David (der Drache), Reiner Schoene (Freytag), Michael Grimm (Meyer), Jean-Pierre Bernard (Montaigne), Brenda Venus (George), Gregory Walcott (Pope), Candice Rialson (Kunststudentin). 125 Minuten. Panavision. Technicolor. *V* CIC.

30. **The Outlaw Josey Wales** (Der Texaner)

USA 1976. *P* Malpaso (Robert Daley). *R* CLINT EASTWOOD. *B* Phil Kaufman, Sonia Chernus (nach dem Roman von Forrest Carter). *K* Bruce Surtees. *M* Jerry Fielding. *D* CLINT EASTWOOD (Josey Wales), Chief Dan George (Lone Watie), Sondra Locke (Laura Lee), Bill McKinney (Terrill), John Vernon (Fletcher), Paula Trueman (Grandma Sarah), Sam Bottoms (Jamie), Geraldine Keams (Little Moonlight), Woodrow Parfrey (Abenteurer), Joyce Jameson (Rose), Sheb Wooley (Travis Cobb), Royal Dano (Ten Spot). 136 Minuten. Panavision. DeLuxe. *V* Warner Home Video.

31. **The Enforcer** (Der Unerbittliche)

USA 1976. *P* Malpaso (Robert Daley). *R* James Fargo. *B* Stirling Silliphant, Dean Reisner (nach einer Story von Gail Morgan Hickman). *K* Charles W. Short. *M* Jerry Fielding. *D* CLINT EASTWOOD (Harry Calla-

CLINT EASTWOOD
THE
OUTLAW JOSEY WALES
...an army of one.
PG

han), Harry Guardino (Lt. Bressler), Bradford Dillman (Capt. McKay), John Mitchum (DiGeorgio), DeVeren Brookwalter (Bobby Maxwell), John Crawford (Bürgermeister), Tyne Daly (Kate Moore), Samantha Doane (Wanda), Robert Hoy (Buchinski), Jocelyn Jones (Miki), M.G. Kelly (Pater John), Nick Pellegrino (Martin). 96 Minuten. Panavision. DeLuxe. *V* Warner Home Video.

32. **The Gauntlet** (Der Mann, der niemals aufgibt)

USA 1977. *P* Malpaso (Robert Daley). *R* CLINT EASTWOOD. *B* Michael Butler, Dennis Shryack. *K* Rexford Metz. *M* Jerry Fielding. *D* CLINT EASTWOOD (Ben Shockley), Sondra Locke (Gus Mally), Pat Hingle (Josephson), William Prince (Blakelock), Bill McKinney (Polizist), Michael Cavanaugh (Feyderspiel), Carole Cook (Kellnerin), Mara Corday (Matrone im Gefängnis), Samantha Doane, Roy Jenson, Dan Vadis (Hell's Angels). 110 Minuten. Panavision. DeLuxe. *V* Warner Home Video.

33. **Every Which Way But Loose** (Der Mann aus San Fernando)

USA 1978. *P* Malpaso (Robert Daley). *R* James Fargo. *B* Jeremy Joe Kronsberg. *K* Rexford Metz. *M* Snuff Garret, Steve Dorff. *D* CLINT EASTWOOD (Phil Beddoe), Sondra Locke (Lynn Halsey-Taylor), Geoffrey Lewis (Orville), Beverly d'Angelo (Echo), Ruth Gordon (Ma), Walter Barnes (Tank Murdock), Roy Jensen (Woody), James McEachin (Herb), Bill McKinney (Dallas), William O'Connel (Elmo), John Quade (Cholla), Dan Vadis (Frank). 114 Minuten. Panavision. DeLuxe. *V* Warner Home Video.

34. **Escape from Alcatraz** (Flucht von Alcatraz)

USA 1979. *P* Sol C. Siegel/Malpaso (Don Siegel). *R* Don Siegel. *B* Richard Tuggle (nach dem Buch von J. Campbell Bruce). *K* Bruce Surtees. *M* Jerry Fielding. *D* CLINT EASTWOOD (Frank Morris), Patrick McGoohan (Gefängnisdirektor), Roberts Blossom (Doc), Jack Thibeau (Clarence Anglin), Fred Ward (John Anglin), Paul Benjamin (English), Larry Hankin (Charley Marsh), Bruce M. Fischer (Wolf), Frank Ronzio (Lackmus). 112 Minuten. Panavision. DeLuxe. *V* CIC.

35. **Bronco Billy** (Bronco Billy)

USA 1980. *P* Malpaso (Dennis Hackin, Neal Dobrofsky). *R* CLINT EASTWOOD. *B* Dennis Hackin. *K* David Worth. *M* Snuff Garrett. *D* CLINT EASTWOOD (Bronco Billy), Sondra Locke (Antoinette Lily), Geoffrey Lewis (John Arlington), Scatman Crothers (Doc Lynch), Bill McKinney (Lefty LeBow), Sam Bottoms (Leonard James), Dan Vadis (Chief Big Eagle), Sierra Pecheur (Lorraine Running Water), Walter Barnes (Sheriff Dix), Woodrow Parfrey (Dr. Canterbury), Beverlee McKinsey (Irene Lily), William Prince (Edgar Lipton), Tessa Richarde (Mitzi Fritz), Tanya Russell (Doris Duke). 119 Minuten. Panavision. DeLuxe. *V* Warner Home Video.

36. **Any Which Way You Can** (Mit Vollgas nach San Fernando)

USA 1980. *P* Malpaso (Fritz Manes). *R* Buddy van Horn. *B* Stanford Sherman. *K* David Worth. *M* Snuff Garrett. *D* CLINT EASTWOOD (Philo Beddoe), Sondra Locke (Lynne Halsey-Taylor), Geoffrey Lewis (Orville), William Smith (Jack Wilson), Harry Guardino (James Beekman), Ruth Gordon (Ma), Michael Cavanaugh (Patrick Scarfe), Barry Corbin (Fat Zack), Roy Jenson (Moody), Bill McKinney (Dallas), William O'Connell (Elmo), John Quade (Cholla), Al Ruscio (Tony Paoli sr.), Dan Vadis (Frank), Camila Ashlend (Hattie). 116 Minuten. Panavision. DeLuxe. *V* Warner Home Video.

37. **Firefox** (Firefox)

USA 1982. *P* Malpaso (CLINT EASTWOOD). *R* CLINT EASTWOOD. *B* Alex Lasker, Wendell Wellman (nach dem Roman von Craig Thomas). *K* Bruce Surtees. *M* Maurice Jarre. *D* CLINT EASTWOOD (Mitchell Gant), Freddie Jones (Kenneth Aubrey), David Huffman (Buckholz), Warren Clarke (Pavel Upenskoy), Ronald Lacey (Semelovsky), Kenneth Colley (Oberst Kontarsky), Klaus Löwitsch (General Vladimirov), Nigel Hawthorne (Pyotr Baranovich), Stefan Schnabel (Premier), Thomas Hill (General Brown), Clive Merrison (Major Lanyev), Kai Wulff (Voskov), Dimitra Arliss (Natalia). 137 Minuten. Panavision. DeLuxe. *V* Warner Home Video.

38. **Honkytonk Man** (Honkytonk Man)

USA 1982. *P* Warner Bros./Malpaso (CLINT EASTWOOD). *R* CLINT EASTWOOD. *B* Clancy Carlile (nach seinem Roman). *K* Bruce Surtees. *M* Steve Dorff. *D* CLINT EASTWOOD (Red Stovall), Kyle Eastwood (Whit), John McIntire (Opa), Alexa Kenin (Marlene), Verna Bloom (Emmy), Matt Clark (Virgil), Barry Corbin (Arnspriger), Linda Hopkins (Blues-Sängerin). 122 Minuten. Panavision. Technicolor.

CLINT EASTWOOD
is the man in the middle of
THE GAUNTLET
CLINT EASTWOOD
"THE GAUNTLET"
SONDRA LOCKE
R

39. **Sudden Impact** (Dirty Harry kommt zurück)

USA 1983. *P* Warner Bros./Malpaso (Clint Eastwood). *R* Clint Eastwood. *B* Joseph C. Stinson (nach einer Story von Earl E. Smith und Charles B. Pierce). *K* Bruce Surtees. *M* Lalo Schifrin. *D* Clint Eastwood (Harry Callahan), Sondra Locke (Jennifer Spencer), Pat Hingle (Sheriff Jannings), Bradford Dillman (Capt. Briggs), Paul Drake (Micky), Audrie J. Neenan (Ray Parkins), Jack Thibeau (Kruger), Michael Currie (Lt. Donnelly), Albert Popwell (Horace King), Mark Keyloun (Bennett), Kevyn Major Howard (Hawkins), Bette Ford (Leah), Nancy Parsons (Mrs. Kruger). 117 Minuten. Panavision. Technicolor. *V* Warner Home Video.

40. **Tightrope** (Der Wolf hetzt die Meute)

USA 1984. *P* Malpaso/Warner Brothers (Clint Eastwood, Fritz Manes). *RB* Richard Tuggle. *K* Bruce Surtees. *M* Lennie Niehaus. *D* Clint Eastwood (Wes Block), Geneviève Bujold (Beryl Thibodeaux), Dan Hedaya (Detective Molinari), Alison Eastwood (Amanda Block), Jennifer Beck (Penny Block), Marco St. John (Leander Rolfe), Rebecca Perle (Becky Jacklin), Regina Richardson (Sarita), Randi Brooks (Jamie Cory), Jamie Rose (Melanie Silber), Margaret Howell (Judy Harper), Rebecca Clemons (Peitschen-Girl). 114 Minuten. Technicolor. *V* Warner Home Video.

41. **City Heat** (City Heat – Der Bulle und der Schnüffler)

USA 1984. *P* Malpaso/Deliverance (Fritz Manes). *R* Richard Benjamin. *B* Blake Edwards, Joseph C. Stinson (nach einer Story von Blake Edwards). *K* Nick McLean. *M* Lennie Niehaus. *D* Clint Eastwood (Lt. Speer), Burt Reynolds (Mike Murphy), Jane Alexander (Addy), Madeline Kahn (Caroline Howley), Rip Torn (Primo Pitt), Irene Cara (Ginny Lee), Richard Roundtree (Dehl Swift), Tony Lo Bianco (Leon Coll), William Sanderson (Lonnie Ash), Nicholas Worth (Troy Roker), Robert Davi (Nino), Jude Farese (Dub Slack). 97 Minuten. Technicolor. *V* Warner Home Video.

42. **Pale Rider** (Pale Rider – Der namenlose Reiter)

USA 1985. *P* Malpaso (Clint Eastwood). *R* Clint Eastwood. *B* Michael Butler, Dennis Shryack. *K* Bruce Surtees. *M* Lennie Niehaus. *D* Clint Eastwood (Prediger), Michael Moriarty (Hull Barret), Carrie Snodgress (Sarah Wheeler), Christopher Penn (Josh LaHood), Richard

CLINT
EASTWOOD
DIRTY HARRY IS AT IT AGAIN
SUDDEN
IMPACT

Dysart (Coy LaHood), Sydney Penny (Megan Wheeler), Richard Kiel (Club), Doug McGrath (Spider Conway), John Russell (Stockburn). 115 Minuten. Panavision. Technicolor.

Clint Eastwood im Fernsehen

Rawhide (Cowboys)

USA 1959–1966. *P* CBS-TV. *D* CLINT EASTWOOD (Rowdy Yates), Eric Fleming (Gil Favor; 1959–1965), Sheb Wooley (Pete Nolan; 1959–1965), Paul Brinegar (Wishbone), Steve Raines (Jim Quince), Rocky Shahan (Joe Scarlett; 1959–1964), James Murdock (Mushy; 1959–1965), Robert Cabal (Hey Soos Patines; 1961–1964), Charles Gray (Clay Forrester; 1962–1963), David Watson (Ian Cabot; 1965–1966), John Ireland (Jed Colby; 1965–1966), Raymond St. Jacques (Solomon King; 1965–1966). 60 Minuten (217 Episoden, davon 13 im deutschen Fernsehen ausgestrahlt).

Im Zug des Erfolgs von *Per un pugno di dollari* (Für eine Handvoll Dollar) schnitt die italienische Jolly-Film zwei Episoden der Fernsehserie zu einem Kinofilm mit dem Titel *Il Magnifico Straniero* (Maledetto Gringo, Italien/USA 1965) zusammen. Eastwood führte gegen die Verbreitung dieses Films einen Prozeß.

BIBLIOGRAPHIE

Patrick Agan: Clint Eastwood. The Man behind the Myth. New York 1975.

Peter Douglas: Clint Eastwood. Movin' on. Chicago 1974.

David Downing/Gary Herman: Clint Eastwood. All American Anti- Hero. London/New York 1977.

Philipp Ferrari: Clint Eastwood. Paris 1980.

Alan Frank: Clint Eastwood. Leicester 1982.

François Guerif: Clint Eastwood. Paris 1982.

Ian Johnstone: The Man with no Name. Clint Eastwood. London 1980.

Stuart M. Kaminsky: Clint Eastwood. New York 1974.

Mark Whitman: Heroes of the Movies. Clint Eastwood. Godalming 1982.

Boris Zmijewsky/Leo Pfeiffer: The Films of Clint Eastwood. Secaucus 1982.

DANKSAGUNG

Die Autoren bedanken sich bei Susan E. Albrecht, R.B. Backer, C.G.M. Berendsen, P.C. Boland-van Rhijn, Jack Curtis, Gino de Dominicis, M. Di Gianfrancesco, Florence DiNapoli, Bill Eppridge, Gwen Feldman, Richard O. Fowkes, Nancy Gilliland, Karin Gratz, F.P. Hoogwerf, Bernadette van Hoorn, Saul Jaffe, Harry Klooster, Ida Kolodny, Lee Lankford, Marna Libbey, Git Luboviski, Verna Mitchell, Tom Rathmann, Sheldon H. Sroloff, Julie Stowe, Cheryl Tiegs, Rein van Willigen, Ruth Zitter und folgenden Institutionen: Dem Einwohnermeldeamt von San Francisco, CBS-TV, NBC-TV, Associazione Nazionale Industrie Cinematografiche Ed Alfini (ANICA), Cinema International Corporation, City Film, Metro-Goldwyn-Mayer, Nova Film, Paramount, Produzioni Europee Associate, RKO, 20th-Century Fox, United Artists, Universal, Warner Brothers, Cinema City, Freelance, Larry Edmunds Bookshop Inc., Laufer Company, LIFE, Redwood Empire Association und Vitaprint.

Die Verantwortlichen für die deutschen Ausgabe bedanken sich bei Gabriele Gugetzer, Wolfgang J. Fuchs, Frauke Hanck, Gudrun Horstmeier, Ursula Karl, Horst Kindermann, Sigrid Narnhammer, Harald Pusch und Peter Roth.

Register

A

A bout de souffle 114
African Queen 126
Age-Scarpelli 74
Alexander, Jane 297
Ambush at Cimarron Pass 29, 34
Andrews, Julie 113
Anglin, Clarence 253
Anglin, John 253
Any Which Way You Can 270 ff.
Arness, James 33
Arnold, Jack 23, 25, 38
Ashby, Hal 200
Aubrey, James 73, 121, 123

B

Bach, Catherine 205
Bad Day at Black Rock 182
Badlands 200
Barker, Lex 42
Barkworth, Peter 112
Begley, Ed 89
The Beguiled 132 ff., 143, 146, 151, 181
Ben Hur 41
Benjamin, Richard 296
Bernstein, Elmer 55
The Big Country 55
Blazing Saddles 54
Bloom, Verna 188, 284
Blossom, Roberts 257
Boetticher, Budd 129
Bogdanovich, Peter 200
Bonanza 36
Bond, Ward 33
Bonnard, Mario 42
Bookwalter, DeVeren 175
Bottoms, Sam 220, 262 ff.
Brando, Marlon 215
Breezy 195 ff., 307
Bridges, Jeff 200, 206
Brinegar, Paul 36
Bronco 31
Bronco Billy 262 ff., 257 ff., 282, 285
Brooks, Mel 54 f.
Bruce, J. Campbell 254
Buffalo Bill and the Indians 215
Bujold, Genevieve 295
Il buono, il brutto, il Cattivo 55, 73 ff., 86, 131, 250
Burton, Richard 108 f., 112, 128
Butch Cassidy and the Sundance Kid 195

C

Cabal, Robert 36
Cagney, James 30
Camelot 113
Cameron, Rod 48
Campbell, Glen 270
Carter, Forrest 216
Cassidy, Jack 210
Cat Ballou 113
Catch 22 108, 123
Cavanaugh, Michael 235, 274
Chandler, Jeff 22
Channing, Carol 28
Charles, Ray 270

Chernus, Sonia 32, 142
Cheyenne 31
Cimino, Michael 172, 200 f., 207, 301
City Heat 296 ff.
Clark, Matt 284
Clark, Susan 102, 132
Clarke, Warren 278
Clift, Montgomery 32
Close Encounters of the Third Kind 276
Cobb, Lee J. 101
Coburn, James 43
Cocteau, Jean 169
Colley, Kenneth 280
Il Colosso di Rodi 42
Connery, Sean 70
Coogan's Bluff 94 ff., 112, 143, 157, 198
Cooper, Gary 27, 60, 138
Corbin, Barry 284
Crawford, John 176
Crothers, Scatman 263
Cullinan, Thomas 132
Curtis, Billy 186
Curtis, Tony 22, 27

D

Daley, Robert 141, 216, 275 f.
Daly, Tyne 174, 178, 231
D'Angelo, Beverly 248
Darling Lili 114
David, Thayer 209
Day, Doris 73
De Laurentiis, Dino 72
De Sica, Vittorio 21, 41, 60, 71 ff.
The Deer Hunter 172, 200
Dern, Bruce 89
Dillman, Bradford 174
The Dirty Dozen 108
Dirty Harry 86, 153 ff., 167, 169, 171 f., 181, 198, 230, 262, 299
Domino, Fats 270
Drake, Paul 291
Duffield, George C. 32
Duvall, Robert 181
Dysart, Richard 302

E

Eastwood, Alison 195
Eastwood, Clinton sr. 7 f.
Eastwood, Kyle Clinton 113, 284
Eastwood, Maggie 16 ff., 26, 35, 37, 45 f., 71, 88, 151
Eastwood, Ruth 7
Easy Rider 89, 200
Edwards, Blake 114, 296
The Eiger Sanction 195, 208 ff., 277
The Enforcer 172 ff., 195, 231, 246, 289, 292
Ercole e la regina di Lidia 42
Ercole sfida Sansone 42
Escapade in Japan 28
Escape from Alcatraz 252 ff.
Every Which Way But Loose 9, 245 ff., 262, 270, 276

F

Fargo, George 18
Fargo, James 172, 246
Le Fatiche di Ercole 42
Ferdin, Pamelyn 133
Fielding, Jerry 257
Fink, Harry Julian 153
Fink. R. M. 153
Firefox, 276 ff.

The First Traveling Saleslady 28
Fischer, Bruce M. 256
Five Easy Pieces 200
Fleming, Eric 35, 39, 47, 73
Fonda, Henry 43
Ford, John 50, 284
Francis in the Navy 24
Friday the 13th 296

G

Gable, Clark 27
Garcia, Stella 181
Garner, James 33, 39
The Gauntlet 132, 230 ff., 245 f., 252, 262, 285, 287, 293 f.
George, Chief Dan 220, 224
The Glass Bottom Boat 73
Godard, Jean-Luc 114
Golonka, Arlene 90
Gone with the Wind 113
Gordon, Ruth 246
The Great Escape 39, 70, 107, 182
The Great Northfield Minnesota Raid 218
Guardino, Harry 155, 274
Guiness, Alec 152
The Guns of Navarone 107 f.
Gunsmoke 31, 33, 36

H

Hang 'em High 38, 88 ff., 96, 113, 132
Hankin, Larry 258
Harris, Jo Ann 134
Harrison, Richard 43
Hartman, Elizabeth 134
Hawks, Howard 32
Hawthorne, Nigel 282
Heaven's Gate 301
Heim's, Jo 143, 198
Helen of Troy 41
High Plains Drifter 164, 184 ff., 195, 216, 228, 242, 306
Highway Patrol 29
Hill, Terence 297
Hingle, Pat 89 f., 232, 290
Hitchcock, Alfred 143
Hitler Lives? 97
Holbrook, Hal 168
Holden, William 196
Honkytonk Man 284 ff., 289
Hopper, Dennis 89, 92
Hopper, Jerry 27
Hordern, Michael 112
Horton, Robert 33
Houston, Donald 112
Hoyt, Judie 142
Hudson, Rock 22, 27
Hughes, Howard 28
Hutton, Brian G. 108, 118, 121

I

Ieri, oggi, domani 72
The Incredible Shrinking Man 23
Invasion of the Body Snatchers 97
It Came from Outer Space 23

J

Jacopetti, Gualtiero 42
Janssen, David 17 f., 27
Joe Kidd 181 ff.
Johnson, Ben 89 f.
Jones, Freddie 278

K

Kahn, Madeline 297
Kastner, Elliott 108
Kaufman, Phil 218
Keans, Geraldine 220
Kelly, Jack 33
Kelly's Heroes 108, 118 ff., 132
Kenin, Alexa 284
Kennedy, George 202, 210, 212
Kiel, Richard 306
The Killers 97
Kincaid, Don 16
The King of Marvin Gardens 200
Knowles, David 212
Kurosawa, Akira 42, 44, 46, 50

L

Lacey, Ronald 280, 282
Ladri di biciclette 72
Lady Godiva 25
Lafayette Escadrille 30 f.
Laine, Frankie 35
Lang, Jennings 97 f.
Laramie 31
Larch, John 145
Lasper, Irving 19
The Last Detail 200
The Last Picture Show 200
Lenz, Kay 196
Leonard, Irving 142
Leone, Sergio 41 ff., 54 ff., 60 f., 64, 66, 68, 73 f., 77, 79, 83, 85 f., 88 f., 96 f., 99, 104, 119 f., 130, 132, 142, 151 f., 164, 184, 189, 192, 215, 218, 228, 245
Lerner, Alan Jay 113
Lewis, Geoffrey 188, 202, 246, 262, 264
Ligon, Tom 114
Locke, Sondra 132, 221, 232, 247, 262, 264, 274, 290
Loewe, Frederick 113
Logan, Joshua 13
Lubin, Arthur 19, 26, 28

M

MacArthur, James 89
MacLaine, Shirley 128, 132
Madigan 98
The Magnificent Seven 42, 55, 74, 182
Magnum Force 38, 86, 164 ff., 175, 195, 199 f.
Malick, Terrence 200
Man of Annapolis 29
Manes, Fritz 141, 276
Mangano, Silvana 72
Martin, Troy Kennedy 118
Marvin, Lee 113 f., 116
MASH 108
Mastroianni, Marcello 73
Matrimonio all' italiano 72
Maverick 31, 33, 39
McGee, Vonetta 209
McGoohan, Patrick 254, 261 f.
McGrath, Doug 304
McIntire, John 284
McKinney, Bill 219, 234, 262 f.
McKinsey, Beverlee 266
McLean, Alistair 108 f., 119
McQueen, Steve 39, 70, 88, 107, 182, 301
Mifune, Toshiro 44
Milius, John 172
Mills, Donna 143
Milner, Martin 17 f.
The Missouri Breaks 215
Mitchum, John 175

Mondo Cane 42
Moriarty, Michael 301
Moross, Jerome 55
Morricone, Ennio 55 ff., 66, 77, 79, 120, 132, 184, 250
Morris, Frank 253 f.
Murdock, James 36
My Fair Lady 113

N

Nader, George 25
Navy Log 29
Neenan, Audrie J. 291
Never Say Goodby 27
Newman, Paul 70, 118, 195, 215
Nicholson, Jack 215
Nixon, Richard 159

O

O'Connor, Carroll 120
O'Connor, Donald 24
O'Hara, Maureen 25
Olivier, Laurence 152
Orphee 169
The Outlaw Josey Wales 179, 195, 218 ff., 231, 237, 243, 245, 262, 284, 287, 301
The Ox-Bow Incident 30

P

Page, Geraldine 134
Paint Your Wagon 112 f, 128, 132, 207, 218
Pale Rider 301 ff.
Parfrey, Woodrow 266
Patton 108
Pecheur, Sierra 263
Penny, Sydney 302
Per qualche dollaro in piu 61 ff., 73 f., 78 f., 81, 86
Per un pugno di dollari 41 ff., 63 f., 70, 73 f., 85 f., 246
Perry, Felton 168
Phantom of the Opera 19
Pingitore, Carl 143
Las Pistolas no discuten 48
Play Misty for Me 143 ff., 151, 190 f., 198
Post, Ted 38, 89, 96, 166
Preminger, Otto 114
Price, William 232
Prince, William 266
Psycho 148
The Public Enemy 30

Q

Quo Vadis? 41

R

Rabbitt, Eddie 246
Rackin, Martin 128
Rafelson, Bob 200
Rains, Claude 19
Ramsey, Anne 274
Ramsey, Logan 274
Rawhide 9, 32 ff., 43 f., 46 ff., 72 f., 89, 98, 113, 142 f.
Red River 32 f.
Redford, Robert 195, 212
Reeves, Steve 43
Repulsion 148
Revenge of the Creature 23 f., 38
Reynolds, Burt 245, 296, 298
Rich, Charlie 246
Rickles, Don 119
Riesner, Dean 98, 143, 172
Riot in Cell Block 11 97, 254

Robison, Andy 154
Rocky 246
Rogers, Ginger 28
Ronzio, Frank 257
Rossellini, Roberto 21
Roundtree, Richard 297
Route 66 17
Ryan, Mitchell 168
Rydell, Mark 97

S

Saint Joan 114
Sampson, Will 222
Santoni, Reni 155
Savalas, Telly 119
Saxon, John 181
Schnabel, Stefan 282
Seberg, Jean 114, 116
Segal, Alex 96
Sherman, Stanford 270
Shichi-nin no Samurai 42, 44
The Shootist 215
Siegel, Don 96 ff., 104 f., 118, 128, 130, 132 f., 136 ff., 143 f., 148, 154, 157, 162 ff., 166, 171, 184, 192, 212, 215, 242, 254, 262
Silliphant, Stirling 172
Silvani, Al 246
Sinatra, Frank 153
Smith, William 274
Smokey and the Bandit 245
Snodgress, Carrie 302
Sodoma e Gomorra 41
Soul, David 168
The Sound of Music 113
South Pacific 113
Sparks, Robert 32
Spencer, Bud 298
Stallone, Sylvester 246
Star in the Dust 26
Star in the Night 97
Star Wars 276
Sterling, Tisha 102
Stevens, Inger 89, 94
The Sting 212
Stroud, Don 100
Sturges, John 42, 182
Sudden Impact 289 ff., 299
Superman 245, 276
Surtees, Bruce 136, 143, 284
Sutherland, Donald 119 f.
Sweet Charity 128

T

Tarantula 25, 38, 104, 282
Taylor, Don 97
Taylor, Elizabeth 112, 128
Thibeau, Jack 258
Thomas, Craig 277
Thoroughly Modern Millie 113
Thunderbolt and Lightfoot 172, 195, 199 ff., 212
Tightrope 294 ff., 299
Tillis, Mel 246
Tom Horn 301
Trevanian 208
True Grit 152
Trueman, Paula 221
Tuggle, Richard 294, 296
Tully, Tom 100
Two Miles for Sister Sara 112, 118, 125 ff., 142, 198, 207, 238

U

Gli ultimi giorni di Pompei 42 f.
Ure, Mary 110

V

Vadis, Dan 263
Van Cleef, Lee 64, 68, 74
Van Horn, Buddy 270
Venus, Brenda 211
Vernon, John 155, 219
Vincenzoni, Luciano 61, 74
Virginian, The 36
Volonte, Gian Maria 56, 66

W

Wagon Trian 31 ff., 36
Wajda, Andrzej 21
Wallace, George 216
Wallach, Eli 74 f., 82
Walter, Jessica 144, 148
Wanted: Dead for Alive 39
Ward, Fred 258
Warren, Charles Marquis 32 f., 35
Wayne, John 32, 88, 151 f., 215
Weaver, Dennis 33
Wellman, William 30
West Point 29
Where Eagles Dare 108 ff., 113, 119, 211
Widmark, Richard 98
Wilder, Gene 54
Wills, Chill 24
Wings 30
Wooley, Sheb 36
Wulff, Kai 280
Wyatt, Earp 31
Wymark, Patrick 109

Y

Yojimbo 41 f., 44, 50, 61, 85